VOCABULARIO ESENCIAL DEL ESPAÑOL

스페인어 필수어휘

| 유연창 |

HU:iNE

머리말

외국어 학습에 있어서 중요한 부분 중의 하나는 어휘입니다. 문장이 집이라면, 어휘는 집짓는 재료에 비유될 수 있습니다. 다양한 재료를 사용해야 개성 있는 훌륭한 집을 지을 수 있듯이, 풍부한 어휘는 문장의 완성도를 높이는 중요한 부분입니다.

어휘의 수는 무한하기 때문에 짧은 시간에 모든 어휘를 암기하는 것은 매우 어렵습니다. 또한 각 언어에 있어서 어휘의 사용법이 동일하지 않습니다. 언어에는 사용빈도가 낮은 어휘가 있고, 기본적이며 사용빈도가 높은 필수 어휘가 있습니다. 외국어 학습자는 우선 필수 어휘와 함께 그 어휘의 용법을 정확히 알아야 합니다. 전문 분야를 제외한 대부분의 언어활동에서는 주로 이러한 기본적인 어휘가 많이 사용되기 때문입니다.

어휘와 표현을 별도로 학습하는 것보다 함께 학습하는 것이 효과적입니다. 따라서 이 책은 사용빈도가 높은 기본 필수 어휘와 그 용법을 함께 수록하여 각 어휘의 용법을 정확히 학습할 수 있게 구성하였습니다.

각 단원은 두 부분으로 이루어져있습니다. 첫 번째 부분은 필수어휘를 분야별로 보기 쉽고 이해하기 편하게 분류하여 수록하였습니다. 동의어, 반의어, 관련어 등은 한 군데로 모아서 단어 암기에 편리하도록 했습니다. 두 번째 부분은 대부분의 어휘의 필수적인 표현을 수록하였습니다. 즉 문장 속에서 단어를 학습하는 방법을 추구하였습니다. 이런 방식으로 꾸준히 공부한다면 중요 어휘의 학습과 함께 회화나 작문에서의 표현력도 신장되리라 생각합니다.

끝으로 이 어휘 모음집의 출판에 아낌없는 지원을 해주신 한국외국어대학교 출판부 여러분께 진심으로 감사를 드립니다.

본 '2012년 수정판'은 2010년 12월 개정된 철자법을 적용하였습니다.

2012년 2월
유연창

Contents

목차

I Human & Society

인간 & 사회

1. 가족 & 친척

(la) familia 가족
(el) hogar 가정
(los) antepasados 조상
(los) descendientes 후손
(los) parientes 친척

(el) abuelo 할아버지
(la) abuela 할머니
(el) bisabuelo 증조할아버지
(la) bisabuela 증조할머니
(el) tatarabuelo 고조할아버지
(la) tatarabuela 고조할머니

(los) padres 부모
(el) padre 아버지
(la) madre 어머니
(el) padrino 대부(代父)
(la) madrina 대모(代母)
(el) padrastro 의붓아버지
(la) madrastra 의붓어머니
(el) padre adoptivo 양아버지
(la) madre adoptiva 양어머니
(el) esposo 남편
(la) esposa 부인
(el) marido 남편
(la) mujer (본인의) 부인, 처, 집사람

(el) hermano mayor 형, 오빠
(el) hermano menor 남동생
(la) hermana mayor 언니, 누나
(la) hermana menor 여동생

(el) hijo 아들
(la) hija 딸
(el) hijo menor 막내아들
(la) hija menor 막내딸
(el) benjamín 막내, 귀염둥이
(el) primogénito 장남
(la) primogénita 장녀
(el) hijo adoptivo 양자(養子)
(la) hija adoptiva 양녀(養女)

(el) nieto 손자
(la) nieta 손녀

(el) matrimonio 결혼, 부부
(el/la) consorte 배우자
(el/la) cónyuge 배우자

(el) suegro 장인, 시아버지
(la) suegra 장모, 시어머니
(el) tío 숙부, 이모부
(la) tía 숙모, 이모

(el) yerno 사위
(la) nuera 며느리
(el/la) cuñado(a) 동서
(el/la) primo(a) 사촌
(el/la) sobrino(a) 조카
(la) nodriza 유모
(el/la) novio(a) 애인

필수표현 가족 & 친척

Los abuelos suelen sentarse en el parque al sol.
→ 할아버지와 할머니께서는 공원의 햇볕이 드는 곳에 앉곤 하신다.

Viajar con su consorte(=cónyuge) es más barato que ir solo.
→ 배우자와 함께 여행하는 것이 혼자 가는 것보다 더 저렴하다.

Protendía emparentar con una familia rica.
→ 그는 부유한 가문과 친척이 되고자 노력했다.

Desde que enviudó, el padre de Luis se hace cargo de todo.
→ 루이스의 아버지는 배우자를 잃은 후부터 모든 일을 맡아 하신다.

En esta casa vive un matrimonio con sus dos hijos.
→ 이 집에는 한 부부가 두 자식과 함께 살고 있다.

Antiguamente los bebés eran alimentados por nodrizas.
→ 옛날에는 아기들이 유모에 의하여 키워졌다.

Cuando lo bautizaron, le pusieron el mismo nombre que su padrino.
→ 그에게 세례를 주었을 때, 그에게 그의 대부와 같은 이름을 붙여주었다.

Después de la muerte del padre de Pedro, su madre se volvió a casar, su segundo marido es el padrastro de Pedro.

↔ 뻬드로의 아버지가 돌아가신 후에 그의 어머니는 재혼했다. 어머니의 두 번째 남편은 뻬드로의 의붓아버지가 된다.

Como mi padre es hermano del tuyo, tú y yo somos parientes.

↔ 나의 아버지는 너의 아버지의 형제이기 때문에, 너와 나는 친척이다.

Hoy han venido a casa los suegros de mi hermano mayor(menor).

↔ 오늘 우리 형(동생)의 장인과 장모님이 집에 오셨다.

Mis tíos vinieron a buscar a mis primos para llevarlos a su casa.

↔ 나의 숙부와 숙모께서 나의 사촌형제들을 자신의 집으로 데려가려고 찾아오셨다.

El marido de mi hermana mayor(menor) es el yerno de mis padres.

↔ 나의 누나(여동생)의 남편은 나의 부모님의 사위가 된다.

2. 호 칭

(el/la) adulto(a) 성인
(el/la) amante 연인
(el/la) amigo(a) 친구
(el) bebé 갓난아기
  (el/la) nene(a) 갓난아기
(el/la) casado(a) 기혼자
(el/la) chico(a) 소년/소녀
  (el/la) muchacho(a) 소년/소녀
(el/la) compañero(a) 동료
(el/la) cómplice 공범자
(el/la) convidado(a) 초대 손님, 빈객

(el/la) difunto(a) 고인
(el) difunto 시체
(el) divorcio 이혼
(los/las) gemelos(as) 쌍둥이
(el) hombre 남자, 인간
(la) infancia 유년기
  (la) juventud 청년기
  (la) vejez 노년기
(el/la) jefe(a) 상사
(el/la) joven 젊은이
(los) menores 미성년

(el/la) muerto(a) 죽은 사람
(la) mujer 여자
(el/la) niño(a) 어린이
(el/la) novio(a) 신랑/신부
(el) príncipe 왕자
 (la) princesa 공주
(el/la) profesor(a) 선생, 교수
 (el/la) maestro(a) 선생, 교수
(el/la) prometido(a) 약혼자
(el/la) receptor(a) 수취인
 (el/la) remitente 발송자
(el) rey 왕
 (la) reina 여왕
(el) señor 아저씨, 신사
 (la) señora 부인
 (la) señorita 아가씨
(la) separación 별거
(el/la) socio(a) 동업자
(el/la) soltero(a) 미혼자
(el/la) vecino(a) 이웃사람
(el/la) viejo(a) 노인
(el/la) viudo(a) 홀아비/홀어미

casarse 결혼하다
divorciarse 이혼하다
prometerse 약혼하다
separarse 별거하다, 이혼하다

필수표현 호칭

Los amantes pasearon por el parque cogidos de la mano.
 ↔ 연인들은 손을 잡고 공원을 산책했다.
El ladrón ha denunciado a sus cómplices.
 ↔ 도둑은 자신의 공범자들을 밀고했다.
Ellos reciben a sus convidados.
 ↔ 그들은 손님을 맞이합니다.
En el ataúd había un difunto.
 ↔ 관에는 시체 한 구(具)가 있었다.
Mi madre está embarazada y está esperando gemelos.
 ↔ 나의 어머니는 임신 중이신데 쌍둥이이다.

José pasó su infancia en Madrid.

↔호세는 유년기를 마드리드에서 보냈다.

A sus 20 años se encuentra en plena juventud.

↔20세는 완전한 청년기이다.

Todavía no puede conducir porque es menor de edad.

↔그는 아직 미성년자이기 때문에 아직 운전할 수 없다.

Tras la boda, los novios saludaron a los invitados en la puerta de la iglesia.

↔결혼식 후에, 신랑신부는 교회의 현관에서 초대 손님들에게 인사를 했다.

Luis es el prometido de María.

↔루이스는 마리아의 약혼자이다.

Mi padre trabaja en compañía de un socio.

↔나의 아버지는 동업자와 함께 일하신다.

Mi hermano es soltero pero pronto contraerá matrimonio.

↔나의 남동생은 미혼인데 곧 결혼할 것이다.

Mis padres y los tuyos son vecinos porque viven en el mismo edificio.

↔나의 부모님과 너의 부모님은 같은 건물에 사시기 때문에 이웃이다.

España y Francia son países vecinos.

↔스페인과 프랑스는 서로 이웃 나라이다.

Los padres de Enrique se divorciaron porque ya no querían vivir juntos.

↔엔리께의 부모는 더 이상 함께 살기를 원하지 않았기 때문에 이혼했다.

María y Luis se prometieron.

↔마리아와 루이스는 약혼했다.

Tras tres años de matrimonio, sus padres se han separado.

↔결혼한 지 3년 후에, 그의 부모는 이혼했다.

3. 직 업

(el/la) abogado(a) 변호사
(el/la) académico(a) 학자
(el) actor 영화배우(남)
  (la) actriz 영화배우(여)
(el/la) aeromozo(a) 승무원
  (la) azafata 여승무원
(el/la) agricultor(a) 농부
(el) albañil 미장이
(el/la) alumno(a) 학생, 제자
(el) ama de casa [f.] 주부
(el/la) arquitecto(a) 건축가
(el/la) artesano(a) 수공예업자
(el/la) astrofísico(a) 천체물리학자
(el/la) astronauta 우주비행사
(el/la) astrónomo(a) 천문학자
(el/la) bibliotecario(a) 사서
(el/la) camarero(a) 웨이터/웨이트리스
(el/la) cantante 가수
(el/la) cartero(a) 우편배달부
(el/la) científico(a) 과학자
(el/la) cocinero(a) 요리사
(el/la) comerciante 상인
(el/la) compositor(a) 작곡가
(el/la) contador(a) 회계사
(el/la) corresponsal 통신원
(el/la) crítico(a) 평론가
(el/la) decorador(a) 실내장식가
(el/la) dentista 치과의사
(el/la) dependiente(a) 종업원
(el/la) deportista 운동선수
(el/la) director(a) 감독
(el/la) director(a) de la escuela 교장
(el/la) director(a) de orquesta 지휘자
(el/la) diseñador(a) 디자이너
(el/la) doctor(a) 박사, 의사
(el/la) electricista 전기기사
(el/la) empleado(a) 고용인
(el/la) empleador(a) 고용주
(el/la) enfermero(a) 간호사
(el/la) escritor(a) 작가
(la) estrella 스타, 주역 (영화배우)
(el/la) estudiante 학생
(el/la) farmacéutico(a) 약사
(el/la) fiscal 검사
(el/la) físico(a) 물리학자
(el/la) fontanero(a) 수도수리공
(el) general 장군
(el/la) intérprete 통역관

(el/la) jefe(a) 사장
(el/la) juez(a) 재판관
(el/la) jurado(a) 배심원
(el/la) maestro(a) 교사, 선생
(el/la) mecánico(a) 기계기사
(el/la) médico(a) 의사
(el) minero 광부
(el/la) ministro(a) 장관
(el/la) monje(a) 수사, 승려/수녀, 여승
(el/la) músico(a) 음악가
(el/la) oficinista 사무직원
(el/la) parlamentario(a) 국회의원
(el/la) peluquero(a) 이발사/미용사
(el/la) periodista 기자
(el) piloto 파일럿
(el/la) pintor(a) 화가
(el/la) político(a) 정치가
(el/la) presidente(a) 대통령, 회장
(el/la) profesor(a) 교수, 선생
　(el/la) catedrático(a) 정교수
(el/la) programador(a) 프로그래머
(el/la) psicológico(a) 심리학자
(el/la) redactor(a) 편집자
(el) sacerdote 사제
(el/la) secretario(a) 비서
(el) soldado 군인
(el/la) traductor(a) 번역가
(el/la) veterinario(a) 수의사

필수표현 **직업**

Cuando se case, será una buena ama de casa.
↠ 그녀는 결혼하면, 훌륭한 주부가 될 것이다.

El arquitecto que nos diseñó la casa se olvidó de la chimenea.
↠ 우리들에게 집을 설계해준 건축가는 굴뚝을 설계하는 것을 잊었다.

Los astronautas han caminado sobre la luna.
↠ 우주비행사들은 달 위를 걸었다.

Las azafatas nos explicaron cómo abrocharnos los cinturones de seguridad.
↠ 스튜어디스는 우리들에게 안전벨트를 어떻게 착용하는지를 설명해주었다.

Fuimos al teatro a escuchar las canciones de nuestro cantante favorito.
↠ 우리는 우리들이 좋아하는 가수의 노래를 듣기 위하여 극장으로 갔다.

El catedrático de Historia dirigió la reunión de los profesores.

↠ 역사학의 정교수는 교수들의 모임을 이끌었다.

El señor Rodríguez es un crítico de cine.

↠ 로드리게스씨는 영화 비평가이다.

Nuestra casa la ha adornado un decorador.

↠ 어떤 실내장식가가 우리 집을 장식하였다.

Este deportista superó su propia marca.

↠ 이 운동선수는 자신의 기록을 갱신했다.

El director decidió que la película se rodaría en China.

↠ (영화)감독은 영화를 중국에서 촬영하기로 결정했다.

Esa estrella de cine siempre actúa bien.

↠ 그 영화배우(스타)는 항상 연기를 잘한다.

La fiscal pidió diez años de cárcel para el acusado.

↠ 여검사는 피고인에게 징역 10년을 요청하였다.

El señor Hernando no sabe coreano y necesita un intérprete.

↠ 에르난도씨는 한국어를 몰라서 통역관이 필요하다.

El jefe llamó la atención a los empleados que no cumplían sus órdenes.

↠ 상사는 자신의 명령을 이행하지 않은 직원들에게 주의를 주었다.

Mozart fue un músico muy importante.

↠ 모차르트는 매우 중요한 음악가였다.

Susana me ha hecho este peinado tan bonito porque es peluquera.

↠ 수사나는 미용사이기 때문에 나에게 머리손질을 이렇게 예쁘게 해주었다.

El piloto del avión deseó a los pasajeros un feliz vuelo.

↠ 비행기 조종사는 승객들에게 즐거운 여행이 되기를 기원했다.

En las elecciones el país votó para elegir a su presidente.

↠ 선거에서 그 나라는 대통령을 선출하기 위하여 투표를 했다.

Estudió durante muchos años el español para poder ser traductor.

↠ 그는 번역가가 될 수 있도록 수년 동안 스페인어를 열심히 공부했다.

En la calle hay una clínica veterinaria.

↔ 거리에 동물병원이 하나 있다.

Hoy llevo a mi perro al veterinario para que lo vacune.

↔ 나의 개를 예방접종하도록 오늘 개를 수의사에게 데려 갈 것이다.

4. 신 체

(la) arruga 주름살
(la) arteria 동맥
　(el) vaso capilar 모세혈관
　(la) vena 정맥
(la) barba 턱수염
　(el) bigote 콧수염
　(las) patillas 구레나룻
(la) barriga 배
　(la) panza 배, 배불뚝이
　(el) vientre 배
(la) boca 입
(el) bostezo 하품
(el) brazo 팔
(la) caca 대변
　(el) excremento 대변
　(la) mierda 대변
　　(la) orina 소변
　(el) pipí 오줌(쉬)
(la) cara 얼굴
　(el) rostro 얼굴

(el) casco 두개골
(la) cabeza 머리
(las) cejas 눈썹
　(las) pestañas 속눈썹
(el) cerebro 뇌
(la) cicatriz 흉터
(la) cintura 허리
(el) codo 팔꿈치
(el) corazón 심장
(el) costado 옆구리
(la) costilla 갈비뼈
(el) cuello 목
(el) cuerpo 신체
(el) culo 엉덩이
　(las) nalgas 엉덩이
(el) cutis 피부
　(la) piel 피부
(la) mano 손
　(los) dedos 손가락
　(los) dedos del pie 발가락

(el) [dedo] pulgar 엄지
(el) [dedo] pulgar del pie 엄지발가락
(el) [dedo] índice 검지
(el) [dedo] cordial 중지
(el) [dedo] anular 약지
(el) [dedo] meñique 새끼손가락
(la) palma 손바닥
(los) dientes 치아
(los) dientes de leche 젖니
(los) dientes incisivos 앞니
(los) dientes torcidos 덧니
(las) encías 잇몸
(los) molares 어금니
(las) muelas 어금니
(el) canino 어금니, 송곳니
(el) colmillo 송곳니
(las) muelas del juicio 사랑니
(la) espalda 등
(el) estómago 위
(el) frente 이마
(la) garganta 목구멍
(el) hígado 간
(el) hombro 어깨
(las) huellas digitales 지문
(la) dactilograma 지문원부
(el) hueso 뼈
(el) intestino 내장
(los) labios 입술
(la) lengua 혀
(la) mandíbula 턱
(las) mejillas 뺨, 볼
(el) mentón 턱
(el) moco [líquido] 콧물
(el) moco endurecido 코딱지
(la) muñeca 손목
(el) muslo 사타구니
(la) nariz 코
(las) ventanas de la nariz 콧구멍
(el) nervio 신경
(los) ojos 눈
(la) lágrima 눈물
(la) legaña 눈곱
(la) pitaña 눈곱
(las) ojeras 다크서클
(el) párpado 눈꺼풀
(la) pupila 눈동자
(el) ombligo 배꼽
(la) oreja 귀
(el) lóbulo 귓불
(el) paladar 입천장
(la) peca 주근깨
(el) pecho 가슴, 유방
(el) pezón 젖꼭지
(el) seno 유방
(la) teta 젖꼭지
(el) pedo 방귀

(el) pelo 머리카락
  (el) cabello 머리카락
  (el) pelo liso 생머리
  (el) pelo rizado 고수머리
(el) pie 발
(la) pierna 다리
(el) pómulo 광대뼈
(el) poro 모공
(el) pulmón 폐
(el) puño 주먹
(el) riñón 신장(腎臟)
(la) rodilla 무릎
(el) ronquido 코고는 소리
(la) sangre 피
(las) sienes 관자놀이
(los) cinco sentidos 오감(五感)
  (el) gusto 미각
  (el) oído 청각
  (el) olfato 후각
  (el) tacto 촉각
  (la) vista 시각
(el) sistema circulatorio 순환계
(el) sistema nervioso 신경계
(el) sudor 땀
(el) sobaco 겨드랑이
(el) talón 발뒤꿈치
(el) tobillo 발목
(las) uñas 손톱
  (las) uñas de los dedos del pie 발톱
  (la) uña del pulgar 엄지손톱
(la) úvula 목젖
(las) vértebras 척추
  (la) espina dorsal 척추, 척수

bostezar 하품하다
chupar 빨다
derramar lágrimas 눈물을 흘리다
moquear 코를 흘리다
peer(se) 방귀를 뀌다
  soltar un pedo 방귀를 뀌다
  tirarse un pedo 방귀를 뀌다
  ventosear(se) 방귀를 뀌다
roncar 코를 골다
sudar 땀을 흘리다

필수표현 신체

Verónica bosteza porque tiene mucho sueño.
  → 베로니까는 매우 졸려서 하품을 한다.

Verónica ha puesto la mano en su boca para ocultar un bostezo.

→ 베로니까는 하품을 가리기 위하여 손을 입에 댔다.

Después de la operación le quedó una pequeña cicatriz en la pierna.

→ 수술 후에 그의 다리에 작은 흉터가 남았다.

Miguel se cayó de la bicicleta y se rompió una costilla.

→ 미겔은 자전거에서 떨어져 갈비뼈가 부러졌다.

Verónica tiene el cutis muy fino.

→ 베로니까는 매우 좋은 피부를 갖고 있다.

Los primeros dientes le salen al bebé entre los 6 y 8 meses.

→ 아기에게 최초의 이는 6-8개월 사이에 나온다.

A partir de los seis años, empiezan a caerse los dientes de leche.

→ 여섯 살부터 젖니가 빠지기 시작한다.

Oí una voz de una niña a mis espaldas.

→ 나는 등 뒤에서 들려오는 여자아이의 소리를 들었다.

A Carlos le duele el estómago.

→ 까를로스는 배가 아프다.

El albañil lleva un saco de cemento al hombro.

→ 미장이는 시멘트 자루를 어깨에 메고 가고 있다.

Se detuvo el asesino por sus huellas digitales.

→ 그 살인범은 지문 때문에 체포되었다.

Al despedirnos, a Marisol se le llenaron de lágrimas los ojos.

→ 우리와 작별할 때 마리솔의 눈은 눈물로 가득 찼다.

Al levantarme tenía los ojos llenos de legañas.

→ (아침에) 일어날 때 내 눈에는 눈곱이 가득 있었다.

Este niño lleva siempre los mocos caídos.

→ 이 아이는 항상 콧물을 흘리고 있다.

Mi madre siempre le tiene que limpiar los mocos a mi hermano pequeño.

→ 나의 어머니는 항상 나의 동생의 콧물을 닦아주어야 한다.

El dentista me ha tenido que sacar una muela.

↦ 치과의사는 나에게서 어금니 하나를 뽑아야 했다.

Esta piscina es muy poco honda y nos llega el agua solo hasta los muslos.

↦ 이 수영장은 너무 얕아서 물이 허벅지까지만 올라온다.

Para hacer bajar la fiebre, me pusieron una inyección en las nalgas.

↦ 열을 내리기 위하여 내 엉덩이에 주사를 놓아 주었다.

Tengo ojeras porque esta noche he dormido mal.

↦ 나는 지난 밤 잠을 매우 설쳤기 때문에 다크서클이 있다.

Este niño tiene muchas pecas en la cara.

↦ 이 아이는 얼굴에 주근깨가 많다.

Todos los bebés hacen pipí en el pañal.

↦ 모든 아기들은 기저귀에 쉬를 한다.

Al caerse, se ha golpeado en la rodilla y no puede doblar la pierna.

↦ 그는 넘어질 때 무릎을 부딪쳐서 다리를 구부릴 수 없다.

Cuando ella ronca no puedo dormir002E

↦ 그녀가 코를 골 때 나는 잠을 잘 수가 없다.

Tuve que despertarla porque sus ronquidos no me dejaban dormir.

↦ 그녀의 코고는 소리 때문에 잠을 잘 수가 없어서 그녀를 깨워야만 했다.

Durante la pubertad, se desarrollan los senos de las mujeres.

↦ 사춘기 동안에 여성들의 가슴이 발달한다.

Tengo que cortarme las uñas porque las tengo largas.

↦ 나는 손톱이 길기 때문에 손톱을 깍아야 한다.

Ella siempre se muerde la uña del pulgar.

↦ 그녀는 항상 자신의 엄지손톱을 물어뜯는다.

Si me tapas las ventanas de la nariz, no puedo respirar.

↦ 네가 내 콧구멍을 막으면 나는 숨을 쉴 수가 없다.

II Nature

자연

1. 시 간

(1) 사계절 (las cuatro estaciones del año)

(la) primavera 봄
(el) verano 여름
(el) otoño 가을
(el) invierno 겨울

(2) 요일 (los días de la semana)

(el) domingo 일요일
(el) lunes 월요일
(el) martes 화요일
(el) miércoles 수요일
(el) jueves 목요일
(el) viernes 금요일
(el) sábado 토요일

(3) 월명 (los meses del año)

(el) enero 1월
(el) febrero 2월
(el) marzo 3월
(el) abril 4월
(el) mayo 5월
(el) junio 6월
(el) julio 7월
(el) agosto 8월
(el) septiembre 9월
(el) octubre 10월
(el) noviembre 11월
(el) diciembre 12월

(4) 시간 표현

(el) tiempo 시간, 때
(el) segundo 초
(el) minuto 분
(la) hora 시
(la) fecha 날짜
(el) día 날, 일
(la) madrugada 새벽
(la) mañana 오전, 아침
(la) tarde 오후

(la) noche 밤
(el) mediodía 정오
(la) medianoche 자정
por(en) la mañana 오전에
por(en) la tarde 오후에
por(en) la noche 밤에
hoy 오늘
todo el día 하루 종일
todos los días 매일
ayer 어제
anteayer 그저께
mañana 내일
pasado mañana 모레
(la) semana 주
entre semana 주중에
(el) fin de semana 주말
esta semana 금주
(la) semana próxima 내주
(la) semana pasada 지난 주
(el) mes 달, 월
este mes 이달
(el) mes próximo 다음 달
(el) mes pasado 지난 달
(el) año 년
este año 금년
(el) año próximo 내년
(el) año pasado 작년
(el) siglo 세기

필수표현 (1) 시간

¿Qué hora es?
→ 몇 시입니까?
¿Qué horas son?
→ 몇 시입니까?
¿Qué hora tiene usted?
→ 몇 시입니까?
Es la una.
→ 1시 입니다.
Faltan (los) diez para la una.
→ 1시 10분전입니다.

Son las dos en punto.

↔2시 정각입니다.

Son las tres y cinco.

↔3시 5분입니다.

Son las tres y cuarto.

↔3시 15분입니다.

Son las tres y media.

↔3시 반입니다.

Son las seis menos cuarto.

↔6시 15분전입니다.

Faltan (los) quince para las seis.

↔6시 15분전입니다.

Faltan un cuarto de hora para las seis.

↔6시 15분전입니다.

¿A qué hora sale el tren?

↔기차는 몇 시에 떠납니까?

El tren sale a las cinco.

↔기차는 5시에 떠납니다.

Te llamaré a eso de las dos.

↔2시 경에 너에게 전화할게.

Vamos a salir a las 6 por ahí.

↔우리는 6시쯤에 출발할 것이다.

Mi reloj está adelantado 5 minutos.

↔내 시계는 5분 빠르다.

Mi reloj está atrasado 5 minutos.

↔내 시계는 5분 늦게 간다.

Estaré en casa al mediodía, hacia las doce o la una.

↔나는 정오에, 즉 12시나 1시 경에 집에 있겠다.

Te llamaré cuando llegue, aunque sea medianoche.

↠ 비록 자정이더라도, 도착하면 너에게 전화하겠다.

필수표현 (2) 날짜 & 요일

¿En qué mes estamos?

↠ 지금이 몇 월입니까?

Estamos en enero.

↠ 1월입니다.

¿A cuántos estamos?

↠ 오늘이 며칠입니까?

¿Qué fecha es hoy?

↠ 오늘이 며칠입니까?

Estamos a primero de abril.

↠ 오늘은 4월 1일입니다.

Hoy es el primero de mayo.

↠ 오늘은 5월 1일입니다.

Hoy es el 20 de mayo.

↠ 오늘은 5월 20일입니다.

Mi cumpleaños es el 5 de agosto.

↠ 저의 생일은 8월 5일입니다.

¿Qué día de la semana es hoy?

↠ 오늘은 무슨 요일입니까?

Hoy es domingo.

↠ 오늘은 일요일입니다.

Ayer fue lunes.

어제는 월요일이었습니다.

¿Cuántos días hay en una semana?

↠ 일주일은 며칠입니까?

Hay siete días en una semana.

↠ 일주일은 7일입니다.

Entre semana estoy en Barcelona y los fines de semana me voy a la playa.

↠ 나는 주중에는 바르셀로나에 있고 주말에는 해변에 간다.

필수표현 (3) 계절

¿En qué estación estamos ahora?

↠ 지금은 무슨 계절입니까?

Estamos en primavera.

↠ 지금은 봄입니다.

Ya viene la primavera.

↠ 이제 봄입니다.

¿Cuál es la mejor estación del año para ti?

↠ 네게는 일년 중 어느 계절이 가장 좋니?

¿Cuál de las cuatro estaciones te gusta más?

↠ 너는 사계절 중 어느 계절을 가장 좋아하니?

¿Cuándo empieza la estación de lluvia en Corea?

↠ 한국의 우기는 언제 시작합니까?

Comienza hacia el 15 de julio.

↠ 7월 15일 경에 시작합니다.

En otoño, los días se acortan y las noches se alargan.

↠ 가을에는 낮이 짧아지고 밤이 길어집니다.

El otoño es la mejor estación para leer.

↠ 가을은 독서하기에 좋은 계절입니다.

El otoño es la época de los arces.

↠가을은 단풍의 계절입니다.

Se aproxima el invierno.

↠겨울이 다가옵니다.

La tierra está cubierta de nieve.

↠대지는 눈으로 뒤덮였습니다.

Los lagos se han cubierto de hielo.

↠호수는 얼어붙었습니다.

2. 기 후

(el) aire 공기
(el) arco iris 무지개
(la) brisa 미풍
(el) calor 더위, 열
  (la) ola de calor 난파(暖波)
(el) clima 기후
  (el) tiempo 기후, 날씨
  (el) buen tiempo 좋은 날씨
  (el) mal tiempo 나쁜 날씨
(el) diluvio 홍수
  (la) riada 홍수
  (la) inundación 홍수, 범람
(la) escarcha 서리
(el) fresco 시원함, 상쾌함
(el) frío 추위
  (la) ola de frío 한파(寒波)
(el) granizo 우박
(la) humedad 습기
(la) lluvia 비
  (el) aguacero 소나기
  (el) chaparrón 소나기
  (el) chubasco 소나기
  (la) precipitación 강수(강우)량
(el) meteoro 기상현상
  (la) meteorología 기상학
  (el) pronóstico meteorológico 일기예보
(la) neblina 안개
  (la) niebla 안개
(la) nieve 눈
  (la) nevada 강설(량)
  (la) nevasca 눈보라
  (la) torva 진눈깨비
(la) nube 구름

(la) nubosidad 흐린 날씨(하늘)
(la) presión barométrica 기압
(la) ráfaga (일진의) 바람
(los) rayos 번개
(el) relámpago 번개
(el) rocío 이슬
(la) sequía 건조, 가뭄
(el) sol 태양
(la) temperatura 온도
(la) tempestad 폭풍(우)
(la) tormenta 폭풍(우)
(el) temporal 폭풍(우)
(la) tronada 뇌우(雷雨), 천둥비
(el) trueno 천둥
(el) viento 바람

despejarse (날씨가) 개다
granizar 우박이 내리다
inundar 홍수가 나다
llover [ue] 비가 오다
lloviznar 이슬비가 내리다
nevar [ie] 눈이 오다
relampaguear 번개가 치다
tronar [ue] 천둥치다

estar bochornoso 무덥다, 후덥지근하다
estar caluroso 덥다, 뜨겁다
estar despejado 맑게 개다
estar nublado 흐리다, 구름이 많다
hacer fresco 선선하다, 시원하다
hacer frío 춥다, 차갑다

centígrado 섭씨의
húmedo 습기 있는
inestable (기후 등이) 불안정한
lluvioso 비가 많이 오는
soleado 맑게 갠, 양지바른
tempestuoso 폭풍(우)의

필수표현 기후

Hace buen tiempo.
→ 날씨가 좋습니다.
Hace mal tiempo.
→ 날씨가 나쁩니다.

Hace (mucho) calor.

↠ 날씨가 (매우) 덥습니다.

Hace (mucho) frío.

↠ 날씨가 (매우) 춥습니다.

Hace fresco.

↠ 날씨가 시원합니다.

Hace viento.

↠ 바람이 붑니다.

Hace sol.

↠ 날씨가 맑습니다.

Hay nubes.

↠ 날씨가 흐렸습니다.

Hay lluvia.

↠ 비가 옵니다.

Hay nieve.

↠ 눈이 옵니다.

Hay niebla.

↠ 안개가 끼었습니다.

Hay relámpago.

↠ 번개가 칩니다.

Hay trueno.

↠ 천둥이 칩니다.

El tiempo está agradable.

↠ 날씨가 좋습니다.

El tiempo está despejado.

↠ 날씨가 개었습니다.

El tiempo está caluroso.

↔ 날씨가 덥습니다.

El tiempo está húmedo.

↔ 습한 날씨입니다.

El tiempo está llovioso.

↔ 비가 오는(올 듯한) 날씨입니다.

El tiempo está tempestuoso.

↔ 폭풍우가 오는(올 듯한) 날씨입니다.

Llueve. (Está lloviendo.)

↔ 비가 오고 있습니다.

Llueve a cántaros.

↔ 비가 억수같이 오고 있습니다.

Nieva. (Está nevando.)

↔ 눈이 오고 있습니다.

Llovizna. (Está lloviznando.)

↔ 이슬비가 오고 있습니다.

Graniza. (Está granizando.)

↔ 우박이 떨어지고 있습니다.

Truena. (Está tronando.)

↔ 천둥이 치고 있습니다.

Truena y relampaguea.

↔ 천둥이 치고 번개가 칩니다.

Había una tempestad.

↔ 폭풍우가 있었습니다.

Había una nevada.

↔ 강설이 내리고 있었습니다.

Había una tronada.

↔(강풍이 따르는) 뇌우가 있었습니다.

Había una ráfaga.

↔(비를 동반하지 않는) 폭풍이 불고 있었습니다.

Había un aguacero.

↔소나기가 내리고 있었습니다.

Hemos tenido un día soleado.

↔우리는 화창한 날을 보냈습니다.

Hemos tenido un día caliente.

↔더운 날을 보냈습니다.

Hemos tenido un día frío.

↔추운 날을 보냈습니다.

Hemos tenido un día bochornoso.

↔찌는 듯이 더운 날을 보냈습니다.

Hemos tenido un día fresco.

↔시원한 날을 보냈습니다.

En verano hace calor y llueve mucho.

↔여름에는 덥고 비가 많이 온다.

En invierno hace frío y nieva.

↔겨울에는 춥고 눈이 내린다.

En otoño no hace ni frío ni calor.

↔가을에는 춥지도 덥지도 않다.

En primavera hay sol.

↔봄에는 날씨가 화창합니다.

La lluvia, los vientos, el arco iris y el rayo se consideran meteoros.

↠ 비, 바람, 무지개, 번개는 기상현상으로 간주된다.

3. 동 물

(la) abeja 벌
(el) águila 독수리 [f.]
(el) animal 동물
(el) animal domesticado(doméstico) 가축
(el) animal silvestre 야생동물
(la) araña 거미
(la) ardilla 다람쥐
(el) asno 당나귀
(la) avispa 말벌
(la) ballena 고래
(la) bestia 짐승
(el) bicho 벌레
(el) buho 부엉이
(el) burro 당나귀
(el) caballito de diablo 잠자리
(el) caballo 수말
(la) cabra 염소
(el) cachorro 강아지
(el) camello 낙타
(el) canario 카나리아
(el) canguro 캥거루
(la) cebra 얼룩말
(el) cerdo 돼지
(el) ciervo 사슴
(la) cigarra 매미
(la) cigüeña 황새
(el) cisne 백조
(el) cocodrilo 악어
(el) conejo 집토끼
(la) cucaracha 바퀴벌레
(el) cuco 뻐꾸기
(el) cuervo 까마귀
(el) delfín 돌고래
(el) dragón 용
(el) elefante 코끼리
(el) erizo 고슴도치
(la) foca 물개
(la) gallina 암탉
(el) gallo 수탉
(el) ganso 거위
(el) gato 고양이
(la) gaviota 갈매기
(la) golondrina 제비
(el) gorrión 참새
(el) grillo 귀뚜라미

(el) gusano 구더기, 송충이
(el) halcón 매
(el) hipopótamo 하마
(la) hormiga 개미
(el) insecto 곤충
(el) jabalí 멧돼지
(la) jirafa 기린
(el) koala 코알라
(el) lagarto 도마뱀
(la) larva 유충
(el) leopardo 표범
(la) liebre 산토끼
(el) lobo 늑대
(la) lombriz 지렁이
(el) loro 앵무새
(la) mariposa 나비
(la) mascota 애완동물
(el) mirlo 구관조
(el) mono 원숭이
(la) mosca 파리
(el) mosquito 모기
(el) mulo 노새
(el) murciélago 박쥐
(el) novillo 송아지
(el) oso 곰
(el) oso polar 북극곰
(la) oveja 양
(el) pájaro 새
(la) paloma 비둘기
(el) papagayo 앵무새
(el) pato 오리
(el) pavo 칠면조
(el) perro 개
(el) pingüino 펭귄
(el) puerco 돼지
(la) pulga 벼룩
(la) rana 개구리
(la) rata 쥐
(el) ratón 생쥐
(el) renacuajo 올챙이
(el) rinoceronte 무소, 코뿔소
(el) sapo 두꺼비
(la) serpiente 뱀
(el) tiburón 상어
(el) tigre 호랑이
(el) toro 황소
(la) tortuga 거북이
(la) urraca 까치
(la) vaca 암소
(la) víbora 살모사, 뱀
(la) yegua 암말
(el) zorro 여우

(el) guau guau 멍멍 (개 짖는 소리)
(el) miau 야옹 (고양이 우는 소리)
(el) quiquiriquí 꼬꼬댁 (닭 우는 소리)

anidar 둥지를 만들다
aullar 울부짖다
empollar 알을 품다
galopar (말이) 전속력으로 달리다
ladrar 짖다
maullar 야옹하다
morder (깨)물다
picar 찌르다
picotear 쪼다
trinar 지저귀다

필수표현 동물

Las abejas viven en colmenas y producen cera y miel.
↔ 벌은 벌집에 살면서 벌집과 꿀을 만든다.

El águila se alimenta de otros pájaros y animales.
↔ 독수리는 다른 새와 동물을 먹고 산다.

Unos pájaros anidan en este árbol.
↔ 몇몇 새들은 이 나무에 둥지를 만든다.

El perro y el gato son animales domésticos.
↔ 개와 고양이는 가축이다.

El asno es un animal doméstico, más pequeño que el caballo, con orejas largas.
↔ 당나귀는 말보다는 작은 가축이며 귀가 길다.

El perro y el lobo aúllan cuando les pasa algo.
↔ 개와 늑대는 무슨 일이 일어나면 울부짖는다.

La avispa es un insecto de color amarillo con franjas negras parecido a la abeja.
↔ 말벌은 벌을 닮았으며 검은 색 띠가 있는 노란 색의 곤충이다.

La ballena es un mamífero marino que puede llegar a pesar 150 toneladas.
↔ 고래는 150톤에 달하는 바다의 포유동물이다.

La mula es una bestia de carga.

↠노새는 짐 싣는 짐승이다.

He visto un bicho en la cortina.

↠커튼에서 벌레 한 마리를 보았다.

El camello es un animal que tiene dos jorobas, un cuello muy largo.

↠낙타는 두개의 곱사등이 있고 매우 목이 긴 동물이다.

El canario es un pájaro amarillo con un canto muy bonito.

↠카나리아는 매우 아름다운 노래 소리를 내는 노란색 새이다.

El canguro es un mamífero de Australia que camina dando saltos.

↠캥거루는 깡충깡충 뛰어다니는 호주의 포유동물이다.

Las cigüeñas son aves grandes de cuerpo blanco y alas negras.

↠황새는 하얀 색 몸에 검은 날개를 가진 큰 새이다.

El cocodrilo es un reptil de cuatro o cinco metros de largo que vive en los ríos de los países cálidos.

↠악어는 더운 나라의 강에 사는 4, 5 미터 길이의 파충류이다.

Las cucarachas son pequeños insectos rojizos o negros de forma aplanada y con largas antenas.

↠바퀴벌레는 긴 촉각을 갖고 있고 납작한 모양의 검은 혹은 불그레한 작은 곤충이다.

El cuervo es un pájaro grande, negro y carnívoro.

↠까마귀는 크고 검은 육식류의 새이다.

Los delfines son unos mamíferos marinos que son muy inteligentes.

↠돌고래는 매우 영리한 바다의 포유동물이다.

El dragón es un animal fantástico con forma de serpiente con alas que echa fuego por la boca.

↠용은 뱀의 모습이며 날개를 갖고 있고 입으로 불을 내뿜는 환상의 동물이다.

Los elefantes son animales mamíferos que viven en Asia y África.

↠코끼리는 아시아와 아프리카에 사는 포유동물이다.

La gallina empolla los huevos durante veintiún días.

자연

↳암탉은 21일 동안 알을 품는다.

Por la mañana me despierta el canto del gallo.

↳아침에 나는 수탉 울음소리에 잠을 깬다.

El erizo es animal mamífero pequeño que tiene el cuerpo cubierto de púas.

↳고슴도치는 가시로 뒤덮인 몸을 갖고 있는 작은 포유동물이다.

Las focas son animales mamíferos nadadores que viven en zonas muy frías.

↳물개는 매우 추운 지역에 사는 수영을 잘 하는 포유동물이다.

El caballo galopaba por el campo.

↳말은 평원을 전속력으로 달려가고 있었다.

En el corral hay muchos gansos.

↳우리에는 거위가 많이 있다.

Las gaviotas son aves de plumaje gris y blanco; viven en las costas.

↳갈매기는 회색과 흰색 깃털을 가진 새이며, 해변에 산다.

La golondrina es un pájaro pequeño con plumas negras por encima y blancas por debajo.

↳제비는 위에는 검은 깃털을 가졌고 아래에는 하얀 깃털을 가진 작은 새이다.

El hipopótamo es un animal grande de patas cortas, de piel gruesa y de color oscuro que vive en los ríos de África.

↳하마는 아프리카의 강에 살며 짧은 다리, 어두운 색의 두꺼운 피부를 가진 큰 동물이다.

Las moscas, las abejas y las hormigas son insectos.

↳파리, 벌, 개미는 곤충이다.

El jabalí es una especie de cerdo salvaje, de morro alargado y colmillos grandes, que vive en los bosques.

↳멧돼지는 입이 길고 뾰족하며, 커다란 송곳니를 갖고 있으며, 숲 속에 사는 야생돼지의 일종이다.

La jirafa es un animal mamífero que tiene un cuello muy largo.

↳기린은 목이 매우 긴 포유동물이다.

El perro ladraba cada vez que aparecía el gato.

↠개는 고양이가 나타날 때마다 짖곤 했다.

El lagarto es un reptil de cuatro patas y cola larga.

↠도마뱀은 다리가 넷이고 꼬리가 긴 파충류이다.

Hemos estudiado en el laboratorio una larva de mariposa.

↠우리는 실험실에서 나비의 유충을 연구했다.

El leopardo es un animal salvaje de color amarillo con manchas negras que vive en las selvas de Asia y África.

↠표범은 노란색에 검은 점이 있으며 아시아와 아프리카의 밀림에 사는 야생 동물이다.

La lombriz es un gusano de cuerpo muy alargado que vive en terrenos húmedos.

↠지렁이는 축축한 땅에 사는 길이가 긴 몸통의 벌레이다.

El loro es un ave de hermoso plumaje que imita la voz humana y repite algunas palabras.

↠앵무새는 사람의 목소리를 흉내 내고 단어를 반복해 말하는 아름다운 깃털을 가진 새이다.

Las mariposas son unos insectos con alas de colores muy bonitos y que vuelan sobre las flores.

↠나비는 매우 아름다운 색깔의 날개를 가진 곤충이며 꽃 위를 날아다닌다.

El gato hacía miau para llamar nuestra atención.

↠고양이는 우리의 관심을 끌기 위하여 야옹소리를 내곤 했다.

Los monos, como el chimpancé y el gorila, son animales mamíferos que viven en la selva.

↠원숭이는 침팬지와 고릴라와 마찬가지로 밀림에 사는 포유동물이다.

El perro mordía la carne para arrancar un pedazo.

↠개는 한 조각 뜯어내기 위하여 고기를 물었다.

Alrededor del animal había muchas moscas que le molestaban.

↠ 동물주변에는 동물을 괴롭히는 파리가 많이 있었다.

El mosquito es un insecto pequeño que pica a persona y animales.

↠ 모기는 사람과 동물을 쏘는 작은 곤충이다.

El mulo es un animal nacido del cruce de un asno y una yegua.

↠ 노새는 당나귀와 암말의 교배로 태어난 동물이다.

El murciélago es un animal cuyo cuerpo es semejante al de un ratón, tiene grandes alas, se alimenta de insectos y solamente sale de noche.

↠ 박쥐는 몸이 쥐와 비슷하며 큰 날개를 갖고 있고 곤충을 먹고 살며 밤에만 나온다.

El gorrión, el mirlo y el papagayo son pájaros.

↠ 참새, 구관조, 앵무새는 조류이다.

La paloma es símbolo de paz.

↠ 비둘기는 평화의 상징이다.

Los patos nadan muy bien, pero andan con dificultad.

↠ 오리는 수영은 매우 잘하지만 힘겹게 걷는다.

Me picó una avispa en el brazo y me escuece.

↠ 장수말벌이 나의 팔을 쏘아서 팔이 찌르는 듯이 아프다.

Los puercos duermen en la pocilga.

↠ 돼지들은 돼지우리에서 잠을 잔다.

Mi perro tiene pulgas y no para de rascarse.

↠ 나의 개는 벼룩이 있어서 계속해서 긁는다.

La rana es un pequeño anfibio que vive tanto en el agua como en la tierra.

↠ 개구리는 물과 땅에서 사는 작은 양서류 동물이다.

Un ratón es un animal mamífero roedor, parecido a la rata pero más pequeño.

↠ 생쥐는 쥐와 비슷하지만 쥐보다 더 작은 이로 갉는 포유류 동물이다.

En la charca, hay renacuajos que, aunque no se parezcan en nada, se convertirán más tarde en ranas.

↔ 저수지에는 비록 전혀 닮지 않았지만 나중에 개구리로 변하게 될 올챙이들이 있다.

El rinoceronte es un animal de gran tamaño de África que tiene uno o dos cuernos en la nariz y se alimenta de vegetales.

↔ 코뿔소는 아프리카의 덩치가 큰 동물이며 코에 뿔이 한 개나 두 개가 있으며 풀을 먹고 산다.

El sapo es un anfibio parecido a la rana, pero más grueso y cubierto de verrugas.

↔ 두꺼비는 개구리를 닮았지만 더 크고 사마귀로 뒤덮인 양서류이다.

La serpiente es un reptil de cuerpo largo y sin patas que avanza arrastrándose por el suelo.

↔ 뱀은 땅바닥을 기어 다니고 발이 없고 몸이 긴 파충류이다.

Los tiburones son peces marinos enormes y muy agresivos.

↔ 상어는 거대하고 매우 공격적인 바다의 어류이다.

Los tigres son animales mamíferos carnívoros, muy feroces, que tienen la piel a rayas negras y amarillas.

↔ 호랑이는 검고 노란 줄무늬의 가죽을 지닌 매우 사나운 육식 포유류이다.

El toro es un animal bovino muy bravo que tiene cuernos curvos y puntiagudos en la cabeza.

↔ 황소는 매우 용감한 소에 속하는 동물이며 머리에 굽고 끝이 날카로운 뿔이 있다.

La tortuga es un animal cubierto por caparazón muy duro y que se mueve lentamente.

↔ 거북이는 매우 딱딱한 등껍질로 덮여있고 느리게 움직이는 동물이다.

Cuando amanece, los pájaros empiezan a trinar.

↔ 동이 트면, 새들이 지저귀기 시작한다.

La urraca es un pájaro que se caracteriza por tener el vientre blanco, cuerpo negro y la cola larga.

↠까치는 배가 하얗고 몸은 검고 꼬리가 긴 것이 특징인 새이다.

La vaca proporciona al hombre dos productos alimenticios: la leche y la carne.

↠암소는 인류에게 두 가지 영양이 되는 제품, 즉 우유와 고기를 제공한다.

La víbora es una serpiente venenosa cuya cabeza tiene forma triangular.

↠살모사는 머리가 삼각형이며 독이 있는 뱀이다.

La yegua es la hembra del caballo.

↠암말은 말의 암컷이다.

El zorro es mamífero carnívoro parecido al perro con el pelo muy largo y la cola larga también.

↠여우는 개를 닮았으며 털이 매우 길고, 꼬리도 긴 육식 포유류이다.

4. 식 물

(el) albaricoquero 살구나무
(el) almendro 아몬드나무
(el) árbol 나무
(el) árbol frutal 과실나무
(el) arroz 쌀
(la) azucena 백합
(el) bambú 대나무
(el) campo de cultivo 밭
(el) castaño 밤나무
(el) cedro 삼나무
(el) césped 잔디
(el) clavel 카네이션
(la) cosecha 수확

(la) flor 꽃
(el) girasol 해바라기
(la) granja 농장
(los) granos 곡식
(la) hierba 풀
(la) higuera 무화과나무
(la) hoja 잎
(la) huerta 과수원, 야채밭
(el) jazmín 재스민
(la) margarita 들국화
(el) narciso 수선화
(el) nogal 호두나무
(la) orquídea 난초

(el) pétalo 꽃잎
(el) pino 소나무
(el) piñón 솔방울
(la) planta 식물
(el) plátano 플라타너스
(el) polen 꽃가루
(la) raíz 뿌리
(el) roble 떡갈나무
(la) rosa 장미
(la) semilla 씨
(la) siembra 파종
(el) tomillo 백리향
(el) trébol 클로버
(el) trigo 밀
(el) tronco 줄기
(la) vid de uvas 포도넝쿨

필수표현 식물

El albaricoquero es un árbol frutal que produce albaricoques y su madera se emplea en ebanistería.

↠ 살구나무는 살구가 열리는 과실나무이고 살구나무 목재는 가구류에 사용된다.

El almendro es un árbol de flores blancas cuyo fruto es la almendra.

↠ 아몬드나무는 하얀 꽃이 피는 나무이며 그 열매는 아몬드이다.

Un árbol es una planta compuesta por un tronco principal del que nacen ramas provistas de hojas.

↠ 나무는 중심이 되는 줄기로 구성되어 있으며, 그 줄기에서 잎이 있는 가지가 생긴다.

El arroz es una planta que se cría en terrenos muy húmedos.

↠ 쌀은 매우 축축한 땅에서 자라는 식물이다.

La azucena es una planta de flores blancas y muy olorosas que tienen el mismo nombre.

↠ 백합은 하얗고 향이 매우 좋은 같은 이름을 가진 꽃이 피는 식물이다.

Con el tallo del bambú se pueden hacer cañas de pescar, fabricar muebles y construir cabañas.

↔대나무의 줄기로 낚싯대를 만들 수 있고, 가구를 만들 수 있고, 축사를 만들 수 있다.

El castaño es un árbol grande, de copa ancha, que produce castañas.

↔밤나무는 수관(樹冠)이 넓고 큰 나무이고 밤이 열린다.

Me gusta tumbarme en el césped del jardín.

↔나는 정원의 잔디에 눕는 것을 좋아한다.

Este año la cosecha de trigo ha sido abundante.

↔금년에는 밀 수확이 풍부했다.

Los girasoles son plantas con grandes flores amarillas y abundantes semillas comestibles, de las que se obtiene el aceite.

↔해바라기는 노란 커다란 꽃과 먹을 수 있는 씨가 풍부한 식물이며, 이 씨로부터 식용유를 만들 수 있다.

Santiago ha pasado sus vacaciones en una granja.

↔산띠아고는 한 농장에서 휴가를 보냈다.

Actualmente existen máquinas para recoger el grano del trigo.

↔오늘날에는 밀알을 거둘 수 있는 기계가 있다.

En otoño se caen las hojas de los árboles.

↔가을에는 나뭇잎이 떨어진다.

La huerta de Carlos tiene una abundante cosecha de garbanzos.

↔까를로스의 야채밭은 콩의 수확이 많다.

El jazmín es una planta de flores blancas o amarillas muy olorosas.

↔재스민은 매우 향이 좋은 하얀 색이나 노란 꽃의 식물이다.

La margarita es una flor que tiene un centro amarillo rodeado de pétalos blancos.

↔들국화는 노란색 중심부가 하얀 꽃잎으로 둘러싸인 꽃이다.

El narciso es una planta de hojas largas y estrechas y de flores blancas o amarillas muy perfumadas.

↔수선화는 길고 좁은 잎과 향기가 강한 하얗거나 노란 꽃이 있는 식물이다.

El nogal es un árbol muy alto y fuerte cuyo fruto es la nuez y su madera es muy estimada.

↠호두나무는 매우 키가 크고 강한 나무이며 그 과실은 호두이고 그 나무는 좋은 목재로 평가된다.

La margarita tiene los pétalos blancos y alargados.

↠들국화는 하얗고 긴 꽃잎이 있다.

Los pinos son árboles que tienen hojas verdes en todas las estaciones del año.

↠소나무는 연중 모든 계절에 푸른 잎이 있는 나무이다.

Las plantas del jardín se van a morir si no las riegas.

↠정원의 모든 식물은 물을 주지 않으면 죽게 될 것이다.

El polen de las flores es un polvo fino que sirve para su reproducción.

↠꽃가루는 재생산을 위하여 사용되는 질이 우수한 가루이다.

Tendrás que cavar hondo para arrancar este árbol porque tiene unas raíces muy profundas.

↠이 나무는 뿌리가 매우 깊기 때문에 이 나무를 뽑으려면 너는 땅을 깊이 파야할 것이다.

Corté unas rosas para ponerlas en un florero.

↠꽃병에 꽂기 위하여 장미 몇 송이를 잘랐다.

Los piñones son las semillas del pino.

↠솔방울은 소나무의 씨앗이다.

A finales de otoño, los agricultores realizan la siembra del trigo.

↠가을의 막바지에, 농부들은 밀의 파종을 한다.

El tomillo es una planta silvestre.

↠백리향은 야생식물이다.

El trébol es una planta con tres pequeñas hojas de forma circular.

↠클로버는 작은 원형의 세 잎을 가진 식물이다.

Este árbol tiene un tronco muy alto y fuerte.

↔이 나무는 매우 높고 단단한 줄기를 갖고 있다.

El labrador podó las vides antes de que salieran las uvas.

↔농부는 포도가 열리기 전에 포도넝쿨을 전정하였다.

5. 지구 & 우주

(1) 지구

(el) círculo polar antártico 남극권
  (el) círculo polar ártico 북극권
(el) continente 대륙
(el) ecuador 적도
(el) equinoccio 주야평분시
  (el) equinoccio de primavera 춘분(春分)
  (el) equinoccio de otoño 추분(秋分)
(el) hemisferio 반구(半球)
  (el) hemisferio austral 남반구
  (el) hemisferio boreal 북반구
  (el) hemisferio occidental 서반구
  (el) hemisferio oriental 동반구
(el) mar 바다
(el) meridiano 경도(經度)
  (el) paralelo 위도(緯度)
(el) mundo 세계
(el) océano 대양
(el) polo norte 북극
  (el) polo sur 남극
(el) solsticio de verano 하지(夏至)
  (el) solsticio de invierno 동지(冬至)
(el) trópico de Cáncer 북회귀선
  (el) trópico de Capricornio 남회귀선
(la) zona glacial 한대
  (la) zona templada 온대
  (la) zona tórrida(tropical) 열대

필수표현 (1) 지구

El oso polar vive en las tierras árticas.

↔북극곰은 북극지역에 산다.

Europa, Asia, América, África, Oceanía y la Antártida son los continentes de la Tierra.

↪ 유럽, 아시아, 아메리카, 아프리카, 오세아니아, 남극은 지구의 대륙이다.

El ecuador es una línea circular perpendicular al eje de la Tierra.

↪ 적도는 지구의 축에 수직인 원형의 선이다.

Solo se producen dos equinoccios al año, el de primavera y el de otoño.

↪ 주야평분(낮과 밤의 길이가 같음)은 1년에 두 번 일어나는데 춘분과 추분이다.

España se encuentra en el hemisferio Norte.

↪ 스페인은 북반구에 있다.

El (Mar) Mediterráneo y el Cantábrico son mares.

↪ 지중해와 칸타브리아해는 바다이다.

Un meridiano es todo círculo máximo de la esfera terrestre que pasa por los dos polos.

↪ 경도는 양극을 지나는 지구의 최대 원주이다.

Durante las vacaciones ha decidido dar una vuelta al mundo.

↪ 방학 동안 그는 세계 일주를 할 결심을 했다.

El Océano Atlántico es el que separa Europa de América.

↪ 대서양은 유럽과 아메리카를 분리하는 대양이다.

En el globo terrestre se trazan paralelos por encima y por debajo del ecuador.

↪ 지구에는 적도의 위아래로 위도가 그려진다.

Los polos son las zonas de la Tierra situadas en los extremos Norte y Sur.

↪ 극(極)은 지구에서 북극과 남극에 위치한 지역이다.

En el año existen dos solsticios: el de verano, hacia el 21 de junio, y el de invierno, hacia el 21 de diciembre.

↪ 1년에 두 번의 지(至)가 존재한다. 6월 21일 경의 하지(夏至)와 12월 21일 경의 동지 (冬至)가 존재한다.

Se llama trópico de Cáncer al situado en el hemisferio norte y de Capricornio al situado en el hemisferio sur.

↔ 북반구에 위치한 회귀선을 북회귀선이라 부루고 남반구에 위치한 회귀선을 남회귀선이라 부른다.

La zona glacial es un lugar, que está situado en los extremos de la superficie terrestre.

↔ 한대는 지구상에서 양극에 위치한 장소이다.

Las regiones costeras son zonas templadas.

↔ 연안지역은 온대지방이다.

Visitamos varios países de la zona tórrida del globo.

↔ 우리들은 지구의 열대의 여러 나라를 방문했다.

✤ 해양

(el) Antártico 남극
(el) Ártico 북극
(el) Atlántico 대서양
(el) Canal de la Mancha 도버해협(영국해협)
(el) Estrecho de Gibraltar 지브롤터 해협
(el) Golfo Pérsico 페르시아만
(el) Mar Cantábrico 칸타브리아해
(el) Mar Caribe 카리브해
(el) Mar de Bering 베링해
(el) Mar de la China Meridional 남지나해
(el) Mar del Este 동해
(el) Mar Negro 흑해
(el) Mar Rojo 홍해
(el) [Mar] Mediterráneo 지중해
(el) Océano Indico 인도양
(el) Pacífico 태평양

(2) 우주

(el) alunizaje 달착륙
(la) Andrómeda 안드로메다 성좌
(el) astro 천체(天體)
(la) astronave 우주선
(la) cosmonave 우주선
(el/la) astronauta 우주비행사
(el/la) cosmonauta 우주비행사
(la) astronomía 천문학
(el/la) astrónomo(a) 천문학자
(la) atmósfera 대기권
(la) capa atmosférica 대기층
(la) cápsula 캡슐
(la) Casiopea 카시오페아 좌(座)
(el) cielo 하늘
(el) cohete 로켓
(el) lanzamiento del cohete 로켓 발사
(el) cometa 혜성
(la) constelación 성좌(星座)
(la) Cruz del Sur 남십자성
(el) eclipse solar 일식(日蝕)
(el) eclipse lunar 월식(月蝕)
(la) estrella 별
(la) estrella fugaz 유성(流星)
(el) lucero 샛별
(el) Júpiter 목성(木星)
(el) Marte 화성(火星)
(el) Mercurio 수성(水星)
(el) Neptuno 해왕성(海王星)
(el) Saturno 토성(土星)
(el) Venus 금성(金星)
(la) estratosfera 성층권
(la) Galaxia 은하(銀河)
(la) Vía Láctea 은하
(la) gravedad 인력, 중력
(la) gravitación 인력, 중력
(las) nebulosas 성운(星雲)
(el) observatorio 천문대
(la) órbita 궤도
(la) trayectoria 궤도
(el) Orión 오리온 성좌
(la) Osa Mayor 대웅좌
(la) Osa Menor 소웅좌
(el) planeta 유성(遊星)
(el) planetario 플라네타륨, 천문관
(el) satélite 위성(衛星)
(el) satélite artificial 인공위성
(el) sistema planetario 태양계
(el) sistema solar 태양계
(el) sol 태양
(la) luna 달
(el) telescopio 망원경
(la) tierra 지구
(el) zodíaco 하늘의 12궁

필수표현 (2) 우주

La nave llegó a la Luna, pero el alunizaje fue difícil.

→ 우주선이 달에 도착했지만 달에 착륙하는 것은 어려웠다.

Las estrellas y los planetas son astros.

→ 별과 위성은 천체이다.

Los astronaves se mantienen en el espacio extraplanetario cuando consiguen el equilibrio entre la fuerza centrífuga y la de gravedad.

→ 우주선은 원심력과 중력 사이에서 균형을 잡으면 태양계 밖의 공간에서 상태를 유지한다.

Los astronautas han caminado sobre la luna.

→ 우주비행사들은 달 위를 걸었다.

La astronomía es el estudio científico del Universo: del sol, de los planetas, de las estrellas.

→ 천문학은 태양, 위성, 별 등 우주에 관한 과학연구이다.

Dos astrónomos importantes de la antigüedad y de la edad media fueron, respectivamente, Hiparco y Tolomeo.

→ 고대와 중세의 중요한 두 천문학자는 각각 Hiparco와 Tolomeo이다.

La atmósfera es el conjunto de gases que rodean la Tierra.

→ 대기권은 지구를 둘러싸고 있는 공기의 총체이다.

La lluvia y el granizo son fenómenos atmosféricos.

→ 비와 우박은 대기의 현상이다.

Los astronautas permanecen en la cápsula espacial.

→ 우주비행사들은 우주캡슐에 꼼짝 않고 있다.

Han lanzado un cohete espacial para hacer una investigación en el espacio.

→ 우주에서 조사를 하기 위하여 우주로켓을 발사하였다.

Un cometa es un astro que deja tras de sí una estela luminosa.

→ 혜성은 자신 뒤에 반짝이는 빛의 꼬리를 남기는 천체이다.

Por la noche al mirar el cielo veo muchas constelaciones.

↠밤에 하늘을 바라보면 많은 성좌를 보게 된다.

Valentina Tereshkova fue la primera cosmonauta de la historia.

↠Valentina Tereshkova는 역사상 최초의 우주비행사였다.

Esta mañana se ha oscurecido el día a causa de un eclipse.

↠오늘 오전 일식 때문에 낮이 어두웠었다.

Una noche vi que atravesaba el cielo una estrella fugaz.

↠어느 날 밤 나는 유성이 하늘을 가로지르고 있었던 것을 보았다.

La estratosfera es la zona superior de la atmósfera, situada entre los doce y los cien kilómetros de altura.

↠성층권은 12km에서 100km 높이에 위치한 대기의 가장 높은 지역이다.

La tierra está en una Galaxia que se llama Vía Láctea.

↠지구는 은하수라 불리는 은하에 있다.

Las manzanas se caen de los árboles al suelo debido a la fuerza de la gravedad.

↠사과는 중력 때문에 나무에서 바닥으로 떨어진다.

Los astronautas flotan en el espacio debido a la falta de gravitación.

↠중력이 없기 때문에 우주비행사들은 우주에서 떠돈다.

El Júpiter tiene doce satélites.

↠목성에는 12개의 위성이 있다.

El lanzamiento del cohete fue un éxito.

↠로켓 발사는 성공이었다.

El cielo en las noches de verano está lleno de luceros.

↠여름밤에는 하늘이 샛별로 가득하다.

El 21 de julio de 1969 los primeros astronautas caminaron sobre la Luna.

↠1969년 7월 21일 최초의 우주비행사들이 달 위를 걸었다.

Marte es uno de los nueve planetas que giran alrededor del sol y tiene dos satélites.

자연

↠화성은 태양 주변을 도는 9개의 유성 중의 하나이며, 2개의 (작은) 위성을 갖고 있다.

Mercurio es el planeta más cercano al sol.

↠수성은 태양에 가장 가까운 유성이다.

En la visita al observatorio astronómico pudimos ver las estrellas con el telescopio.

↠천문대 방문에서 우리는 망원경으로 별들을 볼 수 있었다.

La tierra describe una órbita alrededor del sol.

↠지구는 태양 주위에서 궤도를 그리고 있다.

La tierra es uno de los nueve planetas y gira alrededor del sol.

↠지구는 아홉 개의 유성 중의 하나이며, 태양 주위를 돌고 있다.

La luna es el satélite de la Tierra.

↠달은 지구의 위성이다.

En el año 1964 Rusia lanzó un satélite artificial tripulado por tres hombres.

↠1964년에 러시아는 세 사람을 태운 인공위성을 발사했다.

Las leyes del sistema planetario fueron descubiertas por Kepler.

↠태양계의 규칙은 케플러(Johannes Kepler 1571~1630)에 의하여 발견되었다.

El sistema solar está formado por el sol y los astros que giran alrededor de él.

↠태양계는 태양과 그 주변을 돌고 있는 천체로 구성되어 있다.

La tierra efectúa un movimiento de rotación alrededor del sol.

↠지구는 태양 주위에서 자전운동을 한다.

Los científicos pueden descubrir y estudiar las estrellas y los planetas a través del telescopio.

↠과학자들은 망원경을 통하여 별과 유성을 관찰하고 연구할 수 있다.

Piscis, Tauro y Sagitario son algunos de los signos del zodíaco.

↠쌍어궁(물고기자리), 금우궁(황소자리), 인마궁(궁수자리)은 하늘의 12궁의 상징의 일부이다.

(3) 지학 & 지질

(la) arcilla 점토(粘土)
(el) basalto 현무암
(la) capa 지층
  (el) estrato 지층
(el) caolín 백점토
(el) carbón 석탄
(el) cráter 분화구(噴火口)
(el) cuarzo 석영
(la) cueva 동굴
(el) epicentro 진원, 진앙
  (el) hipocentro 진원, 진앙
(la) erosión 침식
(la) estalactita 종유석(鐘乳石)
(la) estalagmita 석순(石筍)
(la) falla 단층
(el) fósil 화석
(la) geología 지질학
  (el/la) geólogo(a) 지질학자
(el) granito 화강암
(la) lava 용암
(la) magma 마그마
(el) mármol 대리석
(la) meteorización de las rocas 풍화작용
(la) mica 운모(雲母)
(la) ortosa 정장석(正長石)
(la) paleontología 고생물학, 화석학
(la) petrificación 석화작용
(el) petróleo 석유
(la) piedra arenisca 사암(砂巖)
(la) pómez 경석(輕石)
(la) plegamiento 습곡
(la) roca sedimentaria 수성암
(la) roca volcánica 화성암
(la) roca caliza 석회암
(la) sedimentación 침전층
(el) sílex 규석(硅石)
(el) terremoto 지진
(el) volcán 화산
  (la) erupción volcánica 화산분화
(el) yeso 석고

필수표현 (3) 지학 & 지질

Hemos hecho un cenicero de arcilla.
↔ 우리는 점토로 재떨이를 만들었다.

En el Polo Norte hay gruesas capas de hielo.

↠ 북극에는 두꺼운 얼음 층이 있다.

Los antiguos trenes consumían carbón.

↠ 옛날 기차는 석탄을 소비했다.

El cráter de un volcán es la boca por donde arroja lava, cenizas y humo.

↠ 화산의 분화구는 용암, 재, 연기를 내뿜는 입이다.

El cuarzo es un mineral tan duro que el acero.

↠ 석영은 강철보다 더 단단한 광석이다.

Algunos hombres de la prehistoria vivían en cuevas.

↠ 선사시대의 어떤 사람들은 동굴에서 살았다.

El epicentro del terremoto ha sido localizado en el oeste del país.

↠ 지진의 진원지는 그 나라의 서쪽으로 파악되었다.

El viento, el mar y los ríos provocan la erosión de la superficie de la tierra.

↠ 바람, 바다, 강은 지구 표면의 침식을 초래한다.

Tras la erupción del volcán, la lava se extendió por la ladera de la montaña.

↠ 화산의 분화 후에 용암이 산기슭으로 퍼져나갔다.

En la cueva hay estalactitas que casi tocan en suelo.

↠ 동굴에는 거의 바닥에 닿는 종유석이 있다.

Las estalagmitas se forman en el suelo por las gotas de agua que caen de las estalactitas.

↠ 석순은 종유석에서 떨어지는 물방울 때문에 바닥에서 형성된다.

Por un movimiento de tierras se ha producido una falla en aquella roca.

↠ 지면의 움직임 때문에 저 바위에 단층이 만들어졌다.

En el museo de fósiles se pueden ver esqueletos de animales que vivieron hace muchísimos años.

↠ 화석 박물관에서 매우 오래 전에 살았던 동물의 해골을 볼 수 있다.

Hoy vamos a estudiar geología y el profesor nos enseñará distintos tipos de rocas.

↠ 오늘 우리는 지질학을 공부할 것인데 선생님께서 우리에게 여러 형태의 바위를 가르쳐 주실 것이다.

Unos geólogos van a hacer un estudio del terreno para ver si hay petróleo.

↠ 몇몇 지질학자는 석유가 있는지 알기 위하여 지층의 연구를 할 것이다.

Esta iglesia es de granito.

↠ 이 교회는 화강암으로 지어졌다.

Los ríos de lava caliente que arrojaba el volcán en erupción arrasaron los pueblos de los alrededores.

↠ 분화 중의 화산이 내뿜은 뜨거운 용암의 강이 부근의 마을을 휩쓸었다.

En el museo hay grandes estatuas de mármol.

↠ 박물관에는 대리석으로 만든 커다란 동상들이 있다.

La mica es un mineral formado por láminas delgadas, flexibles y brillantes.

↠ 운모는 얇고 탄력성 있고 반짝이는 금속판으로 형성된 광석이다.

Del petróleo estraído de la tierra se obtiene la gasolina.

↠ 땅속에서 뽑아낸 석유로부터 휘발유를 얻게 된다.

El terremoto produjo graves daños en los edificios.

↠ 지진은 건물에 치명적인 피해를 초래했다.

El yeso es un polvo blanco que, mezclado con agua, se endurece rápidamente.

↠ 석고는 물과 섞여 빨리 굳어지는 하얀 가루이다.

(4) 광물 & 광석

(el) alumnio 알루미늄

(el) antimonio 안티몬

(el) azufre 유황

(la) bauxita 보크사이트

(el) cadmio 카드뮴

(el) cinc(zinc) 아연
(el) cobalto 코발트
(el) cobre 구리, 동
(el) cromo 크롬
(el) estaño 주석
(la) filón 광맥
  (la) veta 광맥
  (el) yacimiento 광맥
(el) germanio 게르마늄
(el) magnesio 마그네슘

(la) mena 원광
(el) mercurio 수은
(la) mina 광산, 갱도
(el) molibdeno 몰리브덴
(el) níquel 니켈
(el) oro 금
(la) plata 은
(el) platino 백금
(el) plomo 납
(el) uranio 우라늄

필수표현 (4) 광물 & 광석

Las ventanas de mi colegio tienen el marco de alumnio.

↔ 우리 학교 창문의 창틀은 알루미늄으로 되어있다.

El azufre es una sustancia de color amarillo que cuando se quema produce un humo sofocante.

↔ 유황은 탈 때 질식할 듯한 연기를 만들어내는 노란색의 물체이다.

Algunas casas tienen el tejado de cinc.

↔ 어떤 주택은 아연으로 만든 지붕이 있다.

El hilo eléctrico es de cobre.

↔ 전선의 재료는 구리이다.

Para soldar metales se utiliza el estaño.

↔ 금속을 용접하는데 주석이 사용된다.

El mercurio es el único metal líquido a temperatura ordinaria.

↔ 수은은 평상 온도에서 액체 상태인 유일한 금속이다.

Las ruedas de mi coche son de níquel.

↠내 자동차의 바퀴는 니켈 제품이다.

En las joyerías venden objetos de oro.

↠보석상에서는 금으로 만든 제품을 판매한다.

Tengo un collar de plata.

↠나는 은 목걸이가 하나 있다.

Las joyas de platino son muy caras.

↠백금으로 만든 보석은 매우 비싸다.

El plomo es un metal de color gris muy pesado con el que se fabrican tuberías.

↠납은 회색의 매우 무거운 금속인데, 이 납으로 배관을 만든다.

El uranio es un elemento químico radiactivo, muy pesado y con un aspecto parecido al hierro.

↠우라늄은 매우 무거운 방사능의 화학 요소이며 그 외관은 철과 비슷하다.

Los mineros bajaban a la mina y se pasaban todo el día sin ver el sol.

↠광부들은 갱도로 내려가서 해를 보지 못한 채 하루 종일 있었다.

Los buscadores de oro encontraron un filón en el terreno.

↠금을 찾는 사람들은 땅속에서 광맥을 발견했다.

Descubrieron un yacimiento de oro en la mina.

↠그들은 광산에서 금의 광맥을 발견하였다.

(5) 원석 & 보석

(el) ámbar 호박(琥珀)

(la) amatista 자수정(紫水晶)

(el) azabache 흑옥(黑玉)

(el) coral 산호

(el) cristal [de roca] 수정(水晶)

(el) diamante 다이아몬드

(el) esmalte 칠보세공

(la) esmeralda 에메랄드

(el) granate 석류석

(el) jade 비취, 경옥

(el) ópalo 오팔

(la) perla 진주

(el) rubí 루비

(el) topacio 황옥, 토파즈
(la) turquesa 터키석
(el) zafiro 사파이어

필수표현 (5) 보석

El ámbar es un material de resina fosilizada con el que se fabrican objetos de adorno.

➡ 호박(琥珀)은 화석화된 수지(樹脂)의 물질인데 이 호박으로 장식품을 만든다.

La amatista es una piedra fina de color violeta, usada en joyería.

➡ 자수정은 보석으로 사용되는 보라색의 정교한 돌이다.

María tiene un collar de azabache.

➡ 마리아는 흑옥(黑玉)으로 만든 목걸이를 갖고 있다.

En las minas de Sudamérica se extraen diamantes.

➡ 남아메리카의 광산에서 다이아몬드가 채취된다.

Ana decora con esmalte objetos cerámica o de metal.

➡ 아나는 세라믹이나 금속 제품을 칠보로 장식한다.

El anillo que nos mostró el joyero llevaba incrustada una esmeralda.

➡ 보석상인이 우리에게 보여준 반지는 에메랄드가 박혀있었다.

A mi madre le han regalado un anillo de jade.

➡ 그들은 나의 어머니께 비취반지를 선물했다.

El ópalo es un mineral parecido al cristal, que puede ser de colores y que se usa para hacer joyas.

➡ 오팔은 수정과 비슷한 광석이며 여러 가지 빛깔이 있을 수 있으며 보석을 만드는데 사용된다.

Marisol se ha comprado en la joyería un bonito collar de perlas.

➡ 마리솔은 보석상에서 예쁜 진주목걸이를 샀다.

El rubí es una piedra preciosa de color rojo que se usa en joyería.

↠루비는 보석류에 사용되는 붉은 색의 아름다운 돌이다.

La turquesa es una piedra preciosa de color azul verdoso que suele usarse para hacer joyas.

↠터키석은 보석을 만드는데 사용되는 녹색을 띤 푸른빛이 나는 아름다운 돌이다.

El anillo que estaba en el escaparate de la joyería tenía un zafiro.

↠보석상의 진열장에 있었던 반지는 사파이어가 있었다.

6. 지리 & 지명

(1) 지리

(la) acera 보도
(la) aldea (인구가 적은) 마을
(el) barrio 구, 지역
  (la) cuadra 구역 (América)
  (la) manzana 구역 (España)
  (el) distrito 지구, 지역
  (la) región 지역
  (la) zona 지역
   (la) zona industrial 공업지역
(la) calle 거리
(la) capital 수도
(el) centro 중심지
(la) ciudad 도시
  (la) metrópoli 대도시
(la) comarca 지방
  (el) departamento 주, 현
  (el) municipio 시, 군
  (la) provincia 도, 지방
(el) cruce 교차로
  (el) cruce a desnivel 입체교차로
(la) esquina 모퉁이, 코너
(la) frontera 국경
(la) glorieta 로터리
(los) habitantes 주민, 인구
  (la) población 인구, 주민
(el) límite 경계
(el) mapa 지도
  (el) plano (도시의) 지도
(el) paso a peatones 횡단보도
  (el) paso de cebra 횡단보도
  (el) puente para peatones 횡단보도교
(el) relieve 지세(地勢), 토지의 기복

필수표현 (1) 지리

Caminad por la acera porque hay muchos coches.

↔ (너희들) 자동차가 많으니 보도로 걸어라.

Alicia vive en una aldea.

↔ 알리시아는 마을에 살고 있다.

Julia y yo vivimos en el mismo barrio.

↔ 훌리아와 나는 같은 지역에 살고 있다.

Madrid es la capital de España.

↔ 마드리드는 스페인의 수도이다.

María vive en el centro de la ciudad.

↔ 마리아는 시내 중심지에 살고 있다.

En este mapa están señaladas las diferentes comarcas de cada región.

↔ 이 지도에는 각 지역의 여러 지방이 표시되어 있다.

Hay un semáforo en ese cruce.

↔ 그 교차로에는 신호등이 있다.

Vivo en el distrito más céntrico de la ciudad.

↔ 나는 도시의 가장 중심 지역에 살고 있다.

En la frontera entre España y Francia están los Pirineos.

↔ 스페인과 프랑스의 국경에는 피레네 산맥이 있다.

Este pueblo tiene dos mil habitantes.

↔ 이 마을에는 2,000명의 주민이 있다.

Pedro vive en esta manzana.

↔ 뻬드로는 이 구역에 살고 있다.

El profesor nos señaló en el mapa las principales montañas de España.

↔ 선생님은 지도에서 우리에게 스페인의 주요 산을 가리켜 주셨다.

San Francisco es una gran metrópoli del oeste norteamericano.

↔ 샌프란시스코는 북아메리카의 서부의 매우 큰 대도시이다.

Los habitantes del municipio votaron para elegir a su alcalde.

↦ 시의 주민들은 시장을 선출하기 위하여 투표를 했다.

La población de España es de más de cuarenta millones.

↦ 스페인의 인구는 4천만이 넘는다.

Barcelona, Tarragona, Lérida y Gerona son las cuatro provincias catalanas.

↦ 바르셀로나, 따라고나, 레리다, 헤로나는 까딸루냐의 4 지방이다.

Galicia, Andalucía, y Cataluña son regiones españolas muy distintas entre sí.

↦ 갈리시아, 안달루시아, 까딸루냐는 서로 매우 다른 스페인의 지역이다.

En geografía estudiamos el relieve de España, que es muy montañoso.

↦ 지리과목에서 우리는 산이 매우 많은 스페인의 지세(地勢)를 배운다.

España forma parte de la zona templada de la Tierra.

↦ 스페인은 지구의 따뜻한 지역의 일부를 형성한다.

(2) 방위

(el) este 동

(el) oriente 동

(el) oeste 서

(el) occidente 서

(el) sur 남

(el) mediodía 남

(el) norte 북

(el) septentrión 북

(el) nordeste 북동

(el) noreste 북동

(el) noroeste 북서

(el) norueste 북서

(el) sudeste 남동

(el) sureste 남동

(el) sudoeste 남서

(el) suroeste 남서

필수표현 (2) 방위

El sol sale por el este y se pone por(en) el oeste.

↦ 태양은 동쪽에서 떠서 서쪽으로 진다.

En el mediodía español está Andalucía.

↔ 안달루시아는 스페인의 남쪽에 있다.

El nordeste(noreste) es el punto que está en la mitad entre el Norte y el Este.

↔ 북동쪽은 북쪽과 동쪽의 중간에 있는 지점이다.

El noroeste es el punto que está justo en la mitad entre el Norte y el Oeste.

↔ 북서쪽은 북쪽과 서쪽의 중간에 있는 지점이다.

Francia está al norte de España.

↔ 프랑스는 스페인의 북쪽에 있다.

Al atardecer, el sol se pone por el occidente.

↔ 땅거미 질 무렵에, 태양은 서쪽으로 진다.

Para ver salir el sol, debemos mirar hacia el oriente.

↔ 해가 뜨는 것을 보기 위해서 우리는 동쪽을 바라보아야 한다.

Cádiz está en el sur de España.

↔ 까디스는 스페인의 남부에 있다.

Murcia es una ciudad situada al sudeste(sureste) de la península ibérica.

↔ 무르시아는 이베리아 반도의 남동부에 위치한 도시이다.

La península ibérica se halla situada al sudoeste(suroeste) de Europa.

↔ 이베리아 반도는 유럽의 남서부에 위치하고 있다.

(3) 육지

(el) barranco 비탈, 언덕

(la) pendiente 비탈길

(el) bosque 숲

(el) campo 벌판, 전원

(la) caverna 동굴

(la) cueva 동굴

(el) continente 대륙

(la) dehesa 방목지, 목장지

(el) desierto 사막

(la) duna 사구(砂丘), 모래언덕

(la) estepa 스텝 (중앙아시아의 초원)

(la) explanada 평지
(el) llano 평야
(la) llanura 평야
(la) vega 평야
(el) médano 사구(砂丘), 모래언덕
(el) oasis 오아시스
(la) pampa 팜파스 (아르헨티나의 초원)
(el) páramo 황야
(el) yermo 황야
(el) prado 목장
(la) pradera 목장
(el) precipicio 벼랑, 절벽
(la) sabana 사바나 (아열대, 열대지방의 초원)
(la) tundra (시베리아, 알래스카의) 툰드라, 동토(凍土)

필수표현 (3) 육지

El autobús se salió del camino y cayó por un barranco.
↔ 버스는 길을 벗어나 언덕으로 떨어졌다.

Hemos ido de excursión al bosque.
↔ 우리는 숲으로 소풍을 갔다.

El agricultor trabaja mucho en el campo.
↔ 농부는 벌판에서 열심히 일한다.

La caverna era tan profunda y oscura que no vi al oso que vivía en ella.
↔ 동굴은 너무 깊고 어두워서 나는 그 안에 살고 있었던 곰을 보지 못했다.

El ganado pasta en la dehesa.
↔ 목축은 방목지에서 풀을 먹는다.

El Sahara es un desierto.
↔ 사하라는 사막이다.

El viento forma dunas con la arena de la playa.
↔ 바람은 해변의 모래로 모래언덕을 만든다.

En las estepas pocos animales sobreviven.

↠ 스텝에서는 살아남는 동물이 별로 없다.

Montamos el campamento en una explanada que había en la montaña.

↠ 우리는 산에 있는 평지에 캠프를 세웠다.

Cuando las carreteras no tienen curvas ni pendientes es porque la región es llana.

↠ 도로에 굽은 길도 없고 비탈길도 없다면 그것은 그 지역이 평평하다는 점 때문이다.

Desde la torre de la iglesia podemos ver todo el llano.

↠ 교회의 탑으로부터 우리는 모든 평야를 바라볼 수 있다.

Los exploradores anduvieron todo el día por el desierto y por la noche descansaron en un oasis.

↠ 탐험자들은 하루 종일 사막을 걸었고 밤에 오아시스에서 쉬었다.

Lo que más me gustó de Argentina fue la pampa.

↠ 아르헨티나에서 내가 제일 좋아했던 것은 팜파스였다.

La carretera de la sierra es una pendiente muy estrecha.

↠ 산맥의 도로는 매우 좁은 비탈길이다.

Las vacas pastan en el prado.

↠ 암소들은 목장에서 풀을 뜯어 먹는다.

En la pradera pastan las vacas.

↠ 목장에서 암소들이 풀을 뜯어 먹는다.

Sentí vértigo al asomarme por el precipicio para ver el río que corría por el fondo.

↠ 바닥에서 흐르고 있는 강을 보기 위하여 벼랑을 바라봤을 때 나는 현기증을 느꼈다.

Vimos cebras, elefantes y leones en la sabana africana.

↠ 우리는 아프리카의 사바나에서 얼룩말, 코끼리, 사자를 보았다.

La tundra es una vegetación típica de Siberia.

↠ 동토(凍土)는 시베리아의 전형적인 초원이다.

Las vegas son terrenos muy fértiles.

↠ 평야는 매우 기름진 땅이다.

(4) 강

(la) acequia 관개수로, 도랑

(la) irrigación 관개 (América)

(el) riego 관개, 용수

(la) albufera 늪, 호수

(el) lago 호수

(la) laguna 못

(la) marisma (해변, 강변의) 늪지

(el) canal 운하

(la) cascada 폭포

(la) catarata 폭포

(el) caudal 수량

(la) confluencia 합류점

(la) cuenca 유역

(el) curso alto 상류

(el) curso medio 중류

(el) curso bajo 하류

(el) delta 삼각주

(la) desecación 간척, 건조

(el) desembocadero 하구

(la) desembocadura 하구

(el) embalse 댐, 저수지

(el) pantano 저수지

(la) presa 댐

(la) presada 댐의 물

(la) represa 댐

(el) foso 호소(湖沼)

(la) orilla 해안, 기슭

(la) ribera 해안, 강변

(la) riada 홍수

(el) diluvio 홍수

(la) rivera 개천

(el) valle 골짜기, 계곡

필수표현 (4) 강

Las acequias de riego son canales que llevan el agua a los cultivos.

↠ 관개수로는 경작지로 물을 이끄는 도랑이다.

Es famosa la albufera de Valencia.

↠ 발렌시아의 호수는 유명하다.

El agua y los gases circulan por canales.

↠물과 가스는 관를 통하여 흐른다.

El río termina en una gran cascada.

↠강은 거대한 폭포에서 끝난다.

Las cataratas del Niágara en Estados Unidos son muy impresionantes.

↠미국의 나이아가라 폭포는 매우 인상적이다.

El caudal del río aumentó con las fuertes lluvias.

↠엄청난 비 때문에 그 강의 수량(水量)은 증가했다.

Mi pueblo se halla en la confluencia de dos ríos.

↠나의 마을은 두 강의 합류점에 있다.

Todas las aguas de esta cuenca van al río Ebro.

↠이 유역의 모든 물은 에브로 강으로 흘러들어간다.

Esta carretera sigue el curso del río.

↠이 도로는 강의 흐름을 따라간다.

El río Ebro desemboca en el mar formando un gran delta.

↠에브로 강은 거대한 삼각주를 형성하면서 바다로 흘러들어간다.

La desembocadura del Duero se encuentra en Oporto.

↠두에로 강의 하구는 오뽀르또에 있다.

El embalse tiene poca agua porque este año apenas ha llovido.

↠올해 비가 거의 오지 않았기 때문에 저수지에 물이 별로 없다.

La laguna es un lago pequeño.

↠(연)못은 작은 호수이다.

En las marismas a menudo se cultiva arroz.

↠늪지에서는 자주 쌀이 재배된다.

En la orilla del mar, un niño echaba agua y arena en su cubo.

↠해안에서 어린아이가 물과 모래를 통에 넣고 있었다.

El pantano está casi vacío porque hace tiempo que no llueve.

↠오랫동안 비가 오지 않아서 저수지가 거의 비어있다.

Construyeron una presa para embalsar agua.

↔ 물을 저수하기 위하여 댐을 건설했다.

A causa de la riada se inundó la finca.

↔ 홍수 때문에 농장이 물에 잠겼다.

El pescador está sentado con su caña en la ribera del río.

↔ 낚시꾼은 낚싯대를 갖고 강변에 앉아있다.

Esta planta necesita mucho riego.

↔ 이 식물은 많은 용수가 필요하다.

Múltiples riveras conducían las aguas del deshielo hasta el río.

↔ 여러 개천이 해빙의 물을 강까지 이르게 한다.

El río corre por el valle.

↔ 강은 골짜기를 통하여 흐른다.

(5) 산

(la) altiplanicie 고원

(la) meseta 고원

(el) cerro 언덕, 낮은 산

(la) colina 언덕, 구릉

(la) loma 언덕, 구릉

(la) cima 정상

(la) cumbre 정상

(la) cordillera 산계(山系), 산맥

(la) sierra 산맥

(el) desfiladero 산협(山峽)

(la) garganta 산협(山峽)

(la) quebrada 산협(山峽)

(la) divisoria de las aguas 분수령

(la) eminencia 고지(高地)

(la) falda 산기슭

(la) ladera 산기슭

(el) glaciar 빙하

(el) helero 빙하, 만년설

(la) época glacial 빙하시대

(el) macizo 산괴(山塊)

(la) montaña 산

(el) puerto 고개

(la) vertiente 사면(斜面)

(el) volcán 화산

필수표현 (5) 산

Las ovejas pastaban por los cerros de las montañas.

↠양들은 산의 언덕에서 풀을 뜯어먹고 있었다.

Los alpinistas han llegado a la cima(cumbre) de la montaña.

↠등산가들은 산의 정상에 도착했다.

Hemos subido a una colina para ver el paisaje.

↠우리는 풍경을 보기 위하여 언덕에 올라갔다.

Subimos a la loma para ver mejor el paisaje.

↠우리는 풍경을 더 잘 보기 위하여 언덕으로 올라갔다.

La cordillera pirenaica separa España de Francia.

↠피레네 산맥은 스페인과 프랑스를 분리한다.

Desde el valle, contemplábamos las montañas nevadas de la sierra.

↠계곡으로부터 우리는 산맥의 눈 덮인 산을 바라보고 있었다.

El río atraviesa la montaña por un desfiladero.

↠강은 산협을 통하여 산을 통과한다.

Hay un pueblo en la falda de la montaña.

↠산기슭에 마을 하나가 있다.

Hicimos una bola de nieve y la echamos a rodar por la ladera de la montaña.

↠우리는 눈 덩어리를 만들어 산기슭으로 굴러가게 던졌다.

El río corre por una garganta entre dos montañas.

↠강은 두 산 사이의 산협(山峽)을 통하여 흐르고 있다.

Los alpinistas atravesaron un glaciar.

↠등산가들은 빙하를 통과했다.

Los montañeros atravesaron el macizo Central.

↠등산가들은 중앙 산괴(山塊)를 통과했다.

En el centro de España se encuentra la meseta castellana.

↠스페인 중앙에는 스페인 고원이 있다.

Los excursionistas llegaron a la cima de la montaña después de un duro ascenso.

↠여행자들은 힘들게 올라간 후에 산의 정상에 도달했다.

Debido a la nieve están cerrados todos los puertos de montaña y los coches no pueden circular.

↠눈 때문에 산의 모든 고개는 폐쇄되었고 자동차는 운행할 수 없다.

Ellos subieron a la montaña por la vertiente norte.

↠그들은 북쪽 사면(斜面)을 통하여 산에 올라갔다.

El volcán entró en erupción y empezó a expulsar lava y cenizas.

↠화산이 분화하기 시작해서 용암과 재를 내뿜기 시작했다.

(6) 바다

(el) arrecife 암초
　(los) escollos 암초
(el) arrecife coralino 산호초
(la) bahía 만(灣)
　(el) golfo 만(灣), 앞바다
(el) banco de arena 사주
(el) cabo 갑(岬), 곶
　(el) promontorio (작은) 갑, 곶
(la) costa 해안
　(la) playa 해변
(el) dique 부두, 제방
　(el) muelle 부두, 선창
(la) ensenada 강어귀
　(la) ría 협만(峽灣), 강어귀
(el) estrecho 해협
(la) fosa marina 해구
　(la) fosa oceánica 해구
(la) isla 섬
(el) istmo 지협(地峽)
(el) litoral 해안지방
(el) océano 대양
(la) península 반도
(la) plataforma continental 대륙붕
(el) puerto 항구
(la) rada 후미, 대피항
(el) rompeolas 방파제

필수표현 (6) 바다

자연

El barco ha chocado contra los arrecifes.

↠선박이 암초에 충돌했다.

Las embarcaciones pequeñas se resguardaron del temporal en la bahía.

↠소형선박들은 만(灣)에서 풍랑을 막았다.

En geografía, se llama cabo a una porción de tierra que se adentra en el mar.

↠지리에서 바다로 들어간 육지의 일부를 갑(岬)이라 한다.

Hay un faro en el promontorio.

↠곶에 등대가 하나 있다.

Soy de un pueblo de la costa.

↠나는 해안 마을 출신입니다.

El barco fue reparado en el dique.

↠선박은 부두에서 수리되었다.

El barco estuvo unos días en el muelle antes de continuar el viaje.

↠선박은 여행을 계속하기 전에 며칠 동안 부두에 있었다.

Navegar es peligroso por los escollos que hay.

↠암초가 있기 때문에 항해하는 것이 위험하다.

El estrecho de Gibraltar es una porción de mar que está entre el sur de España y el norte de África.

↠지브롤터해협은 스페인 남부와 아프리카 북부 사이에 있는 바다의 일부분이다.

El barco se internó en el golfo para resguardarse de la tormenta.

↠선박은 폭풍우를 피하기 위하여 만(灣)으로 들어갔다.

Gran Canaria es una isla española que está en el Océano Atlántico.

↠그란까나리아는 대서양에 있는 스페인의 섬이다.

América del Norte se une con América del Sur a través del istmo de Panamá.

↔ 북아메리카와 남아메리카는 파나마 지협(地峽)을 통하여 연결된다.

Las playas del litoral cantábrico son más pequeñas que las del Mediterráneo.

↔ 칸타브리아 해안지방의 해변은 지중해 해안지방의 해변보다 작다.

España es uno de los países litorales del Mediterráneo.

↔ 스페인은 지중해 해안의 국가 중의 하나이다.

El océano Atlántico es el que separa Europa de América.

↔ 대서양은 유럽과 아메리카를 분리하는 대양이다.

Otros océanos son el Pacífico, el Índico y el Ártico.

↔ 다른 대양은 태평양, 인도양, 북극해이다.

España y Portugal forman juntos la península Ibérica.

↔ 스페인과 포르투갈은 함께 이베리아 반도를 구성한다.

En esa playa hay que tener mucho cuidado porque las olas son muy fuertes.

↔ 그 해변에서는 파도가 매우 강하기 때문에 매우 조심해야 한다.

El puerto de Cádiz es marítimo y el de Sevilla es fluvial.

↔ 까디스 항구는 바다의 항구이고 세비야 항구는 하천의 항구이다.

Cuando hay marea baja las rías se quedan casi sin agua.

↔ 낮은 조수가 있을 때는 강어귀는 물이 없게 된다.

Gracias al rompeolas, la tempestad no destrozó los barcos que estaban en el puerto.

↔ 방파제 덕분에, 폭풍우가 항구에 있던 선박을 파손하지 못했다.

✤ 대륙 - 국명 - 형용사

Alemania 독일	alemán(a)
África 아프리카	africano(a)

América del Norte 북아메리카	norteamericano(a)
América del Sur 남아메리카	suramericano(a)/sudamericano(a)
Argentina 아르헨티나	argentino(a)
Asia 아시아	asiático(a)
Australia 호주	australiano(a)
Austria 오스트리아	austriaco(a)
Bolivia 볼리비아	boliviano(a)
Brasil 브라질	brasileño(a)
Canadá 캐나다	canadiense
Chile 칠레	chileno(a)
China 중국	chino(a)
Centroamérica 중앙아메리카	centroamericano(a)
Corea (del Sur) 한국(남한)	coreano(a)
Corea del Norte 북한	coreano(a)
Costa Rica 코스타리카	costarricense, costarriqueño(a)
Cuba 쿠바	cubano(a)
Ecuador 에콰도르	ecuatoriano(a)
Egipto 이집트	egipcio(a)
El Salvador 엘살바도르	salvadoreño(a)
España 스페인	español(a)
Estados Unidos (de América) 미국	estadounidense
Europa 유럽	europeo(a)
Filipinas 필리핀	filipino(a)
Francia 프랑스	francés(a)
Grecia 그리스	griego(a)
Guatemala 과테말라	guatemalteco(a)
Holanda 네덜란드	holandés(a)
Honduras 온두라스	hondureño(a)
India 인도	hindú, indio(a)
Inglaterra 영국	inglés(a)

Italia 이탈리아	italiano(a)
Japón 일본	japonés(a)
Marruecos 모로코	marroquí
México 멕시코	mexicano(a)
Nicaragua 니카라구아	nicaragüense
Panamá 파나마	panameño(a)
Paraguay 파라과이	paraguayo(a)
Perú 페루	peruano(a)
Portugal 포르투갈	portugués(a)
República Dominicana 도미니카	dominicano(a)
Rusia 러시아	ruso(a)
Suiza 스위스	suizo(a)
Uruguay 우루과이	uruguayo(a)
Venezuela 베네수엘라	venezolano(a)

✤ 세계의 도시명

Berlín	베를린
Buenos Aires	부에노스아이레스
Cairo	카이로
Caracas	카라카스
Ginebra	제네바
Hamburgo	함부르크
Lima	리마
Lisboa	리스본
Londres	런던
Madrid	마드리드
Moscú	모스크바
Nueva York	뉴욕

París	파리
Pekín	북경
Río de Janeiro	리오 데 자네이로
Roma	로마
Seúl	서울
Tokio	도쿄
Viena	빈

III Life

생활

1. 주거 & 생활

(1) 거실

(la) alfombra 카펫
(la) chimenea 벽난로, 굴뚝
(la) cortina 커튼
(el) cuadro 그림
(el) disco compacto 콤팩트디스크
(el) estante 책장
  (la) librería 책장
(la) lámpara 전등
(el) marco 액자
(la) mesa 테이블
(el) periódico 신문
(las) persianas 블라인드
(la) radio 라디오
(la) revista 잡지
(la) sala de estar 거실
(la) silla 의자
  (el) sillón 팔걸이의자
  (la) butaca 안락의자
  (la) mecedora 흔들의자
(el) sofá 소파
(la) televisión 텔레비전

charlar 잡담하다
platicar 담소(잡담)하다

필수표현 (1) 거실

Tenemos una bonita alfombra persa en el comedor.
↔ 우리 식당에 예쁜 페르시아 카펫이 있다.
Solía sentarse cómodamente en su butaca para leer.

↠그는 책을 읽기 위하여 그의 안락의자에 편안하게 앉곤 했다.

Desde mi balcón se ve salir el humo de todas las chimeneas del pueblo.

↠우리 발코니에서 마을의 모든 굴뚝에서 연기가 나오는 것이 보인다.

Hemos hecho fuego en la chimenea del salón.

↠우리는 거실의 벽난로에 불을 피웠다.

Hay cortinas y persianas en la ventana.

↠창문에는 커튼과 블라인드가 있습니다.

Hay un cuadro en la pared.

↠벽에는 그림이 걸려있습니다.

Enciende la lámpara, que no veo nada.

↠전등을 켜라. 아무것도 보이지 않아.

El cuadro tiene un marco de madera.

↠그림은 나무 액자에 들어 있습니다.

Mi hermana escucha un programa de radio.

↠나의 여동생은 라디오 프로그램을 듣고 있습니다.

La familia está en la sala.

↠가족은 거실에 있습니다.

Mis padres miran(ven) la televisión.

↠나의 부모님은 TV를 보고 계십니다.

Ellos están charlando(hablando).

↠그들은 얘기하고 있습니다.

(2) 침실

(la) almohada 베개
(el) armario 옷장
(el) cajón 서랍
(la) cama 침대
(la) colcha 침대 덮개 (장식용)
(el) cubrecama 침대 덮개
(el) colchón 매트리스
(la) cómoda 서랍식 장롱
(el) cuarto 침실, 방

(la) alcoba 침실
(el) dormitorio 침실
(la) habitación 방
(el) despertador 자명종
(la) frazada (침구의) 모포
(la) frisa 모포
(la) funda 베갯잇
(el) gancho 옷걸이
(la) percha 옷걸이
(la) manta 담요

(la) sábana 시트
(el) tocador 화장대
(el) velador 작은 테이블

acostarse 잠자리에 들다
dormir 잠자다
dormirse 잠들다
hacer(preparar) la cama 잠자리를 준비하다
levantarse 일어나다

필수표현 (2) 침실

Me acuesto a las 11 de la noche.
↔ 나는 밤 11시에 잠자리에 든다.

Me levanto a las 6 de la mañana.
↔ 나는 아침 6시에 일어난다.

Los antiguos castillos tenían muchas alcobas.
↔ 고대의 성에는 침실이 많이 있었다.

Antes de acostarme pongo el despertador.
↔ 잠자리에 들기 전에 자명종을 맞춰놓는다.

Habitualmente duermo seis horas.
↔ 보통 나는 6시간 잠을 잔다.

Hay dos camas en el dormitorio.
↔ 침실에는 두 개의 침대가 있다.

Una cama para dos personas es una matrimonial.
↔ 두 사람을 위한 침대는 더블베드이다.

En una cama de matrimonio hay dos almohadas.

↠ 더블베드에는 두 개의 베개가 있다.

Dormimos encima del colchón de la cama.

↠ 우리는 침대의 매트리스 위에서 잠을 잔다.

Para cubrir las almohadas se ponen fundas.

↠ 베개를 덮기 위해서 베갯잇을 씌운다.

Las sábanas y mantas se ponen sobre el colchón de la cama.

↠ 시트와 담요는 침대의 매트리스 위에 놓는다.

Cuelga la chaqueta en la percha para que no se arrugue.

↠ 주름이 가지 않도록 재킷을 옷걸이에 걸어라.

(3) 주방

(el) abrebotellas 병따개
- (el) destapador 병따개
- (el) abrelatas 깡통따개
- (el) sacacorchos 코르크 마개뽑이

(la) alacena 찬장, 식기장

(el) batidor de huevos 달걀을 저어 거품이 일게 하는 기구

(la) batidora 믹서

(la) cacerola 납작한 냄비, 냄비요리

(el) cazo (나무로 만든) 국자

(la) cazuela 냄비, 냄비요리

(la) cernedera 거르는 기구 (여과기, 체 등)
- (el) tamiz 체, 키

(la) cocina 부엌, 주방

(el) colador 여과기, 홍차 거르는 기구

(el) desagüe 배수(관)

(la) despensa 식료품 저장실

(el) escurridero (개수대 옆의) 그릇 건조대

(el) escurridor 탈수기, 구멍 뚫린 국자

(el) estropajo 수세미

(la) estufa 스토브

(el) fregadero (부엌의) 개수통, 싱크대
- (el) lavadero 싱크대
- (la) pila 개수통, 싱크대
- (la) pileta 개수통, 싱크대

(la) fuente 큰 접시, 배식접시

(el) grifo 수도꼭지
(el) horno 오븐
(el) hornillo (렌지, 오븐 등의) 점화구
(el) lavavajillas 식기세척기
(el) mango 손잡이
(la) olla 냄비
(el) paño 타월
(el) paño de cocina 행주
(el) fregador 행주
(el) secador (씻은 접시를 닦는) 행주
(el) plato 접시
(la) vajilla 접시(식기)류
(el) polvo de lavar 세제
(el) refrigerador 냉장고
(el) congelador 냉동실
(la) sartén 프라이팬
(la) tapa 뚜껑, 커버
(el) tapón 마개
(el) tarro de basura 쓰레기통
(la) tartera (빵굽는) 납작한 냄비
(la) tetera 주전자
(el) trinchante 고기 써는 칼
(el) trinche 고기 써는데 쓰는 포크

asar 굽다
cernir 거르다, 걸러내다
cocer 삶다, 요리하다
cocinar 요리하다
colar 거르다, 여과하다
derretir 녹이다
fregar 닦다, 씻다
lavar 닦다, 씻다
limpiar 닦다, 씻다
freír 기름에 튀기다
guisar 삶다, 조리하다
hervir 끓이다
pelar (과일 등의) 껍질을 벗기다
picar 잘게 썰다, 갈다
saltear (기름에) 살짝 튀기다
tapar 덮다
trinchar 고기를 썰다

필수표현 (3) 주방

Las cazuelas, cacerolas, sartenes y cazos forman la batería de cocina.
→ 냄비, 납작한 냄비, 프라이팬, 국자는 주방 도구를 구성한다.

Depués de comer, la vajilla se limpia en el fregadero.

↔ 식사 후에 식기는 싱크대에서 닦는다.

Después de comer, lavo platos en la pileta.

↔ 식사 후에 나는 싱크대에서 접시를 닦는다.

Tengo un montón de platos sucios.

↔ 더러운 접시가 매우 많이 있다.

Meto los platos y los vasos sucios en el lavavajillas.

↔ 나는 식기세척기에 더러운 접시와 컵을 집어넣는다.

Tapo el desagüe con un tapón.

↔ 나는 마개로 배수구를 막는다.

Abro el grifo y lleno la pileta de agua.

↔ 수도를 틀어 물을 싱크대에 채운다.

Echo un poco de polvo de lavar.

↔ 나는 세제를 조금 뿌린다.

Lavo los platos con un estropajo. Luego los pongo en un escurridero.

↔ 나는 수세미로 접시를 닦는다. 그리고 접시들을 건조대에 놓는다.

Seco los platos con un paño.

↔ 행주로 접시를 닦아 말린다.

Tengo que preparar la comida.

↔ 나는 음식을 준비해야 한다.

Voy a asar la carne en el horno.

↔ 나는 오븐에 고기를 구우려고 한다.

Voy a cocer los huevos en una olla.

↔ 나는 냄비에 계란을 삶으려고 한다.

Voy a cocinar.

↔ 나는 요리하려고 한다.

Voy a freír las papas en una sartén.

↔나는 프라이팬에 감자를 튀기려고 한다.

Voy a guisar la carne.

↔나는 고기를 익히려고 한다.

Tengo que hervir el agua en una tetera.

↔나는 주전자로 물을 끓여야 한다.

Tengo que pelar las frutas.

↔나는 과일 껍질을 벗겨야 한다.

Voy a picar las cebollas con un cuchillo.

↔나는 칼로 양파를 잘게 썰려고 한다.

Voy a trinchar la carne con un trinchante.

↔나는 고기 써는 칼로 고기를 썰려고 한다.

(4) 식탁

(la) aceitera 기름병

(el) aparador (식당에 비치된) 찬장, 식기대

(el) azucarero (식탁용) 설탕 그릇

(la) bandeja 쟁반

(el) calientaplatos 접시 데우는 기구

(el) candelabro 장식 달린 촛대

(el) comedor (가정, 호텔의) 식당

(el/la) comensal 같이 식사하는 사람

(la) copa 컵

(el) vaso 컵

(la) cuchara 큰 스푼 (수프용)

(la) cucharita 티스푼

(el) cuchillo 칼

(el) tenedor 포크

(la) ensaladera 샐러드그릇

(la) fuente (큰) 배식 접시

(el) mantel 식탁커버

(el) mantequero 버터접시

(la) mantequillera 버터접시

(el) pimentero 후추 병

(el) plato 접시

(el) platillo 받침 접시

(el) salero 소금 병

(la) salera (배 모양의) 그레이비 그릇

(la) servilleta 냅킨

(la) sobremesa 식후의 환담, 디저트
(la) sopera 수프 그릇
(la) taza 잔

poner la mesa 식사준비를 하다

quitar la mesa 식탁을 치우다
sentarse a la mesa 식탁에 앉다
levantarse de la mesa 식탁에서 일어나다
servir (음식을) 대접하다

필수표현 (4) 식탁

Voy a poner todo en una bandeja.
↔ 그것 모두를 쟁반에 놓을 것이다.

Se calientan los platos en un calientaplatos.
↔ 접시는 접시 데우는 도구에서 데워진다.

El comedor de mi casa es muy amplio.
↔ 우리 집 식당은 매우 넓다.

Los comensales se sientan a la mesa.
↔ 같이 식사할 사람들이 식탁에 앉는다.

Se sirve la ensalada en una ensaladera.
↔ 샐러드는 샐러드 그릇에 나온다.

Se sirve la carne en una fuente.
↔ 고기는 배식 접시에 나온다.

Durante la sobremesa tomamos el café y charlamos de nuestras cosas.
↔ 후식을 먹을 때 우리는 커피를 마시면서 우리 일에 대하여 얘기한다.

Se sirve la sopa en una sopera.
↔ 수프는 수프 접시에 나온다.

Después de la sobremesa, ellos se levantan de la mesa.
↔ 후식을 먹은 후에 그들은 식탁에서 일어난다.

Voy a poner la mesa.

↔나는 식사를 준비하려고 한다.

Tengo que quitar la mesa.

↔나는 식탁을 치워야 한다.

Tengo que servir (a) la mesa.

↔나는 식탁에 서빙을 해야 한다.

(5) 욕실

(la) alfombrilla de baño 욕실매트
(la) baldosa 타일
(la) bañera 욕조
(el) baño 목욕, 욕조
(la) tina 욕조
(la) bata de baño 목욕 가운
(el) botiquín 약품상자
(el) cuarto de baño 욕실
(el) dentífrico 치약
(la) pasta dentífrica 치약
(la) ducha 샤워
(el) espejo 거울
(la) gorra de baño 목욕모자
(el) grifo 수도꼭지
(el) inodoro 변기
(el) retrete 변기
(el) urinario (소변용) 변기
(el) jabón 비누
(el) jabón de afeitar 면도비누
(la) jabonera 비누받침
(el) lavabo 세면대
(el) lavamanos 세면대
(el) maquillaje 화장
(la) navaja 면도칼
(el) paño 수건
(la) toalla 수건
(la) toalla de baño 목욕수건
(el) toallero 수건걸이
(el) papel higiénico 화장지

afeitarse 면도하다
bañarse 목욕하다
cepillarse los dientes 이를 닦다
ducharse 샤워하다
lavarse 씻다
peinarse 머리 빗다
secarse 말리다

필수표현 (5) 욕실

Después de levantarme me ducho.

↠ 일어난 후에 나는 샤워를 한다.

Me lavo el pelo.

↠ 머리를 감는다.

Me lavo las manos en el lavabo.

↠ 나는 세면대에서 손을 닦는다.

Me baño en el baño.

↠ 나는 욕조에서 목욕한다.

Llené la bañera de agua caliente.

↠ 나는 뜨거운 물로 욕조를 채웠다.

Han dejado el grifo del lavabo mal cerrado pues está cayendo un chorrito de agua.

↠ 세면대의 수도꼭지를 잘못 잠가서 물이 흘러나오고 있다.

Me pongo una gorra de baño antes de ducharme.

↠ 나는 샤워 전에 목욕모자를 쓴다.

Después de ducharme me seco con una toalla.

↠ 나는 샤워 후에 수건으로 물을 닦는다.

Después de bañarme me pongo una bata de baño.

↠ 나는 목욕 후에 목욕가운을 입는다.

Me cepillo los dientes con pasta dentífrica.

↠ 나는 치약으로 이를 닦는다.

Me afeito con jabón de afeitar y navaja.

↠ 나는 면도크림과 면도칼로 면도한다.

Me lavé las manos en el cuarto de baño.

↠ 나는 화장실에서 손을 씻었다.

Me miro en el espejo mientras que me peino.

↔나는 머리를 빗으면서 거울을 본다.

Me pongo el maquillaje.

↔나는 화장을 한다.

El retrete está al lado del lavabo.

↔변기는 세면대 옆에 있다.

He comprado un producto para desinfectar el inodoro.

↔나는 변기를 소독하기 위하여 제품을 샀다.

El jabón está en la jabonera.

↔비누는 비누곽에 있다.

(6) 가정용품 & 가사

(la) aspiradora 진공청소기
(la) basura 쓰레기
(el) basurero 쓰레기통
  (el) balde de basura 쓰레기통
  (el) cubo de basura 쓰레기통
  (el) tarro de basura 쓰레기통
(la) bombilla 전구
(la) cañería 수도(가스)관
(el) desagüe 배수구
(la) electricidad 전기
  (el/la) electricista 전기기사
(el) enchufe 플러그
(la) escoba 빗자루
(la) esponja 스펀지
(el) estropajo 자루걸레
(el/la) fontanero(a) 수도수리공
(el) fusible 퓨즈
  (el) cuadro de fusibles 퓨즈박스
  (el) tablero de fusibles 퓨즈박스
(el) interruptor 스위치
(el) lavado 세탁
(la) lavadora 세탁기
  (el) lavarropas 세탁기
(la) llave 스위치, 열쇠
(el) paño 걸레, 수건
  (el) trapo 걸레, 천
(el) piso 층, 바닥
(la) plancha 다리미
  (el) planchado 다리미질
  (la) tabla de plancha 다림질판
(la) ropa 옷
(el) suelo 바닥

aspirar 진공청소기로 청소하다
barrer 청소하다
enchufar 플러그를 끼다
escobar 비질하다, 비로 쓸다
estar atascado 막혀있다
estar sucio 더럽다
gotear 물방울이 떨어지다
lavar 닦다
limpiar el polvo 먼지를 털나
planchar 다리미질하다
poner la luz 불을 켜다
pulir 닦다, 윤내다
quemarse un fusible 퓨즈가 끊어지다
quitar 치우다, 빼다
vaciar 비우다

필수표현 (6) 가정용품 & 가사

Hoy en día tengo un montón de cosas que hacer.
↔ 요즘 나는 할 일이 매우 많다.

Tengo que lavar la ropa sucia.
↔ 나는 더러운 옷을 빨아야 한다.

Tengo que hacer el lavado.
↔ 나는 세탁을 해야 한다.

Tengo que ponerlo en la lavadora.
↔ 나는 그것을 세탁기에 넣어야 한다.

Tengo que hacer el planchado.
↔ 나는 다림질을 해야 한다.

¿Dónde están la plancha y la tabla de planchar?
↔ 다리미와 다림질판이 어디 있지?

Tengo que limpiar el polvo de los muebles.
↔ 나는 가구의 먼지를 닦아야 한다.

La aspiradora es una máquina de limpieza que aspira el polvo.
↔ 진공청소기는 먼지를 빨아들이는 청소 기계이다.

¿Dónde está el paño?

↠ 걸레가 어디 있지?

Tengo que barrer(escobar) el suelo.

↠ 나는 바닥을 쓸어야 한다.

¿Dónde está la escoba?

↠ 비가 어디 있지?

Tengo que fregar el baño.

↠ 나는 욕조를 닦아야 한다.

¿Dónde están los trapos?

↠ 걸레(천)가 어디 있지?

Tengo que tirar la basura.

↠ 나는 쓰레기를 버려야 한다.

Tengo que vaciar el basurero.

↠ 나는 쓰레기통을 비워야 한다.

Voy a poner la luz.

↠ 불을 켜려고 한다.

No enciende.

↠ 불이 켜지지 않는다.

La lámpara no está enchufada.

↠ 등이 콘센트에 연결되어있지 않다.

Al enchufar la televisión se ilumina la pantalla.

↠ TV를 콘센트에 연결하면 화면에 불이 들어온다.

¿Está fundida la bombilla?

↠ 전구가 나갔나?

No puedo encender la radio porque el cable de enchufe es corto.

↠ 연결 케이블이 짧아서 나는 라디오를 켤 수 없다.

Las luces se han apagado.

↠ 불이 꺼졌다.

Voy a chequear el tablero de fusibles.

↠ 나는 퓨즈박스를 살펴봐야 하겠다.

Tengo que llamar al electricista.

↠ 나는 전기기사를 불러야 한다.

El fregadero está lleno de agua.

↠ 싱크대가 물로 가득 차 있다.

El fregadero está atascado.

↠ 싱크대가 막혔다.

Tengo que llamar al fontanero.

↠ 나는 수도수리공을 불러야 한다.

(7) 식료품 구입

(el) abarrote 식료품(점)
- (la) bodega 식품점 (남미)
- (el) colmado 식품점 (Puerto Rico)
- (la) despensa 식품점 (Paraguay)
- (la) pulpería 식품점
- (la) tienda de abarrotes 식품점
- (la) tienda de ultramarinos 수입식료품점

(el) atado 다발, 묶음
- (el) manojo 한 묶음, 한 다발

(la) bolsa 가방

(el) bote 깡통

(la) caja 상자

(la) canasta 광주리
- (el) capacho 바구니, 광주리
- (la) cesta 바구니

(la) carnicería 정육점

(el) carrito 카트

(los) comestibles 식료품

(la) charcutería 소시지, 햄 등을 파는 가게

(la) docena 다스

(el) envase 그릇, 병, 깡통

(la) frutería 과일과 야채 상점

(la) huevería 계란가게

(el) jabón en polvo 가루비누

(el) kilo 킬로그램
- (el) kilogramo 킬로그램

(el) gramo 그램
(la) lata 통조림
(la) lechería 우유가게
(la) loncha 얇게 썬 조각
(la) lonja 얇게 썬 조각
(la) rebanada 얇게 썬 조각
(la) tajada 얇게 썬 조각
(la) marisquería 해산물 가게
(la) panadería 빵가게
(la) pastelería 베이커리
(el) paquete 포장
(el) pasillo 통로, 복도
(la) pescadería 생선가게
(el) repollo 호배추, 양배추
(el) supermercado 슈퍼마켓

devolver 반납하다
envolver 포장하다

congelado 냉동의
fresco 신선한

필수표현 (7) 식료품 구입

¿A cómo es la ternera?
→ 소고기 가격이 어떻게 됩니까?
A dos mil pesos el kilo.
→ 1 킬로에 2,000 뻬소입니다.
¿A cuánto están los plátanos hoy?
→ 오늘 바나나는 얼마입니까?
Están a quinientos pesos el kilo.
→ 킬로에 500 뻬소입니다.
Póngame medio kilo, por favor.
→ 반 킬로 주세요.
Déme una docena de huevos.
→ 계란 한 줄 주세요.
Tiene muy buena pinta.

↔ 아주 좋아 보입니다.

En el supermercado hay gran cantidad de botes de conserva.

↔ 슈퍼마켓에는 매우 많은 용량의 통조림 깡통이 있다.

Déme un bote(una lata) de atún.

↔ 참치 한 캔 주세요.

Susana guarda las patatas en una canasta.

↔ 수사나는 감자를 광주리에 보관한다.

Los domingos están cerradas las carnicerías.

↔ 일요일에는 정육점이 문을 닫는다.

Mario tiene una tienda de comestibles.

↔ 마리오는 식료품 상점을 갖고 있다.

En esta fábrica congelan las carnes para conservarlas.

↔ 이 공장에서는 고기를 보존하기 위하여 냉동한다.

Me regalaron una docena de rosas.

↔ 나는 장미꽃 한 다스(12송이)를 선물로 받았다.

Los envases de plástico de las bebidas son muy económicos y cómodos.

↔ 플라스틱 재질의 음료수 용기는 매우 경제적이고 편리하다.

La dependienta envolvió las flores que compré.

↔ 여종업원은 내가 구입한 꽃을 포장했다.

Ha ido a la frutería a comprar manzanas y plátanos.

↔ 그는 사과와 바나나를 사러 과일가게에 갔다.

Pascual recoge cada mañana los huevos y los lleva a la huevería.

↔ 빠스꾸알은 매일 아침 계란을 거두어 들여 계란가게로 가져간다.

Hemos abierto una lata de sardinas.

↔ 우리는 정어리 통조림을 열었다.

Siempre compramos la leche en esta lechería.

↔ 우리는 항상 이 우유가게에서 우유를 구입한다.

¿Quieres una loncha de jamón?

↔(얇게 썬) 햄 한 조각 먹을래?

Llevaba en la mano un manojo de rosas.

↔그는 손에 장미꽃 한 묶음(다발)을 들고 있었다.

Déme un manojo de zanahorias.

↔당근 한 묶음 주세요.

Fuimos a comprar pan a la panadería.

↔우리는 빵을 사러 빵가게로 갔다.

No puedo pasar por delante de la pastelería sin comprar unos bizcochos.

↔나는 카스텔라를 사지 않고는 그 베이커리 앞을 지나갈 수 없다.

Voy a la pescadería a comprar un kilo de sardinas.

↔나는 정어리 1 킬로를 사러 생선가게에 간다.

En la merienda, hemos comido rebanadas de pan untadas con mantequilla.

↔간식으로 우리는 버터를 바른 (얇게 썬) 빵 조각을 먹었다.

Cortadme una tajada de melón.

↔(너희들) 나에게 멜론 (얇게 썬) 한 조각 잘라줘.

2. 자동차

(1) 자동차 용어

(el) aceite 오일

(el) acelerador 액셀러레이터

(el) aire 공기

(la) aleta 펜더

(el) arranque 스타트, 시동

(la) batería 배터리

(el) baúl 트렁크

(la) cajuela 트렁크

(la) maleta 트렁크

(la) maletera 트렁크

(la) bocina 경적

(el) claxon 경적

(el) bonete 보닛

(el) capó 보닛

(la) bujía 스파크 플러그

(la) cajuelita 글로브 박스

(la) guantera 글로브 박스

(el) cloche 클러치
(el) coche 자동차
  (el) carro 자동차
  (el) auto 자동차
(el) cuentakilómetros 주행기록계
(el) depósito 연료탱크
  (el) tanque 연료통
(el) embrague 클러치
(el) engrase 그리스 작업
(el) faro 헤드라이트
  (la) luz 헤드라이트
  (las) luces altas 하이빔
  (las) luces de carretera 하이빔
  (las) luces intensas 하이빔
  (las) luces bajas 로우빔
  (las) luces de cruce 로우빔
(el) freno 브레이크
  (el) freno de mano 핸드브레이크
  (el) freno de pie 밟는 브레이크
(el) gato 잭(jack)
(el) guardafango 펜더, 흙받기
(el) intermitente 방향지시등
(el) kilometraje 주행거리
(la) licencia 운전면허증
  (el) permiso de conducir 운전면허증
(el) limpiaparabrisas 와이퍼
(el) líquido de frenos 브레이크액

(la) lubricación 윤활, 기름치기
(el) neumático 타이어
  (la) goma 타이어
  (la) llanta 타이어
  (la) rueda 타이어, 바퀴
  (el) neumático de repuesto 스페어 타이어
(la) marcha atrás 후진
(la) matrícula 번호판
  (la) placa 번호판
(la) palanca 변속기어
(el) parabrisas (자동차의) 앞유리
(el) parachoques 범퍼
(la) primera velocidad 1단(최저속)
(el) punto muerto (기어의) 중립위치
(el) radiador 라디에이터
(los) repuestos 예비부품
(el) seguro 보험
  (el) seguro completo 종합보험
  (el) seguro contra todo riesgo 종합보험
(el) silenciador 소음기
(el) tablero 계기판
(el) tapacubo 휠캡
  (el) tapón 휠캡
(la) transmisión automática 자동변속장치
(la) velocidad 속력, 기어

생활

(el) velocímetro 속도계
(el) volante (자동차의) 핸들

arrancar 시동 걸다, 출발시키다
poner en marcha 출발하다
prender 출발하다
cambiar de velocidad 변속하다

embragar 클러치를 조작하다
frenar 브레이크를 걸다
parar 정지하다
revisar 체크하다
sonar la bocina 경적을 울리다
vibrar 진동하다

필수표현 (1) 자동차 용어

Voy a arrancar el coche.
↔ 차를 출발시키려 한다.

Hay que saber frenar.
↔ 브레이크를 사용할 줄 알아야 한다.

Tengo que embragar.
↔ 나는 클러치를 조작해야 한다.

El conductor pisó el acelerador.
↔ 운전자는 액셀러레이터를 밟았다.

Quiero poner el coche en marcha.
↔ 차를 출발시키려 한다.

Tengo que parar el coche.
↔ 나는 차를 세워야 한다.

¿Cómo funcionan los intermitentes?
↔ 방향지시등이 어떻게 작동하지?

¿Cómo puedo hacer funcionar las luces?
↔ 헤드라이트를 어떻게 작동시킬 수 있지?

¿Sabes cómo cambiar de velocidad?

↠어떻게 기어를 변경하는지 알고 있니?

¿Cómo puedo ponerlo en primera velocidad?

↠기어를 어떻게 1단에 놓지?

¿Cómo puedo ponerlo en punto muerto?

↠기어를 어떻게 중립에 놓지?

¿Cómo puedo ponerlo en marcha atrás?

↠기어를 어떻게 후진에 놓지?

Hay que poner el pie en el embrague antes de cambiar de velocidad.

↠기어를 변경하기 전에 클러치에 발을 놓아야 한다.

Para parar el coche hay que frenar.

↠차를 세우려면 브레이크를 밟아야 한다.

Antes de dar una vuelta, hay que poner los intermitentes.

↠방향을 바꾸기 전에, 방향지시등을 켜야 한다.

De noche, hay que poner las luces.

↠밤에는 전조등을 켜야 한다.

El cuentakilómetros indica cuántos kilómetros hemos recorrido.

↠주행계는 우리가 얼마나 달렸는지를 보여준다.

Al aparcar el coche, hay que poner el freno de mano.

↠주차한 후에는 핸드브레이크를 걸어야 한다.

Si hay alguien en la carretera, tengo que tocar la bocina.

↠도로에 사람이 있으면 나는 경적을 울려야 한다.

Para arreglar el motor del coche levantó el capó.

↠자동차 엔진을 수리하기 위해서 그는 보닛을 들어올렸다(열었다).

Para arreglar el pinchazo hay que sacar el neumático de la llanta.

↠펑크를 수리하기 위해서는 바퀴로부터 타이어를 빼내야 한다.

¿Qué hay en la guantera?

↠글로브박스에 무엇이 있지?

생활

¿Tienes un gato?

↠ 자동차잭 있어?

Tengo un gato en la maletera.

↠ 트렁크에 자동차잭이 있어.

¿Hay un neumático de repuesto?

↠ 예비 타이어 있어?

La policía apuntó la matrícula del coche que conducía el ladrón.

↠ 경찰은 도둑이 운전하고 있던 자동차의 번호판을 적었다.

Mi amigo gira el volante del coche al dar una curva.

↠ 내 친구는 커브를 돌때 자동차의 핸들을 돌린다.

(2) 주유소

(la) afinación 튠업, 엔진조정

(el) depósito 연료탱크

(el) tanque 연료통

(la) estación de servicio 주유소

(la) gasolinera 주유소

(la) gasolina 휘발유

(la) gasolina sin plomo 무연휘발유

chequear 체크하다

comprobar(se) 체크하다

estar vacío 비어있다

llenar 채우다

필수표현 (2) 주유소

El coche necesita gasolina.

↠ 이 자동차는 휘발유가 필요합니다.

El tanque está vacío.

↠ 연료탱크가 비어있습니다.

Tengo que ir a la gasolinera.

↔ 나는 주유소에 가야 합니다.

¿Hay estación de servicio por aquí?

↔ 이 근처에 주유소가 있습니까?

Póngame cuarenta euros de gasolina.

↔ 40 유로어치 휘발유를 넣어주세요.

Póngame treinta litros de gasolina.

↔ 휘발유 30리터를 넣어주세요.

Treinta litros de gasolina sin plomo, por favor.

↔ 무연휘발유 30리터 부탁합니다.

Llene el tanque, por favor.

↔ 연료탱크를 가득 채워주세요.

¿Puede revisar mi coche?

↔ 제 차를 점검해 주시겠습니까?

Revise el aceite de motor, por favor.

↔ 엔진오일을 좀 봐주세요.

Chequee el agua en el radiador, por favor.

↔ 라디에이터의 물 좀 봐주세요.

¿Puede usted mirar los neumáticos?

↔ 타이어 좀 봐주시겠습니까?

(3) 렌터카

(el) coche automático 오토매틱 차

(el) depósito 보증금

(el) kilometraje 주행거리

(el) permiso de conducir 운전면허증

(el) seguro 보험

(el) seguro completo 종합보험

(el) seguro contra todo riesgo 종합보험

alquilar 빌리다

firmar 서명하다

por día 하루 단위로 | por semana 주 단위로

필수표현 (3) 렌터카

Quiero alquilar un coche.
↔ 차를 빌리고 싶습니다.

Lo necesito para una semana.
↔ 일주일 동안 필요합니다.

¿Qué tipo prefiere usted?
↔ 어떤 차를 원하십니까?

¿Qué clase de coches tiene?
↔ 어떤 종류의 차가 있습니까?

¿Puedo ver el catálogo de coches?
↔ 카탈로그를 볼 수 있습니까?

¿Puedo ver la lista de precios?
↔ 요금표를 볼 수 있습니까?

Prefiero un coche automático.
↔ 오토매틱 차를 원합니다.

Quiero alquilar un carro por día.
↔ 자동차를 하루 단위로 렌트하려고 합니다.

Quiero alquilar este coche por 2 días.
↔ 이 차를 2일 동안 빌리고 싶습니다.

¿Cuánto cuesta por día?
↔ 하루에 얼마입니까?

¿Cuánto es por kilómetro?
↔ 킬로미터당 얼마입니까?

¿Puedo dejarlo en mi destino?

↠ 제 목적지에서 차를 반납할 수 있습니까?

¿Está incluido el seguro en el precio?

↠ 요금에 보험이 포함되어 있습니까?

Quiero pagar con la tarjeta de crédito.

↠ 신용카드로 지불하고 싶습니다.

(4) 자동차 고장

(la) avería 고장

(la) descompostura 고장

(la) grúa 견인차

(el) pinchazo 펑크

(las) reparaciones 수리

(los) repuestos 예비부품

arrancar 시동(을) 걸다

calarse (차가) 움직이지 못하게 되다

calentar(se) 가열되다

calentarse demasiado 과열되다

cambiar 교체하다

comprobar(se) 체크하다

chequear 체크하다

revisar 체크하다

golpeando (엔진의) 노킹, 폭연(爆燃)

goteando 누출되는 것

remolcar 견인하다

reparar 수리하다

vibrar 진동하다

생활

필수표현 (4) 자동차 고장

El coche no arranca(prende).

↠ 자동차가 시동이 걸리지 않습니다.

He tenido una avería(descompostura).

↠ 고장났습니다.

El motor se calienta demasiado.

↠ 엔진이 과열됩니다.

El coche(carro) se caló(paró de repente, murió).

↔ 차가 움직이지 않았습니다.

Está golpeando.

↔ 노킹이 있습니다.

Está goteando el aceite.

↔ 오일이 새고 있습니다.

¿Puede usted mandar una grúa?

↔ 견인차를 보내주실 수 있습니까?

Necesito una grúa para remolcar el carro.

↔ 차를 끌어갈 견인차가 필요합니다.

Tengo un pinchazo.

↔ 타이어가 펑크났습니다.

¿Puede usted hacer las reparaciones?

↔ 수리를 해주실 수 있습니까?

¿Puede usted conseguir los repuestos en seguida?

↔ 예비부품을 바로 구하실 수 있습니까?

Hace mucho ruido cuando pongo los frenos.

↔ 브레이크를 밟을 때 소리가 많이 납니다.

Está vibrando.

↔ 진동이 있습니다.

3. 레스토랑

(el) aperitivo 아페리티프

(las) aves 새고기

(el) azúcar 설탕

(el) biftec 스테이크

 (el) bistec 스테이크

(el) camarero 웨이터

 (el) mesero 웨이터

(la) carne 고기요리

(la) carta 메뉴

 (el) menú 메뉴

(la) minuta 메뉴
(la) carta de vinos 포도주 메뉴
(la) lista de vinos 포도주 메뉴
(la) comida 음식
(la) comida china 중국음식
(la) comida coreana 한국음식
(la) comida italiana 이탈리아 음식
(el) cordero 양
(el) cubierto 식기(접시, 포크, 나이프 등의 1인분)
(la) cuchara 숟가락
(la) cucharita 작은 숟가락
(el) cuchillo 나이프
(el) tenedor 포크
(la) cuenta 계산서
(la) ensalada 샐러드
(la) ensalada de frutas 과일샐러드
(los) entremeses (수프에 앞서 나오는) 전채요리
(los) espárragos 아스파라가스
(la) especialidad de la casa 특선 음식
(la) espina (생선의) 가시
(el) estofado 스튜 요리
(el) guisado 스튜 요리
(la) fruta 과일
(el) helado 아이스크림
(la) legumbre 야채
(la) verdura 야채
(el) mantel 식탁보
(el) marisco 조개, 해산물
(el) menú del día 정식(定食)
(la) mesa 테이블
(la) mesa para fumadores 흡연석 식탁
(la) mesa para no fumadores 금연석 식탁
(la) mostaza 겨자
(el) muslo (닭 등의) 넓적다리
(el) patio 안뜰, 테라스
(la) pechuga 가슴살
(el) pescado 생선
(el) pimentero 후추 병
(la) pimienta 후추
(el) platillo 받침접시
(el) plato 접시, 요리
(el) plato combinado 혼합 메뉴
(el) plato principal 메인코스
(el) pollo 닭고기
(el) postre 후식
(la) propina 팁
(el) queso 치즈
(el) recibo 영수증
(la) reservación 예약

(el) restaurante 레스토랑
(el) rincón 구석
(la) sal 소금
(el) salero 소금 통
(la) salsa de soja 간장
(el) servicio 서비스
(la) servilleta 냅킨
(la) sopa 수프
 (la) sopa de verdura 야채수프
 (la) sopa de pescado 생선수프
 (la) sopa de ajo 마늘수프
(la) taza 잔
 (el) vaso 컵
(la) ternera 송아지고기
(el) vino 포도주
 (el) vino blanco 백포도주
 (el) vino tinto 적포도주

ahumado 훈제한
a la brasa 숯불구이한
a la parrilla 구운
a la plancha 구운
a la romana 기름에 잠기게 하여 튀긴
asado 오븐에 구운
al horno 오븐에 구운
a término medio 미디엄
bien asado 푹 익힌
 bien cocido 푹 익힌
 bien hecho 푹 익힌
casi crudo 거의 익지 않은
cocido al vapor 찐 요리
cocinado 요리된
crudo 날 것, 익지 않은
de lujo 호화로운, 고급의
demasiado cocido 너무 익힌
 demasiado hecho 너무 익힌
duro 질긴
frío 차가운
frito 프라이한, 튀긴
hervido 끓은, 삶은
incluido 포함된
picado 잘게 썬
poco asado 덜 익힌
salado 짠
salteado 살짝 튀긴

pedir 주문하다
recomendar 추천하다
reservar 예약하다

필수표현 (1) 예약

Quiero reservar una mesa.

↔ 식사 예약을 하고 싶습니다.

Quiero reservar una mesa para cuatro personas.

↔ 네 사람 식사를 예약하고 싶습니다.

Quiero reservar una mesa para esta noche.

↔ 오늘 밤 식사를 예약하고 싶습니다.

¿A qué hora la quiere?

↔ 몇 시에 원하십니까?

A las ocho y media.

↔ 8시 반에 하려고 합니다.

Una mesa para no fumadores, por favor.

↔ 금연석 테이블을 부탁합니다.

Llegaremos unos 30 minutos tarde.

↔ 30분 정도 늦게 도착할 것입니다.

Quiero cancelar mi reserva de esta noche.

↔ 오늘 밤 예약을 취소하고 싶습니다.

필수표현 (2) 레스토랑에서

He reservado una mesa para esta noche.

↔ 오늘 저녁식사 테이블을 예약했습니다.

Tenemos una reservación a nombre de Juan Carlos.

↔ 후안 까를로스 이름으로 예약을 했습니다.

¿Hay una mesa libre?

↔ 빈자리 있습니까?

¿Tienen una mesa para cuatro personas?

↠ 네 사람 앉을 테이블 있습니까?

¿Nos puede dar una mesa en el rincón?

↠ 구석자리의 테이블을 주시겠습니까?

Quiero una mesa al lado de la ventana.

↠ 창 쪽의 테이블을 원합니다.

Somos tres y no tenemos reserva.

↠ 우리는 세 명인데 예약은 하지 않았습니다.

필수표현 (3) 주문

¿Puedo pedir?

↠ 주문할 수 있습니까?

La carta, por favor.

↠ 메뉴 좀 부탁합니다.

¿Qué desean como primer plato?

↠ 첫 번째 식사로 무엇을 원하십니까?

De primer plato quiero pedir una sopa.

↠ 첫 번째 식사로 저는 수프를 주문하겠습니다.

De segundo plato quiero pedir un pescado.

↠ (메인디쉬)두 번째 식사로 저는 생선요리를 주문하겠습니다.

Quiero tomar el menú del día.

↠ 저는 정식을 먹겠습니다.

¿Cómo le gusta la carne?

↠ 고기를 어떻게 원하십니까?

A mí me gusta poco asado.

↠ 거의 익지 않게 해주세요.

A mí me gusta a término medio.

↠ 미디엄으로 해주세요.

A mí me gusta bien asado.

↠ 완전히 익혀 주세요.

¿Qué plato me recomienda?

↠ 어떤 음식을 저에게 추천하시겠습니까?

¿Qué es el plato especial de hoy?

↠ 오늘의 특별 요리가 무엇입니까?

¿Hay platos típicos de esta región?

↠ 이 지역의 향토음식이 있습니까?

¿Tienen el menú escrito en inglés?

↠ 영어로 된 메뉴 있습니까?

¿Cómo es este plato?

↠ 이 음식은 어떤 것입니까?

¿Puedo tomar el postre?

↠ 디저트를 먹을 수 있습니까?

Quiero un poco de queso.

↠ 약간의 치즈를 원합니다.

No quiero postre, gracias.

↠ 후식을 원하지 않습니다. 감사합니다.

¿Puedo tomar(comer) frutas?

↠ 과일을 먹을 수 있습니까?

필수표현 (4) 계산

La cuenta, por favor.

↠ 계산서를 주세요.

¿Cuánto es?

↠ 얼마입니까?

¿Está incluido el servicio?

↔ 봉사료(서비스요금)가 포함되어있습니까?

¿Acepta usted tarjetas de crédito?

↔ 신용카드를 받습니까?

¿Se puede usar la tarjeta de VISA?

↔ 비자카드를 사용할 수 있습니까?

¿Se puede pagar con cheque de viaje?

↔ 여행자 수표로 지불할 수 있습니까?

Lo invito yo.

↔ 제가 사는 것입니다(제가 내겠습니다).

¿Me puede dar un recibo?

↔ 영수증을 주시겠습니까?

Voy a dejar una propina.

↔ 팁을 놓겠습니다.

Quédese con el cambio.

↔ 거스름돈은 당신 가지세요.

Es para usted.

↔ 당신이 가지세요.(당신을 위한 것입니다.)

필수표현 (5) 기타

Nos hace falta un platillo.

↔ 받침접시 하나가 부족합니다.

Nos hace falta un cuchillo.

↔ 나이프 하나가 부족합니다.

Nos hace falta un tenedor.

↔ 포크 하나가 부족합니다.

Azúcar, por favor.

↠ 설탕 좀 부탁합니다.

Pimienta, por favor.

↠ 후추 좀 부탁합니다.

Esta carne está demasiado cocida.

↠ 이 고기는 너무 익었습니다.

Esta carne está demasiado cruda.

↠ 이 고기는 너무 날것입니다.

Esto es muy salado.

↠ 이것은 너무 짭니다.

4. 음식

(1) 수프

(el) consomé 콘소메

(el) gazpacho 가스빠초

(la) sopa de ajos 마늘수프

(la) sopa de fideos 면수프

(la) sopa de verduras 야채수프

(2) 육류

(las) albóndigas 고기완자, 미트볼

(la) barbacoa 바비큐

(el) bistec 비프스테이크

(el) cabrito 염소

(los) callos 양 (소, 양의 위(胃))

(el) monadongo 양 (소, 양의 위(胃))

(las) pancitas 양 (소, 양의 위(胃))

(la) tripa 양 (소, 양의 위(胃))

(la) carne 고기, 육류

(la) carne a la parrilla 석쇠구이

(la) carne asada 구운 고기

(la) carne de res 소고기

(el) cerdo 돼지

(el) chorizo 초리쏘 (소시지와 유사)

(la) chuleta 커틀릿

(el) corazón 염통

(el) cochinillo 새끼돼지요리

(la) croqueta 크로켓

(el) conejo 토끼

(el) cordero 양(羊)

(las) criadillas (송아지의) 췌장, 흉선(胸腺)

(las) mollejas (송아지의) 췌장, 흉선(胸腺)

(los) fiambres 얇게 저며 익힌 냉육(冷肉)

(el) hígado 간

(el) jamón 햄

(la) lengua 혀

(el) lomo fino 필레살

(la) morcilla 순대

(el) picadillo 잘게 다진 고기

(el) rabo de buey 소꼬리

(los) riñones 신장(腎臟)

(la) salchicha 소시지

(los) sesos 뇌수(腦髓)

(el) solomillo 등심

(la) ternera 송아지

(el) tocino 베이컨

(la) vaca 소

(3) 조류

(las) aves 조류

(el) capón (거세한) 식용 수탉

(la) codorniz 메추라기

(el) faisán 꿩

(el) ganso 거위

(el) pato 오리

(el) pavo 칠면조

(la) perdiz 자고새

(el) pichón 비둘기

(el) pollo 닭

(4) 어류

(las) almejas 대합조개

(las) ancas de rana 개구리 넓적다리

(las) anchoas 멸치(절임)

(la) anguila 뱀장어

(el) arenque 청어

(el) atún 참치

(el) bacalao 대구

(la) merluza 대구, 메를루사

(el) besugo 도미

(el) pargo (지중해의) 도미

(el) bonito 가다랑어

(los) boquerones 멸치류

(la) caballa 고등어

(la) sierra 고등어

(el) calamar 오징어

(el) chipirón 오징어

(los) camarones 새우

(las) gambas 새우

(el) cangrejo 게

(el) caracol 달팽이

(la) cigala 가재

(la) corbina 민어과의 식용어
(el) erizo de mar 성게
(la) jaiba 바닷게
(la) langosta 바다가재
(el) lenguado 가자미목(目) 물고기
(el) rodaballo 가자미의 일종
(la) platija 가자미 (넙치무리)
(la) lubina 농어
(el) robalo 농어
(los) mariscos 조개류
(el) mejillón 홍합
(el) mero 가리비목(目)의 물고기
(la) oreja marina 전복
(la) ostra 굴
(los) percebes 삿갓조개, 따개비
(la) percha 농어무리
(la) pez espada 황새치
(el) pulpo 낙지
(el) romero 대구, 민어
(el) salmón 연어
(la) sardina 정어리
(la) trucha 송어

(5) 계란요리

(los) huevos 계란
(los) huevos duros 삶은 계란
(los) huevos escalfados 삶은 계란
(los) huevos fritos 계란 프라이
(los) huevos pasados por agua 반숙 계란
(los) huevos revueltos 풀어서 부친 계란
(los) huevos tibios 반숙 계란

(6) 야채

(la) acelga 근대
(las) alberjas (완두)콩
(los) chícharos (완두)콩
(los) guisantes (완두)콩
(las) lentejas 완두콩
(la) alcachofa 야생엉겅퀴
(la) alcaparra 서양풍조목 (식용, 조미료)
(la) achicoria 치커리, 꽃상추
(los) ajíes 피망
(los) morrones 피망
(los) pimientos 피망
(los) poblanos 피망
(el) ajo 마늘
(el) apio 샐러리
(el) arroz 쌀
(la) batata 고구마
(el) camote 고구마
(la) berenjena 가지
(el) betabel 사탕무
(la) betarraga 사탕무

(la) betarrata 사탕무
(la) remolacha 사탕무
(el) brocolí 브로콜리
(el) calabacín (호박 비슷한) 서양 호박
(la) calabaza 호박
(el) zapallo 호박
(la) cebolla 양파
(el) champiñón 버섯
(la) seta 버섯
(el) hongo 버섯
(la) chirivía 미국방풍나물 (미나리과)
(la) col 양배추
(la) col morada 양배추
(la) coliflor 콜리플라워, 꽃양배추
(la) cotufa 야생엉겅퀴
(la) endibia (샐러드용) 꽃상추
(la) escarola (샐러드용) 꽃상추
(los) espárragos 아스파라거스
(las) espinacas 시금치
(los) frijoles (강낭)콩
(las) habichuelas (강낭)콩
(las) judías (강낭)콩
(los) porotos (강낭)콩
(los) garbanzos 이집트콩
(las) habas 잠두(蠶豆), 콩
(las) habas de lima 리마콩
(la) lechuga 상추

(el) maíz 옥수수
(el) choclo 옥수수
(el) elote 옥수수
(el) nabo 무
(el) rábano 무
(la) papa 감자
(la) patata 감자
(el) pepino 오이
(el) puerro 부추
(el) repollo 호배추
(la) yuca 유카, 머스크멜론
(la) zanahoria 홍당무

(7) 과일

(el) aguacate 아보카도, 로렐배
(la) palta 로렐배
(el) albaricoque 살구
(el) damasco 살구
(la) banana 바나나
(el) plátano 바나나
(el) guineo 바나나
(el) cacahuete 땅콩
(la) cereza 버찌
(la) guinda 버찌
(la) ciruela 자두
(el) coco 코코야자
(el) dátil 대추야자 열매
(la) frambuesa 나무딸기

(la) fresa 딸기
(la) fresa silvestre 야생딸기
(la) frutilla 딸기
(el) granado 석류
(la) grosel(la) 구즈베리의 열매
(la) guayaba 구아바(반석류 열매)
(el) higo 무화과 열매
(el) lima 라임 열매
(el) limón 레몬
(el) mango 망고
(la) manzana 사과
(el) melocotón 복숭아
(el) durazno 복숭아
(el) melón 멜론
(la) mora 오디, 검은 딸기
(la) naranja 오렌지
(la) china 오렌지
(la) naranja mandarina 귤
(la) nuez 호두
(la) papaya 파파야(의 열매)
(las) pasas 건포도
(la) pera 배
(la) piña 파인애플
(la) sandía 수박
(el) tomate 토마토
(el) jitomate 토마토
(la) toronja 그레이프프루트
(la) uva 포도

(8) 조미료 & 소스 & 향신료

(el) ají 고추
(el) chile 고추
(la) guindilla 고추열매
(el) ajo 마늘
(el) ajonjolí 참깨
(la) albahaca 나륵풀 (약용향미료)
(el) anís 아니스
(el) azafrán 사프란
(la) canela 계피
(el) catsup 케첩
(el) cilantro 고수풀 (미나리과)
(el) culantro 고수풀 (미나리과)
(el) condimento 조미료
(el) eneldo 딜 (미나리과식물, 열매나 잎은 향료)
(la) especia 향신료
(el) estragón 개사철쑥 (잎은 조미료)
(el) jengibre 생강
(el) laurel 월계수의 말린 잎 (향미료)
(la) mahonesa 마요네즈
(la) mayonesa 마요네즈
(la) mejorana 마요라나 (약용향미용)
(la) menta 박하
(la) mostaza 겨자
(la) nuez moscada 육두구(肉豆蔻) (열대산 상록수, 씨 (향신료약용)
(el) orégano 오레가노 (향신료)

생활

(el) perejil 파슬리
(el) pimentón dulce 파프리카 (단맛이 나는 고추, 그 씨로 만든 향신료)
(la) pimienta 후추열매
 (el) pimiento 후추가루
(el) romero 로즈메리의 잎 (조미료 향료용)
(la) sal 소금
(la) salsa 소스
(la) salsa de tomate 토마토소스
(el) tomillo 백리향(百里香) (잎은 향미료)
(la) vainilla 바닐라 (그 열매에서 얻은 향미료)

(9) 과자류

(el) almíbar 시럽
 (el) jarabe 시럽
(el) bizcocho 카스텔라
 (el) bizcochuelo 카스텔라
(el) bombón 캔디, 봉봉
 (la) confitura 캔디
 (el) dulce 캔디
(el) caramelo 캐러멜
(el) churro 추로
(el) flan 플란(푸딩)
(la) galleta 비스킷
(la) gelatina 젤리
(el) granizado 빙수
(el) helado 아이스크림
(la) mermelada 잼
(la) miel 꿀
(la) natilla 카스타드
(el) pastel 케이크
 (el) queque 케이크
 (la) torta 케이크
(el) sirope 시럽
(el) sorbete 샤베트, 아이스크림
(la) tarta 파이

(10) 음료

(el) agua mineral 생수
 (el) agua con gas 탄산수
 (el) agua sin gas 무탄산수
 (la) gaseosa 소다수
(el) aperitivo 아페리티프 (식욕 촉진을 위해 식전에 마시는 술)
(el) batido 밀크셰이크
 (la) granizada 밀크셰이크
(la) bebida 음료, 마실 것
 (la) bebida alcohólica 알콜음료
 (la) bebida no alcohólica 비알콜음료
(el) café 커피
 (el) café con leche 밀크커피

(el) café exprés 에스프레소 커피
(el) café solo 블랙커피
(la) cerveza 맥주
(la) cerveza de barril 생맥주
(la) cerveza de presión 생맥주
(el) champán 샴페인
(la) cocacola 코카콜라
(el) cóctel 칵테일
(el) cognac 꼬냑
(el) coñac 꼬냑
(la) ginebra 진
(el) jugo 주스
(el) zumo 주스
(el) jugo de naranja 오렌지 주스
(el) zumo de naranja 오렌지 주스
(la) leche 우유
(la) limonada 레모네이드
(la) naranjada 오렌지에이드
(el) ponche 펀치
(el) ron 럼주
(la) sangría 상그리아
(la) sidra 사과주
(la) soda 소다수
(el) té 차
(el) té helado 아이스티
(el) vino 포도주
(el) vino tinto 적포도주
(el) vino blanco 백포도주
(el) whiskey 위스키

(11) 기타

(el) aceite 기름
(el) aceite (de oliva) 올리브기름
(la) aceituna 올리브
(el) azúcar 설탕
(el) bocadillo 샌드위치
(el) bollo 식빵, 케이크
(el) cacahuate 땅콩
(el) cacahuete 땅콩
(el) maní 땅콩
(la) crema 크림
(los) espaguetis 스파게티
(los) tallarines 스파게티
(los) fideos 국수, 면류
(la) galleta 비스킷
(la) maicena 콘스타치 (옥수수 녹말)
(la) manteca 라드, 돼지기름
(la) mantequilla 버터
(la) nata 크림
(las) nueces 호두
(el) pan 빵
(el) polvo de hornear 베이킹파우더
(el) queso 치즈

(la) salsa 소스
(el) sándwich 샌드위치
(el) vinagre 식초
(la) yema de huevo 노른자위

5. 미용실 & 이발소

(el) aceite 오일
(el) afeitado 면도
(la) barba 수염
(el) bigote 콧수염
(el) bucle 이마(뺨)에 납작하게 붙인 곱슬머리
(el) cepillo 브러쉬
(el) champú 샴푸(shampoo)
(la) cola de caballo 묶어 늘어뜨린 머리
(el) corte a navaja 면도칼 사용의 헤어 컷
(el) corte de pelo 헤어 컷, 이발
(el) cuello 목
(el) esmalte 매니큐어, 손톱 미용
(la) manicura 매니큐어
(la) pedicura 발톱미용
(el) flequillo (이마에 늘어뜨린) 앞머리
(la) horquilla 머리핀
(la) laca 헤어스프레이
(el) lado 옆
(el) lavado 씻는 일
(el) lavado de pelo 머리 감기
(la) loción de pelo 헤어로션
(el) mono 둥근 모양의 뒷머리
(la) navaja 면도칼
(la) onda 웨이브
(la) patilla 짧은 구레나룻, 귀밑 털
(el) peinado 머리손질
(el) peine 빗
(la) peina 빗 (장식용)
(la) peineta 빗 (장식용)
(el) pelo 머리카락
(la) peluquería 미용실
(el) salón de belleza 미용실
(la) estética 미용실
(el/la) peluquero(a) 미용사
(el) barbero 이발사
(el) permanente 파마
(la) ondulación permanente 파마
(el) ondulado permanente 파마
(la) pinza 핀
(la) raya 가르마

(el) recorte 다듬기
(el) rizador 컬 클립
(los) rizos 고수머리
(el) rulo 롤러
(el) secado 드라이, 말리기
(el) secador 드라이기
(las) tijeras 가위
(el) tinte 염색
(la) trenza 땋은 머리
(la) uña 손톱
afeitar 면도하다
cortar 커트하다
recortar 다듬다
subir 올리다
teñir 염색하다

crespo 곱슬머리의
lacio 축 늘어진 (머리칼)
liso 직모(생머리)의
por detrás 뒷부분
rizado 고수머리의

필수표현 (1) 남성용 미용실

Quiero un corte de pelo.
↠ 머리를 잘라 주세요.
El peluquero me corta el pelo.
↠ 이발사가 내 머리를 잘라준다.
Solo necesito un recorte.
↠ 다듬어만 주세요.
No me lo corte demasiado, por favor.
↠ 머리를 너무 짧게 자르지 마세요.
Córtemelo dos centímetros.
↠ 머리를 2센티미터 잘라주세요.
Hágame la raya en el medio.
↠ 가르마는 가운데로 해주세요.
Corte de pelo y afeitado, por favor.

↔ 이발과 면도를 부탁합니다.

Por favor, recórteme la barba.

↔ 턱수염을 다듬어주세요.

Por favor, recórteme el bigote.

↔ 콧수염을 다듬어주세요.

Por favor, recórteme las patillas.

↔ 귀밑 털을 다듬어주세요.

Aféiteme, por favor.

↔ 면도를 부탁합니다.

Corte un poco más por detrás.

↔ 뒤를 좀 더 잘라주세요.

Corte un poco más en los lados.

↔ 양옆을 좀 더 잘라주세요.

Corte un poco más arriba.

↔ 위를 좀 더 잘라주세요.

Quiero un champú también.

↔ 샴푸도 해주세요.

Quiero que me lave el pelo.

↔ 머리를 감겨주세요.

필수표현 (2) 여성용 미용실

Quiero un corte de pelo.

↔ 머리를 잘라 주세요.

Acabo de lavarme el pelo. No necesito un champú.

↔ 방금 머리를 감았어요. 샴푸는 필요 없어요.

Quiero un lavado y rizado.

↔ 머리를 감아주시고 곱슬곱슬하게 해주세요.

Quiero un ondulado(una ondulación) permanente.

↠ 웨이브파마를 해주세요.

Quiero un peinado.

↠ 머리손질을 해주세요.

Quiero un recorte.

↠ 머리를 다듬어주세요.

Quiero un tinte.

↠ 염색을 해주세요.

Quiero una pedicura.

↠ 발톱미용을 해주세요.

Quiero una manicura.

↠ 손톱미용을 해주세요.

Quiero esmalte en las uñas.

↠ 손톱에 매니큐어를 칠해주세요.

Solo necesito un recorte.

↠ 다듬어만 주세요.

No quiero ningún aceite ni laca.

↠ 오일도 헤어스프레이도 원하지 않습니다.

6. 의류

(1) 의류

(el) abrigo 오버코트

- (el) gabán 코트
- (la) gabardina 개버딘, 겉 옷, 레인코트
- (el) impermeable 레인코트

(el) algodón 면

- (el) algodón asargado 데님

(el) bañador 수영복

- (el) traje de baño 수영복
- (el) biquini 비키니

(la) bata (잠옷 위에 입는) 가운

(los) blue jeans 블루진, 청바지
(los) pantalones azules 블루진, 청바지
(los) pantalones vaqueros 블루진, 청바지
(los) pantalones de mezclilla 블루진, 청바지
(la) blusa 블라우스
(la) bolita 물방울무늬
(el) botón 단추
(las) bragas 팬티 (여성용)
(la) bragueta (바지의) 단추[지퍼] 덮개
(la) bufanda 스카프
(los) calcetines 양말
(los) calzoncillos 속바지, 팬츠
(los) calzones 팬티, 반바지
(la) camisa 셔츠
(la) camiseta 속셔츠
(el) camisón de noche 슈미즈
(la) cazadora 점퍼
(el) chaleco 조끼
(el) cierre 지퍼
(la) cremallera 지퍼
(el) cinturón 벨트
(la) combinación 슬립
(la) corbata 넥타이
(el) corsé 코르셋
(la) faja 거들(코르셋)
(el) cuello 칼라, 깃
(el) cuero 가죽
(el) ante 스웨이드가죽(suede)
(la) gamuza 스웨이드, 가죽
(la) chaqueta 재킷
(el) saco 재킷, 상의
(las) enaguas 하프슬립, (짧은) 페티코트
(el) encauchado 레인코트
(el) impermeable 레인코트
(la) falda 치마
(la) minifalda 미니스커트
(la) franela 플란넬 제품
(el) jersey 스웨터
(el) suéter 스웨터
(la) lana 양모, 모직물
(la) manga 소매(자락)
(las) medias 스타킹
(los) panties 팬티스타킹
(la) medida 치수
(el) número 사이즈
(la) talla (옷의) 사이즈
(el) nilón 나일론
(la) pana 코르덴
(los) pantalones 바지
(el) traje pantalón 바지
(el) pañuelo 손수건

(el) par 한 쌍, 한 벌
(la) pijama 잠옷
(el) puño (와이셔츠의) 커프스
(la) ropa interior 속옷
(el) saco 재킷
(las) sandalias 샌들
(la) seda 비단
(el) sombrero 모자
(el) sostén 브래지어
(el) corpiño 브래지어
(la) tela inarrugable 구겨지지 않는 천
(la) tela sintética 합성섬유
(los) tirantes (바지의) 멜빵
(el) traje 의복, 슈트
(el) vestido 드레스, 부인복

a cuadros 체크무늬
a rayas 줄무늬가 있는
amplio 폭이 넓은
ancho 폭이 넓은
apretado 꽉 죄인
con lunares 물방울무늬의
cuadrado 체크무늬의
estrecho 좁은
largo 긴
rayado 줄무늬가 있는

estar de moda 유행이다
hacer buen juego con 잘 어울리다
ponerse (옷, 신 등을) 입다, 신다
quitarse (옷, 신 등을) 벗다
quedarle bien (a alquien) (의복 등이) 꼭 맞다
sentarle bien (a alquien) (의복 등이) 꼭 맞다

필수표현 (1) 의류

¿Qué quería usted?
↔ 무엇을 원하십니까?
¿En qué puedo servirle?
↔ 무엇을 도와드릴까요?
Quiero una corbata.
↔ 나는 넥타이를 원합니다.

Quisiera una camisa.

↔나는 셔츠를 원합니다.

Quisiera un cinturón.

↔나는 벨트를 원합니다.

Quisiera una chaqueta.

↔나는 재킷을 원합니다.

Quisiera unos pantalones.

↔나는 바지를 원합니다.

Quisiera un suéter.

↔나는 스웨터를 원합니다.

Quisiera un sombrero.

↔나는 모자를 원합니다.

Quisiera un traje de baño.

↔나는 수영복을 원합니다.

Quiero una falda.

↔나는 치마를 원합니다.

Quiero un abrigo.

↔나는 코트를 원합니다.

Quiero unas medias.

↔나는 스타킹을 원합니다.

Quiero un sostén.

↔나는 브래지어를 원합니다.

Quiero una blusa.

↔나는 블라우스를 원합니다.

Quiero una bufanda.

↔나는 스카프를 원합니다.

Quisiera una camisa de algodón.

↔나는 면으로 된 셔츠를 원합니다.

Quisiera una camisa de seda.

↔나는 견사로 된 셔츠를 원합니다.

Quisiera una camisa de lana.

↔나는 양모로 된 셔츠를 원합니다.

Quisiera una blusa de algodón.

↔나는 면으로 된 블라우스를 원합니다.

Quisiera una blusa de seda.

↔나는 견사로 된 블라우스를 원합니다.

Quisiera una blusa de lana.

↔나는 양모로 된 블라우스를 원합니다.

Quisiera una falda de tela inarrugable.

↔나는 잘 구겨지지 않는 천으로 된 치마를 원합니다.

Quisiera una falda de lana.

↔나는 양모 치마를 원합니다.

Quisiera una falda de cuero.

↔나는 가죽 치마를 원합니다.

Quisiera una falda de pana.

↔나는 코르덴 치마를 원합니다.

Quiero una falda a rayas.

↔나는 줄무늬의 치마를 원합니다.

Me gusta la falda a cuadros.

↔나는 체크무늬 치마가 마음에 듭니다.

Me gusta la falda con lunares.

↔나는 물방울무늬 치마가 마음에 듭니다.

Quiero una blusa con mangas largas.

↔나는 긴 소매의 블라우스를 원합니다.

Esta blusa hace buen juego con esta falda.

↔이 블라우스는 이 치마와 잘 어울린다.

Quisiera unos pantalones de tela inarrugable.

↔잘 구겨지지 않는 천으로 된 바지를 원합니다.

Quisiera unos pantalones de tela sintética.

↔합성섬유로 된 바지를 원합니다.

Quisiera una chaqueta de lana.

↔양모 재킷을 원합니다.

Quisiera una chaqueta de pana.

↔코르덴 재킷을 원합니다.

Quisiera una chaqueta de cuero.

↔가죽 재킷을 원합니다.

Quiero una camisa a rayas.

↔줄무늬 셔츠를 원합니다.

Me gusta la camisa a cuadros.

↔체크무늬 셔츠가 마음에 듭니다.

¿Quiere usted mangas largas o cortas?

↔긴 소매를 원하세요? 짧은 소매를 원하세요?

¿Cuál es su talla?

↔사이즈가 어떻게 되십니까?

Mi talla es noventa y cinco.

↔제 사이즈는 95입니다.

No sé. ¿Me puede tomar las medidas?

↔모르겠어요. 저의 치수를 재 주시겠습니까?

¿Qué talla tiene de pantalón?

↠바지 사이즈가 어떻게 됩니까?

No me queda bien. Está un poco apretado.

↠잘 맞지 않습니다. 좀 조입니다.

Esta corbata hace buen juego con esta camisa.

↠이 넥타이는 이 셔츠와 잘 어울립니다.

(2) 장신구

(el) betún 구두약
(el) bolso 지갑, 핸드백
(las) botas 부츠
(el) calzador 구둣주걱
(el) caucho 고무제품
(el) cierre 지퍼
  (la) cremallera 지퍼
(el) cinturón 벨트
(el) cordón 구두끈
(el) cuero 가죽
  (la) gamuza 가죽, 스웨이드
(el) dedo [del pie] 발가락
(los) gemelos 커프스단추
(la) goma 고무
(los) guantes 장갑
(el) número 사이즈
(el) par 한 쌍, 한 벌
(las) sandalias 샌들
(la) suela 구두의 밑창
(el) tacón 신발의 굽
(las) zapatillas 슬리퍼
(los) zapatos 구두
  (los) zapatos de señora 숙녀화
  (los) zapatos de tenis 테니스화

calzar 구두를 신다
estrecho 좁은

필수표현 (2) 장신구

¿Qué quería usted?

↔무엇을 원하십니까?

Quiero un par de zapatos.

↔나는 구두 한 켤레를 원합니다.

Quiero un par de sandalias.

↔나는 샌들 한 켤레를 원합니다.

Quiero un par de zapatos de tenis.

↔나는 테니스화 한 켤레를 원합니다.

¿Qué número (de zapatos) calza?

↔당신의 신발 사이즈는 어떻게 됩니까?

Yo calzo el número 28.

↔제 신발 사이즈는 28입니다.

¿Cuál es su número?

↔당신의 사이즈는 어떻게 됩니까?

Mi número es de treinta y seis.

↔제 사이즈는 36입니다.

¿Cuál es el número de sus zapatos?

↔당신의 신발 사이즈는 몇입니까?

El número de mis zapatos es de 28.

↔제 신발의 사이즈는 28입니다.

Me gustan los tacones altos.

↔나는 높은 굽을 좋아합니다.

El tacón es demasiado alto.

↔굽이 너무 높습니다.

Los quiero de cuero negro.

↔나는 검은 가죽으로 원합니다.

Los quiero de cuero marrón.

↠나는 갈색 가죽으로 원합니다.

Quiero suelas de goma.

↠나는 고무밑창을 원합니다.

No me sientan(quedan) bien.

↠저에게 잘 어울리지 않습니다.

Son demasiado anchos.

↠너무 폭이 넓어요.

Son demasiado estrechos.

↠너무 폭이 좁아요.

Me hacen daño en los dedos.

↠발가락이 아파요.

Luis se anudó los cordones de sus zapatos para no caerse.

↠루이스는 신발이 벗겨지지 않도록 구두끈을 맸다.

(3) 세탁소

(la) aguja 바늘

(el) almidón (세탁용) 풀

(la) costura 바느질, 재봉

(el) forro 안감, 안감대기

(el) hueco 구멍

(la) lavado en seco 드라이클리닝

(la) limpieza en seco 드라이클리닝

(la) mancha 얼룩, 때

(la) máquina de coser 재봉틀

(la) máquina de coser a mano 손재봉틀

(la) máquina de coser de pedal 발재봉틀

(la) ropa 옷

(el/la) sastre 재봉사, 재단사

(la) tintorería 세탁소

(la) lavandería 세탁소

coser 바느질하다

coser a mano 손으로 꿰매다

coser a máquina 재봉틀로 바느질하다

encogerse (천 등이) 줄어들다

lavar 세탁하다

lavar en seco 드라이클리닝하다
limpiar en seco 드라이클리닝하다
perder el color 색이 바래다
planchar 다림질하다
quitar 제거하다, 빼다
remendar (의복 등을) 수선하다
zurcir 꿰매다, 감치다, 깁다

descosido (옷 등의) 솔기가 풀어진
listo 준비된
sucio 더러운

필수표현 (3) 세탁소

Tenemos mucha ropa sucia.
→ 우리는 더러운 옷이 많이 있습니다.

Voy a llevar la ropa sucia a la tintorería.
→ 더러운 옷을 세탁소에 가져갈 것입니다.

¿Nos puede lavar y planchar estas camisas?
→ 이 셔츠를 세탁해서 다려줄 수 있습니까?

¿Puede quitar esta mancha?
→ 이 얼룩을 뺄 수 있습니까?

Lo necesito para el lunes.
→ 저는 그것이 월요일까지 필요합니다.

¿No va a encogerse la camisa al lavarla?
→ 이 셔츠를 세탁하면 줄어들지 않을까요?

¿Puede remendar estos pantalones?
→ 이 바지를 수선해주실 수 있습니까?

¿Puede coser el botón?
→ 단추를 달아주실 수 있습니까?

Este vestido lo he lavado mucho y ha perdido el color.
→ 내가 이 드레스를 많이 세탁해서 색이 바랬다.

7. 은행

(1) 환전

(el) banco 은행
(la) caja 현금출납부
(el/la) cajero(a) 현금출납원
(el) cambio 환전, 환율
  (la) oficina de cambio 환전소
  (la) tasa de cambio 환율
  (el) tipo de cambio 환율
(el) cheque 수표
  (el) cheque de viajero 여행자 수표
(la) comisión 수수료
(el) dinero 돈
  (el) billete 지폐
  (el) dinero en efectivo 현금
  (la) moneda 동전
  (la) moneda metálica 동전
  (el) suelto 잔돈, 푼돈
(el) dólar 달러
(el) euro 유로
(el) letrero 간판, 포스터
(el) peso 뻬소
(la) ventanilla 창구

abrir 열다
cambiar 환전하다

필수표현 (1) 환전

Necesito dinero mexicano.
  ↠ 멕시코 화폐가 필요합니다.
¿Dónde puedo cambiar la moneda?
  ↠ 어디서 돈을 바꿀 수 있습니까?
¿Dónde está la oficina de cambio?
  ↠ 환전소가 어디 있습니까?
¿Hasta qué hora está abierto el banco?
  ↠ 은행은 몇 시까지 문을 엽니까?
¿Cuánto es la tasa de cambio?

↔환율이 어떻게 됩니까?

¿Cuál es el cambio de hoy?

↔오늘의 환율은 얼마입니까?

¿A cómo está el cambio de hoy?

↔오늘의 환율은 얼마입니까?

¿A cómo está el cambio de euro?

↔유로화의 환율은 얼마입니까?

Está a cien pesos el euro.

↔1 유로에 100뻬소입니다.

Quiero cambiar mil dólares.

↔나는 1,000 달러를 환전하고 싶습니다.

Quiero cambiar cien dólares en pesos.

↔나는 100 달러를 뻬소로 환전하고 싶습니다.

Quiero cambiar un cheque de viajero.

↔나는 여행자수표를 환전하고 싶습니다.

Quiero cambiar este cheque de viaje en efectivo.

↔나는 이 여행자 수표를 현금으로 바꾸려 합니다.

Lo quiero cambiar en euros.

↔나는 그것을 유로화로 바꾸고 싶습니다.

¿Cuánto es de comisión?

↔수수료는 얼마입니까?

Pase a la caja.

↔현금출납창구로 가세요.

No me queda dinero en efectivo.

↔저에게는 현금이 없습니다.

Tengo que cobrar un cheque.

↔나는 수표를 현금으로 바꾸어야 합니다.

Necesito algo más pequeño.

↔나는 더 작은 돈이 필요합니다.

No tengo suelto.

↔나는 잔돈이 없습니다.

Cambie este billete en monedas.

↔이 지폐를 동전으로 바꿔주세요.

(2) 예금

(el) banco 은행
(el) billete 지폐
(el) cajero automático 현금지급기
(el) cheque 수표
  (la) chequera 수표장
  (el) talonario (쿠폰식의) 수표장
(la) comisión 수수료
(la) cuenta 구좌
  (la) cuenta corriente 당좌예금 구좌
  (la) cuenta de ahorros 보통(저축) 예금
(la) cuota 분할 불입금
(el) dinero 돈
  (el) dinero en efectivo 현금
  (el) efectivo 현금
(la) fecha de vencimiento (어음의) 만기일
(el) interés 이율
  (la) tasa de interés 이율
  (el) tipo de interés 이율
(la) libreta 은행통장
(la) moneda 동전
  (la) moneda metálica 동전
(el) saldo 잔고
(el) suelto 잔돈, 거스름돈

abrir 개설하다
ahorrar 저축하다
cobrar un cheque 수표를 현금으로 바꾸다
depositar 예금하다
  ingresar 예금하다
endosar 배서(이서)하다
quitar 꺼내다
  retirar (예금 등을) 인출하다
  sacar 꺼내다

필수표현 (2) 예금

Quiero abrir una cuenta de ahorros.

↠나는 예금구좌를 개설하고 싶습니다.

Quiero hacer un depósito.

↠나는 예금하고 싶습니다.

Quiero depositar(ingresar) mil dólares.

↠나는 1,000달러를 예금하고 싶습니다.

Quiero retirar(sacar) dinero de mi cuenta.

↠나는 제 구좌에서 돈을 인출하고 싶어요.

Él le da su libreta al cajero.

↠그는 현금출납원에게 통장을 준다.

Tengo pocos cheques. Necesito otro talonario.

↠나는 수표가 거의 없습니다. 새 수표장이 필요합니다.

Tengo una cuenta corriente en el banco.

↠나는 당좌예금구좌를 갖고 있다.

Quiero cobrar un cheque.

↠나는 수표를 현금으로 바꾸고 싶습니다.

Tengo que endosar el cheque antes de cobrarlo.

↠수표를 현금으로 바꾸기 전에 수표에 배서해야 합니다.

¿Cuál es el saldo de mi cuenta?

↠제 구좌의 잔고가 얼마입니까?

Tengo un saldo de diez mil dólares.

↠제 잔고는 10,000달러입니다.

Para sacar el dinero con la tarjeta.

↠카드로 돈을 찾으려고 합니다.

(3) 대출

(el) anticipo 선불금
(la) cuota 분할 불입금
(la) hipoteca 저당
(el) pago inicial (할부금의) 계약금, 첫 불입금
(el) pago mensual 월 불입금
(el) pie 계약금
(el) préstamo 대부(貸付)

(la) tasa de interés 이율
(el) tipo de interés 이율

a corto(largo) plazo 단기(장기)로
al contado 현금으로
a plazos 분할 지불로

pagar al contado 현금으로 지불하다
pagar a plazos 분할로 지불하다

필수표현 (3) 대출

Quiero hacer un préstamo.
↔ 나는 대출받고자 합니다.

¿Cuál es la tasa de interés?
↔ 이율이 어떻게 됩니까?

Está a 6 por ciento.
↔ 6 퍼센트입니다.

Quiero comprar un piso. Necesito una hipoteca.
↔ 아파트를 사려고 합니다. 저당이 필요합니다.

La hipoteca es un préstamo a largo plazo.
↔ 저당은 장기대출입니다.

No lo puedo pagar al contado.
↔ 저는 현찰로 지불할 수 없습니다.

Lo quiero comprar a plazos.
↔ 그것을 분할지불로 구입하고 싶습니다.

Quiero hacer un pago inicial de cien euros.
↔ 계약금 100 달러를 지불하고자 합니다.

Tengo que pagar cuotas.

↔ 분할 불입금을 지불해야 합니다.

¿Cuál es la fecha de vencimiento?

↔ 만기일이 언제입니까?

Tiene que pagar intereses muy altos al banco por el préstamo que pidió.

↔ 그는 요청한 대출 때문에 매우 높은 이자를 은행에 지불해야 한다.

✤ 각 나라의 화폐 명칭

balboa	파나마
bolívar	베네수엘라
boliviano	볼리비아
colón	코스타리카
córdoba	니카라과
corona danesa	덴마크
corona sueca	스웨덴
dólar	미국
euro	유럽연합
franco suizo	스위스
guaraní	파라과이
lempira	온두라스
libra esterlina	영국
nuevo sol	페루
peso	멕시코, 칠레 등
quetzal	과테말라
real	브라질
rublo	러시아 연방
yen	일본
yuan	중국

IV Education

교육

1. 교육 & 학교

(el/la) alumno(a) 학생

(el/la) estudiante 학생

(el) año escolar 학년

(la) apertura de curso 개학

(los) apuntes 노트필기

(la) asignatura 학과목

(la) asignatura principal 전공과목

(la) asignatura obligatoria 필수과목

(la) asignatura electiva 선택과목

(la) asignatura optativa 선택과목

(la) asignatura de cultura 교양과목

(la) asistencia 출석

(la) ausencia 결석

(el) aula [f.] 강의실

(la) sala de clase 교실

(la) clase 학급, 강의실

(el) bachillerato elemental 중학교과정

(el) bachillerato superior 고등학교과정

(el) bachillerato preuniversitario 대학 예비과정

(la) beca 장학금

(el/la) becario(a) 장학생

(el) bolígrafo 볼펜

(la) calificación 성적

(la) nota 성적

aprobado 합격된

desaprobado 낙제한, 불합격한

bueno (성적이) 우수한

notable 우수한

regular (시험의) 합격점

sobresaliente 최우수의

suspendido 낙제의

suspenso 낙제의

(el) cate 낙제

✤ 성적

A, A+	→ sobresaliente
B+, A-	→ notable
B	→ bueno
C	→ aprobado
F	→ suspenso, suspendido, desaprobado, cate

(la) cartera 책가방
(el) certificado 증명서
(el) colegio 학교
(el) colegio mayor 기숙사
 (el) dormitorio 기숙사
(la) conferencia 강연
(el) cuaderno 노트
(el) curso 과정, 코스
 (el) curso de artes culturales 교양과정
(el) departamento 학과
(los) derechos de matrícula 수업료
(el) dictado 받아쓰기
(el) diploma 졸업증서
(el/la) director(a) 교장
(la) enseñanza 교육
(la) escuela 학교
 (la) escuela oficial 국공립학교
 (la) escuela estatal 주립학교
 (la) escuela nacional 공립학교
 (la) escuela privada 사립학교
 (la) escuela de párvulos (5세 이하의 유아를 교육) 유치원
 (la) escuela primaria 초등학교
 (la) escuela secundaria 중고등학교
 (el) liceo 중고등학교
 (la) universidad 대학
 (la) escuela de posgrado 대학원
(la) especialidad 전공
(el) examen 시험
 (el) examen escrito 필기시험
 (el) examen oral 구술시험
 (el) examen parcial 중간시험
 (el) examen final 기말시험
(el/la) externo(a) (기숙제 학교의) 통학생
 (el/la) interno(a) 기숙생
(la) facultad 단과대학, 학부
 (el/la) decano(a) (단과 대학의)

학장
(el) grado 학년, 학위
(la) graduación 졸업
(el) horario 시간표
(el) lapicero 샤프펜슬
(la) lectura 독서
(el) libro de texto 교과서
(el/la) maestro(a) 교사, 선생님
(el/la) profesor(a) 교수, 선생님
(la) materia 주제, 문제
(la) matrícula 등록
(el/la) oyente 청강생
(el/la) párvulo(a) 어린 아이
(la) pensión educativa 학비
(la) pizarra 칠판
(el) pizarrón 칠판
(el) plan de curso 교과과정
(el) portalibros 책 밴드
(el) premio 상
(la) preparatoria (prepa) 예비학교
(el) profesorado 학부의 교수단
(el) pupitre (학교의) 책상
(el/la) rector(a) 총장, 원장
(el/la) vicerrector(a) 부총장, 부원장
(el) seminario 세미나
(el) requisito 필요조건

(el) título 학위
(el) bachillerato 학사학위
(la) licenciatura 석사학위
(el) doctorado 박사학위
(el) trabajo 리포트
(el) uniforme 유니폼
(las) vacaciones 방학

aprender 배우다
aprender ~ de memoria 암기하다
asistir 참가하다
enseñar 가르치다
dar una lección 가르치다
especializarse 전공하다
graduarse 졸업하다
doctorarse 박사학위를 받다
licenciarse 석사학위를 받다
inscribirse 등록하다
matricularse 등록하다
salir bien 합격하다
ser aprobado 합격하다
tener buen éxito 합격하다
salir mal 불합격하다
ser suspendido(a) 낙제하다
catear 낙제하다
tomar apuntes 필기하다

필수표현 (1) 초등학교

Una escuela para niños pequeños es una escuela de párvulos.

↔ 어린아이들을 위한 학교는 유치원이다.

Una escuela que por lo general tiene los primeros seis grados es una escuela primaria.

↔ 보통 처음 6년 과정이 있는 학교는 초등학교이다.

Los alumnos aprenden mucho en la escuela.

↔ 학생들은 학교에서 많이 배운다.

En la clase de lenguaje hacemos dictados para aprender ortografía.

↔ 국어시간에 우리는 철자법을 배우기 위하여 받아쓰기를 한다.

El maestro les da una lección de matemática a los alumnos.

↔ 선생님은 학생들에게 수학 과목을 가르친다.

La maestra escribe algo en la pizarra.

↔ 여선생님은 칠판에 뭔가를 쓴다.

Los alumnos tienen sus libros de texto.

↔ 학생들은 자신의 교과서를 갖고 있다.

Hay libros de texto en sus pupitres.

↔ 책상에는 교과서가 있다.

필수표현 (2) 중등학교

Después de la primaria, los alumnos asisten a la escuela secundaria.

↔ 초등학교 후에 학생들은 중등학교에 간다.

Un colegio es una escuela secundaria en la mayoría de los países hispanos.

↔ 학교(colegio)는 대부분의 히스패닉국가에서는 중등학교에 해당한다.

En los colegios hay internos y externos.

↠학교에는 기숙생과 통학생이 있다.

Los internos son los estudiantes que viven en el colegio.

↠기숙생은 학교에서 사는 학생이다.

Los externos son los estudiantes que vuelven a casa todos los días.

↠통학생은 매일 집에 돌아가는 학생이다.

En los colegios los alumnos tienen que llevar uniforme.

↠학교에서 학생들은 교복을 입어야 한다.

Los alumnos llevan sus libros en la cartera.

↠학생들은 책을 가방에 갖고 다닌다.

Los alumnos siguen un plan de estudios.

↠학생들은 학사일정을 따른다.

Los alumnos siguen el horario.

↠학생들은 시간표를 따른다.

En la clase el profesor habla y los alumnos toman apuntes.

↠수업시간에 선생님은 말씀하시고 학생들은 필기한다.

Los alumnos escriben los apuntes en un cuaderno.

↠학생들은 노트에 필기를 한다.

Ellos escriben con un bolígrafo.

↠그들은 볼펜으로 필기한다.

Todos los alumnos quieren salir bien en el examen.

↠모든 학생들은 시험에 통과하기를 바란다.

Ellos no quieren salir mal en el examen.

↠그들은 시험에서 낙제하기를 원하지 않는다.

Ellos no quieren ser suspendidos.

↠그들은 낙제하기를 원하지 않는다.

Los alumnos quieren sacar buenas notas.

↠학생들은 좋은 성적을 받기를 원한다.

Los alumnos quieren recibir buenas calificaciones.

↔학생들은 좋은 성적을 받기를 원한다.

Me han dado las notas y tengo un cate en la lengua.

↔나는 성적을 받았는데 언어에서 낙제했다.

He cateado por no estudiar mucho.

↔나는 열심히 공부하지 않아서 낙제했다.

Algunas calificaciones son suspenso(cate).

↔어떤 성적은 낙제(F)이다.

Algunas calificaciones son aprobado.

↔어떤 성적은 미(C)이다.

Algunas calificaciones son bueno.

↔어떤 성적은 우(B)이다.

Algunas calificaciones son notable.

↔어떤 성적은 수(A)이다.

Algunas calificaciones son sobresaliente.

↔어떤 성적은 최우수(A+)이다.

필수표현 (3) 대학교

La universidad se divide en facultades.

↔종합대학은 단과대학으로 분리된다.

El doctor Torrego es rector.

↔또레고 박사는 총장이다.

El doctor Hernando es decano.

↔에르난도 박사는 학장이다.

Ella quiere matricularse en la universidad.

↔그녀는 대학에 등록하기를 원한다.

El bachillerato es un requisito para matricularse en la universidad.

↔고등학교과정은 대학에 등록하기 위한 필수조건이다.

Los derechos de matrícula son caros.

↔ 대학등록금은 비싸다.

Espero recibir una beca.

↔ 나는 장학금을 받기를 기대한다.

¿Cuál es su especialidad en la universidad?

↔ 대학에서의 전공은 무엇입니까?

La apertura de curso es el 2 de marzo.

↔ 개강은 3월 2일이다.

Ella quiere inscribirse en siete cursos.

↔ 그녀는 7과목에 등록하려고 한다.

En otro curso quiere ser oyente.

↔ 다른 과목에서는 청강생이 되려고 한다.

El profesor va a dar una conferencia.

↔ 교수는 강연을 할 것이다.

Ella quiere especializarse en literatura.

↔ 그녀는 문학을 전공하려고 한다.

Ella quiere graduarse en literatura.

↔ 그녀는 문학사가 되기를 원한다.

Ella quiere licenciarse en literatura.

↔ 그녀는 문학석사가 되기를 원한다.

Ella quiere doctorarse en literatura.

↔ 그녀는 문학박사가 되기를 원한다.

Juan quiere ser médico, y va a especializarse en medicina.

↔ 후안은 의사가 되기를 원해서, 의학을 전공할 것이다.

Este semestre yo quiero inscribirme en cinco cursos.

↔ 이번 학기에 나는 다섯 과목을 등록하려 한다.

✤ 학문분야

la agronomía 농학	la historia 역사학
la arqueología 고고학	las humanidades 인문과학
las bellas artes 예술학	la ingeniería 공학
la biología 생물학	las letras 문학
las ciencias naturales 자연과학	la matemática 수학
las ciencias sociales 사회과학	la medicina 의학
el derecho 법학	la odontología 치과학
la economía 경제학	la pedagogía 교육학
la farmacología 약학	la psicología 심리학
la filosofía 철학	la química 화학
la filología 어문학	la sociología 사회학
la física 물리학	la teología 신학
la geografía 지리학	la veterinaria 수의학

2. 언어

(1) 주요 언어

(el) alemán 독일어
(el) árabe 아랍어
(el) catalán 까딸루냐어
(el) chino 중국어
(el) coreano 한국어
(el) español 스페인어
(el) francés 프랑스어
(el) gallego 갈리시아어
(el) griego 그리스어
(el) inglés 영어
(el) italiano 이탈리아어
(el) japonés 일본어
(el) latín 라틴어
(el) portugués 포르투갈어
(el) rumano 루마니아어
(el) ruso 러시아어
(el) vasco 바스크어

필수표현 (1) 주요 언어

Mi padre habla el árabe, y puede entenderse con los habitantes de Arabia.

↠ 우리 아버지는 아랍어를 하시기 때문에 아랍 사람들과 서로 이해한다.

El catalán es un idioma que se habla principalmente en Cataluña.

↠ 까딸루냐어는 주로 까딸루냐에서 사용되는 언어이다.

María habla muy bien el español.

↠ 마리아는 스페인어를 매우 잘 한다.

El idioma que estudio en el colegio es el francés.

↠ 내가 학교에서 배우는 언어는 프랑스어이다.

El gallego es también la lengua hablada en Galicia.

↠ 갈리시아어 또한 갈리시아에서 사용되는 언어이다.

Mi hermana estudia [el] griego en el instituto.

↠ 나의 누나는 학원에서 그리스어를 배우고 있다.

El inglés es, después del chino, la lengua más hablada en el mundo.

↠ 영어는 중국어 다음으로 세계에서 가장 많이 사용되는 언어이다.

El japonés es el idioma que se habla en Japón.

↠ 일본어는 일본에서 사용되는 언어이다.

Los antiguos romanos hablaban latín.

↠ 고대 로마인들은 라틴어를 사용했었다.

El rumano es el idioma que se habla en Rumania.

↠ 루마니아어는 루마니아에서 사용되는 언어이다.

El vasco es la lengua que se habla en Vascongadas.

↠ 바스크어는 바스크에서 사용되는 언어이다.

(2) 언어 용어

(el) acento 악센트

(la) consonante 자음

(la) vocal 모음

(el) dialecto 방언

(la) dialectología 방언학

(el) diccionario 사전

(la) entonación 억양

(la) filología 문헌학

(la) fonética 음성학

(la) fonología 음운학

(la) letra 문자

(la) lingüística 언어학

(la) palabra 단어

(el) sentido 의미

(el) significado 의미

(la) sílaba 음절

(la) traducción 번역

(el) vocabulario 어휘

필수표현 (2) 언어 용어

En clase estamos estudiando el acento de las palabras.

↔수업시간에 우리는 단어의 악센트를 배운다.

La palabra lápiz tiene tres consonantes: *l*, *p*, *z* y dos vocales: *a*, *i*.

↔단어 lápiz는 세 개의 자음 l, p, z와 두개의 모음 a, i를 갖고 있다.

A, e, i, o, u son las vocales del alfabeto español.

↔a, e, i, o, u는 스페인어의 알파벳의 모음이다.

El aragonés es un dialecto del castellano.

↔아라곤어는 스페인어의 한 방언이다.

Cuando no sabemos el significado de una palabra, la buscamos en el diccionario.

↔우리가 어떤 단어의 의미를 모르는 경우에는 사전에서 단어를 찾는다.

Tienes que leer este poema con una entonación más marcada.

↔너는 더 뚜렷한 억양으로 이 시를 읽어야 한다.

El alfabeto español tiene 27 letras.

↔스페인어의 알파벳은 27개의 문자로 구성되어있다.

La lingüística es la ciencia que estudia el lenguaje.

↠ 언어학은 언어(언어활동)를 연구하는 학문이다.

¿Cuál es el sentido de esta palabra?

↠ 이 단어의 의미가 무엇이지?

Tengo que buscar en el diccionario el significado de la palabra *vocal*.

↠ 나는 vocal의 의미를 사전에서 찾아야 한다.

La palabra *casa* tiene dos sílabas.

↠ 단어 casa는 두 음절로 구성되어 있다.

En la clase de inglés, hicimos una traducción.

↠ 영어수업시간에 우리는 번역을 했다.

Pedro lee mucho para enriquecer su vocabulario.

↠ 뻬드로는 자신의 어휘를 풍부하게 하려고 독서를 많이 한다.

(3) 문법 용어

(el) artículo 관사
- (el) artículo definido 정관사
- (el) artículo indefinido 부정관사

(el) adjetivo 형용사

(el) adverbio 부사

(la) conjunción 접속사

(el) género 성

(la) interjección 감탄사

(el) modo 법(法)
- (el) modo indicativo 직설법
- (el) modo subjuntivo 접속법
- (el) modo imperativo 명령법

(el) nombre 명사

(el) número 수(數)

(la) oración 문장

(el) gerundio 현재분사

(el) participio pasado 과거분사

(el) pronombre 대명사

(el) pronombre relativo 관계대명사

(la) preposición 전치사

(el) afijo 접사
- (el) sufijo 접미사
- (el) prefijo 접두사

(el) sujeto 주어, 주부

(el) predicado 술어, 술부

(el) complemento 보어, 목적어
- (el) complemento directo 직접 보어(목적어)
- (el) complemento indirecto 간

접보어(목적어)
(el) tiempo 시제
(el) verbo 동사
(el) verbo intransitivo 자동사
(el) verbo transitivo 타동사
(la) voz 태(態)
(la) voz activa 능동태
(la) voz pasiva 수동태

필수표현 (3) 문법 용어

El, *la*, *los*, *las* son artículos de la lengua española.

↔ el, la, los, las는 스페인어의 관사이다.

En *casa grande y bonita*, las palabras *grande* y *bonita* son dos adjetivos.

↔ casa grande y bonita에서 grande와 bonita는 두개의 형용사이다.

Ahora, *bien* y *muy* son adverbios.

↔ ahora, bien, muy는 부사이다.

La *mesa* pertenece al género femenino, el *coche* al masculino.

↔ 탁자는 여성에 속하고 자동차는 남성에 속한다.

La forma conjugada *soy* es el presente de indicativo del verbo *ser*.

↔ 변화된 형태 soy는 동사 ser의 직설법 현재시제이다.

Vete es el imperativo del verbo irse.

↔ vete는 동사 irse의 명령법이다.

En la oración *Deseo que seas feliz*, la forma *seas* es el presente de subjuntivo del verbo ser.

↔ 'Deseo que seas feliz'라는 문장에서 seas는 동사 ser의 접속법 현재시제이다.

Los nombres pueden ser propios o comunes.

↔ 명사는 고유명사이거나 보통명사일 수 있다.

El número de la palabra *gallina* es singular y el de *gallinas* es plural.

↔ 단어 gallina의 수는 단수이고 gallinas의 수는 복수이다.

En el examen tuvimos que hacer el análisis de unas oraciones.

↔ 시험에서 우리는 어떤 문장들의 분석을 해야만 했다.

Cantando y *bailando* son los gerundios de los verbos *cantar* y *bailar*.

↔ Cantando와 bailando는 동사 cantar와 bailar의 현재분사이다.

Hablado es el participio del verbo *hablar*.

↔ Hablado는 동사 hablar의 분사이다.

En la oración *Luis canta*, *Luis* es el sujeto.

↔ 'Luis canta'라는 문장에서 Luis는 주어이다.

✤ 스페인어 동사의 법(modo)과 시제(tiempo)

(1) 동사의 법(modo)

직설법 el modo indicativo

접속법 el modo subjuntivo

명령법 el modo imperativo

(2) 동사의 시제

현재 el presente

현재완료 el pretérito perfecto

불완료과거 el pretérito imperfecto

부정과거 el pretérito indefinido

과거완료 el pretérito pluscuamperfecto

불완료미래 el futuro imperfecto

미래완료 el futuro perfecto

가능(조건) el condicional

가능(조건)완료 el condicional perfecto

3. 문학

(1) 문학 장르

(la) anécdota 일화, 소설
(la) biografía 전기
(la) crítica 평론
(el) drama 극작
(el) ensayo 수필, 에세이
(el) episodio 에피소드
(la) fábula 우화
(la) ficción 픽션, 허구
(la) historia 역사
(la) leyenda 전설
(la) mitología 신화
(la) novela 소설
　(el) cuento 단편소설
　(la) novela larga 장편소설
　(la) novela policíaca 탐정 소설
　(la) novela psicológica 심리소설
(el) poema 시
　(el) poema épico 서사시
　(el) poema lírico 서정시
　(el) verso 시, 운문
(la) prosa 산문
(el) teatro 연극, 극작
　(la) comedia 희극
　(la) tragedia 비극
　(la) tragicomedia 희비극

필수표현 (1) 문학 장르

El viajero ha contado anécdotas divertidas.
→ 그 여행객은 재미있는 일화를 말했다.

Leí la biografía del autor Julio Verne.
→ 나는 작가 Julio Verne의 전기를 읽었다.

Es difícil hacer la crítica de las obras de arte.
→ 예술작품의 평론을 하는 것은 어렵다.

Unamuno escribió muchos ensayos.
→ 우나무노는 많은 수필을 썼다.

Cada episodio del *Quijote* relata una aventura distinta del famoso caballero.

↠돈키호테의 각 에피소드는 유명한 기사의 상이한 모험을 이야기 한다.

No conozco la fábula de la liebre y la tortuga.

↠나는 토끼와 거북이의 우화를 모른다.

Lo que sucede en la película no es real sino una ficción.

↠영화에서 발생하는 것은 진짜가 아니라 픽션이다.

A Santiago le interesa mucho la historia.

↠산띠아고는 역사에 관심이 많다.

La mitología es la historia que habla de los dioses y héroes de la antigüedad.

↠신화는 고대의 신과 영웅에 대하여 말하는 역사이다.

Quiero acabar de leer esta novela para saber cómo termina esa historia.

↠그 이야기가 어떻게 끝나는지 알기 위하여 나는 이 소설 읽는 것을 끝내고 싶다.

Ayer fuimos al teatro a ver un drama de Lope de Vega.

↠어제 우리는 로뻬 데 베가의 극작품을 보러 극장에 갔다.

Hemos ido al teatro a ver una comedia.

↠우리는 희극을 보러 극장에 갔다.

Leer un poema épico es como ver una película de aventuras.

↠서사시를 읽는 것은 모험영화를 보는 것과 같다.

El autor de este poema lírico refleja los sentimientos que tengo yo ahora.

↠이 서정시의 작가는 지금 내가 갖고 있는 감정을 반영한다.

La obra Don Juan Tenorio está escrita en verso.

↠돈 후안 떼노리오는 운문으로 작성되었다.

(2) 작가

(el/la) autor(a) 작가, 저자

(el/la) biógrafo(a) 전기 작가

(el/la) crítico(a) 평론가

(el/la) cuentista 단편소설작가
(el/la) dramaturgo(a) 극작가
(el/la) ensayista 수필가
(el/la) fabulista 우화작가
(el/la) historiador(a) 역사가
(el/la) novelista 소설가
(el/la) poeta 시인

필수표현 (2) 작가

Miguel de Cervantes es el autor del Quijote.
→ 미겔 데 세르반테스는 돈키호테의 작가이다.
El señor Rodríguez es un crítico de cine.
→ 로드리게스씨는 영화 평론가이다.
Este famoso historiador ha escrito muchos libros sobre la historia de España.
→ 이 유명한 역사가는 스페인의 역사에 대한 책을 많이 썼다.
Ayer conocí al novelista que escribió ese libro.
→ 어제 나는 그 책을 쓴 소설가를 알게 되었다.
Rafael Alberti es un gran poeta.
→ 라파엘 알베르띠는 위대한 시인이다.

(3) 기타 문학 용어

(el) climax 클라이막스
(el) género 장르
(el) metáfora 은유
(la) métrica 운율
(la) parodia 패러디
(la) retórica 수사(학)
(el) tema 주제, 테마
(el) arcaísmo 의고주의
(el) clasicismo 고전주의
(el) naturalismo 자연주의
(el) realismo 사실주의
(el) romanticismo 낭만주의
(el) simbolismo 상징주의

필수표현 (3) 기타 문학 용어

Para decir que los cabellos eran rubios, el poeta hizo una metáfora y dijo que eran de oro.

↠ 머리카락이 금발이었다고 말하기 위하여, 그 시인은 은유를 사용해서 머리카락은 금으로 만들어졌다고 말했다.

El humorista hizo una parodia de un famoso cantante.

↠ 그 해학가는 유명한 가수를 패러디 했다.

El tema de esta novela es el amor.

↠ 이 소설의 주제는 사랑이다.

El romanticismo fue un movimiento artístico y literario del siglo XIX.

↠ 낭만주의는 19세기의 예술과 문학의 움직임이었다.

Me gustan las novelas realistas porque cuentan las cosas tal y como son.

↠ 나는 사실주의적 소설을 좋아하는데 그것은 사건들을 있는 그대로 묘사하기 때문이다.

4. 종교

(el) budismo 불교
- Buda 부처(님)
- (el/la) budista 불교도

(el) catolicismo 천주교
- (el/la) católico(a) 천주교도

(el) cristianismo 크리스트교
- (el/la) cristiano(a) 크리스트교도
- Cristo 크리스트
- Jesucristo 크리스트
- Dios 신, 하느님
- Jehová 여호와

(el) mahometismo 마호메트교
- (el/la) mahometano(a) 마호메트교도
- (el/la) musulmán(a) 마호메트교도
- (el) islamismo 이슬람교
- (el/la) islamita 이슬람교도

(el) judaísmo 유태교

(el) pastor 성직자, 목사
(el) cura 신부(神父)
(el) fraile 수도사
(el/la) misionero(a) 선교사
(el) monje 승려, 수도사
(la) monja 여승, 수녀
(el) obispo 주교(主教)
(el) arzobispo 대주교(大主教)
(el) padre 신부(님)
(el) Papa 교황
(el) sacerdote 사제

(la) catedral (대)성당
(la) capilla 예배당
(la) iglesia 교회
(la) mezquita 이슬람사원
(el) templo 절, 사원
(el) santuario 성전
(la) sinagoga 유태인교회
(el) convento 수도원
(el) monasterio 수도원

(el) ángel 천사
(el) diablo 악마
(el) Satán 악마, 사탄
(el) altar 제단, 성단
(la) Biblia 성서, 성경
(el) Antiguo Testamento 구약성서
(el) Nuevo Testamento 신약성서
(el) campanario 종루
(el) crucifijo 십자가
(el) cruz 십자가
(el) culto 예배
(la) fe 신앙
(el/la) hereje 이단자
(la) herejía 이단, 사교(邪教)
(el) himno 성가
(la) misa 미사
(la) oración 기도
(el) rezo 기도
(el) paraíso 천국
(el) infierno 지옥
(la) peregrinación 순례
(el/la) peregrino(a) 순례자, 성지 참배자
(el) sermón 설교
(el) rosario 염주
(la) Pascua de Resurrección 부활절
(la) Semana Santa 성주간

bautizar 세례를 주다
rezar 기도하다

필수표현 종교

Para los creyentes, Cristo es el hijo de Dios.

↠ 신자들에게는 그리스도가 하느님의 아들이다.

Jesucristo, que es considerado por los cristianos como el hijo de Dios, murió en una cruz.

↠ 기독교신자들이 하느님의 아들로 여기는 예수그리스도는 십자가에서 죽었다.

El catolicismo es una rama del cristianismo.

↠ 천주교는 그리스도교의 한 분파이다.

Los católicos son aquellas personas que creen en la doctrina católica.

↠ 천주교도는 천주교 교리를 믿는 사람들이다.

El cristianismo es la religión de quienes creen en las enseñanzas de Cristo.

↠ 그리스도교는 그리스도의 가르침을 믿는 사람들의 종교이다.

Los católicos y los protestantes son cristianos.

↠ 가톨릭신도와 그리스도 신교도는 그리스도교도이다.

Mahoma fundó el mahometismo y Cristo fundó el critianismo.

↠ 마호메트는 마호메트교를 창시했고 그리스도는 그리스도교를 창시했다.

Los mahometanos son los seguidores de la religión de Mahoma.

↠ 마호메트교도는 마호메트교의 추종자들이다.

El islamismo es la religión de Mahoma y sus principios están en el Corán.

↠ 이슬람교는 마호메트교이며 그 원리는 코란에 있다.

El judaísmo es la religión del pueblo judío, que respeta la ley de Moisés.

↠ 유태교는 유태인의 종교이며 모세의 법을 존중한다.

Cuando entré en la iglesia, el cura estaba encendiendo las velas.

↠ 내가 성당에 들어갔을 때 신부님은 촛불을 붙이고 계셨다.

Los frailes del convento estaban rezando.

↠수도원의 수도사들은 기도하고 있었다.

Esta iglesia de África fue creada por los misioneros.

↠이 아프리카 교회는 선교사들에 의하여 설립되었다.

Los monjes del monasterio se dedicaban a rezar y a trabajar.

↠수도원의 수도사들은 기도하고 일하는데 전념했었다.

Las monjas del convento rezaban varias veces al día en la capilla.

↠수녀들은 예배당에서 하루에 여러 차례 기도했다.

El obispo celebró la misa en la catedral.

↠주교는 성당에서 미사를 드렸다.

El arzobispo es el superior del obispo.

↠대주교는 주교에서 제일 높은 사람이다.

El padre Antonio es el sacerdote de esta iglesia.

↠안또니오 신부는 이 교회의 사제이다.

El Papa o Sumo Pontífice es el jefe de la Iglesia Católica.

↠교황은 가톨릭교에서 제일 높은 사람이다.

Muchos principios religiosos se aceptan a través de la fe.

↠종교의 많은 원리들은 신앙을 통하여 받아들여진다.

Visitamos la mezquita donde los musulmanes celebran y realizan sus prácticas religiosas.

↠우리는 회교도들이 종교적 행사를 거행하는 이슬람사원을 방문했다.

Los practicantes del judaísmo se reúnen en las sinagogas.

↠유태교의 신자들은 유태인교회에 모인다.

En la religión cristiana, el diablo es un personaje que representa el mal.

↠그리스도교에서 악마는 악을 대표하는 인물이다.

El sacerdote celebra la misa en el altar.

↠사제는 제단에서 미사를 드린다.

Una herejía es una opinión que la iglesia católica considera contraria a la fe católica.

↔ 이단(異端)은 가톨릭교회가 가톨릭 신앙에 어긋나는 것으로 간주하는 의견이다.

Alberto reza sus oraciones antes de acostarse.

↔ 알베르또는 잠자리에 들기 전에 기도를 한다.

Se va a la iglesia para rezar a Dios.

↔ 하느님께 기도하기 위하여 교회에 간다.

Antes de acostarse, Jorge dice sus rezos.

↔ 잠자리에 들기 전에 호르헤는 기도를 한다.

Dios creó a Adán y a Eva y los colocó en el paraíso.

↔ 하느님이 아담과 이브를 창조하고 그들을 천국에 두었다.

Roma y Jerusalén son dos ciudades visitadas por muchos peregrinos cristianos.

↔ 로마와 예루살렘은 많은 그리스도교의 순례자들이 방문하는 두 도시이다.

El sacerdote pronunció un sermón.

↔ 사제는 설교를 했다.

La anciana reza las avemarías pasando entre sus dedos el rosario.

↔ 할머니 한 분이 손가락 사이에서 염주를 돌리며 아베마리아에 대한 기도를 하신다.

Cuando se bautiza a una persona, se le echa agua por la cabeza.

↔ 어떤 사람에게 세례를 줄 때, 그 사람 머리에 물을 뿌린다.

5. 역사

(la) arqueología 고고학

(la) crónica 연대기

(la) cronología 연표

(la) genealogía 계보

(la) prehistoria 선사(先史)

(la) edad paleolítica 구석기시대
(el) paleolítico 구석기시대
(la) edad mesolítica 중석기시대
(el) mesolítico 중석기시대
(la) edad neolítica 신석기시대
(el) neolítico 신석기시대
(la) edad de hierro 철기시대

(la) edad de bronce 청동기시대

(la) edad antigua 고대
(la) edad media 중세
(la) edad moderna 근대
(el) Renacimiento 르네상스
(el) feudalismo 봉건주의(제도)
(el) siglo de oro 황금세기

필수표현 역사

La arqueología es la ciencia que estudia los restos que nos dejaron las civilizaciones antiguas.
↔ 고고학은 고대문명이 우리에게 남겨놓은 잔재를 연구하는 학문이다.

Miguel lee en el periódico la crónica deportiva.
↔ 미겔은 신문에서 스포츠 연대기를 읽는다.

Los chinos se interesan mucho por la genealogía de las personas.
↔ 중국 사람들은 사람의 계보에 대하여 관심이 많다.

En tiempo de la prehistoria los hombres vivían en cavernas.
↔ 선사 시대에 인간들은 동굴에서 살았다.

En el Museo de Arqueología podemos observar numerosas muestras de arte paleolítico.
↔ 고고학 박물관에서 우리는 구석기시대의 예술의 수많은 진열품들을 볼 수 있다.

Que el hombre viviera en cuevas es un hecho antiguo.
↔ 인간이 동굴에 살았다는 것은 고대의 일이다.

El feudalismo fue un sistema económico, político y social de la Edad Media.

↔ 봉건제도는 중세의 경제적, 정치적, 사회적 제도였다.

La Edad Moderna es uno de los grandes períodos en que se divide la Historia.

↔ 근대는 역사가 분리되는 큰 시대 중의 하나이다.

El Renacimiento es un período histórico de los siglos XV y XVI en el que se produjo un gran desarrollo de las artes, las ciencias y las letras.

↔ 르네상스는 15, 16세기의 역사적 시대인데, 그 시대에 예술, 과학, 문학의 대단한 발전이 있었다.

6. 수학

(1) 수사 (numerales)

① 기수 (números cardinales)

0 cero
1 uno(a), un
2 dos
3 tres
4 cuatro
5 cinco
6 seis
7 siete
8 ocho
9 nueve
10 diez
11 once
12 doce
13 trece
14 catorce
15 quince
16 dieciséis
17 diecisiete
18 dieciocho
19 diecinueve
20 veinte
21 veintiuno(a)
22 veintidós
23 veintitrés
24 veinticuatro
25 veinticinco

26 veintiséis
27 veintisiete
28 veintiocho
29 veintinueve
30 treinta
31 treinta y uno(a)
32 treinta y dos
33 treinta y tres
34 treinta y cuatro
35 treinta y cinco
36 treinta y seis
37 treinta y siete
38 treinta y ocho
39 treinta y nueve
40 cuarenta
41 cuarenta y uno(a)
42 cuarenta y dos
50 cincuenta
51 cincuenta y uno(a)
52 cincuenta y dos
60 sesenta
70 setenta
80 ochenta
90 noventa
100 ciento, cien
101 ciento uno(a)
102 ciento dos
103 ciento tres
104 ciento cuatro
105 ciento cinco
110 ciento diez
111 ciento once
112 ciento doce
120 ciento veinte
121 ciento veintiuno(a)
122 ciento veintidós
200 doscientos(as)
201 doscientos(as) uno(a)
202 doscientos(as) dos
300 trescientos(as)
400 cuatrocientos(as)
500 quinientos(as)
600 seiscientos(as)
700 setecientos(as)
800 ochocientos(as)
900 novecientos(as)
1.000 mil
1.001 mil uno(a)
1.002 mil dos
1.003 mil tres
1.004 mil cuatro
1.100 mil ciento(cien)
1.101 mil ciento uno(a)
1.102 mil ciento dos
1.200 mil doscientos(as)
1.201 mil doscientos(as) uno(a)

1.300 mil trescientos(as)
1.400 mil cuatrocientos(as)
1.500 mil quinientos(as)
1.600 mil seiscientos(as)
1.700 mil setecientos(as)
1.800 mil ochocientos(as)
1.900 mil novecientos(as)
2.000 dos mil
2.001 dos mil uno(a)
2.002 dos mil dos
2.003 dos mil tres
2.100 dos mil ciento(cien)
3.000 tres mil
4.000 cuatro mil
5.000 cinco mil
10.000 diez mil
11.000 once mil
12.000 doce mil
20.000 veinte mil
21.001 veintiún mil uno(a)
30.000 treinta mil
40.000 cuarenta mil
100.000 cien mil
200.000 doscientos(as) mil
300.000 trescientos(as) mil
1.000.000 un millón
1.000.001 un millón uno(a)
1.000.010 un millón diez
1.000.100 un millón ciento(cien)
1.001.000 un millón mil
1.010.000 un millón diez mil
1.100.000 un millón cien mil
2.000.000 dos millones
2.000.100 dos millones ciento(cien)
2.001.000 dos millones mil
3.000.000 tres millones
10.000.000 diez millones
100.000.000 cien millones
1.000.000.000 mil millones
1.000.000.000.000 un billón

② 서수 (números ordinales)

1° primero(a)
2° segundo(a)
3° tercero(a)
4° cuarto(a)
5° quinto(a)
6° sexto(a)
7° séptimo(a)
8° octavo(a)
9° noveno(a)
10° décimo(a)

③ 분수 (numerales partitivos o fracciones)

1/2 un medio

1/3 un tercio
1/4 un cuarto
1/5 un quinto
1/6 un sexto
1/7 un séptimo
1/8 un octavo
1/9 un noveno
1/10 un décimo
1/11 un onzavo
1/12 un dozavo
1/13 un trezavo
1/14 un catorzavo
1/15 un quinzavo
1/16 un dieciseisavo
1/17 un diecisieteavo
1/18 un dieciochavo
1/19 un diecinueveavo
1/20 un veintavo
1/30 un treintavo
1/50 un cincuentavo
1/100 un centavo, un centésimo
1/1,000 un milésimo
1/10,000 un diezmilésimo
1/1,000,000 un millonésimo

(2) 산수 & 대수

(la) cifra 숫자
(el) número 수
(el) número arábigo 아라비아숫자
(el) número entero 정수
(el) número primo 소수(素數)
(el) número decimal 소수
(la) fracción 분수
(el) número fraccionario 분수
(el) quebrado 분수
(el) numerador 분자
(el) denominador 분모
(el) número par 짝수
(el) número impar 홀수
(la) suma 더하기
(la) adición 더하기
(la) resta 빼기
(la) substracción 빼기
(la) multiplicación 곱하기
(la) división 나누기

(la) fórmula 공식
(la) incógnita 미지수
(la) ecuación 방정식
(la) ecuación de primer grado 1차 방정식
(la) ecuación de segundo grado 2차 방정식

필수표현 (1) 산수 & 대수

Los números son signos que representan cantidades y que sirven para contar.

→ 수는 양을 나타내고 세는데 사용되는 기호이다.

1, 3, 5, 8 son cifras que representan los números.

→ 1, 3, 5, 8은 수를 나타내는 숫자이다.

El siete es un número primo.

→ 7은 소수(素數)이다.

3/4 es una fracción.

→ 3/4은 분수이다.

El numerador de 3/4 es 3.

→ 3/4의 분자는 3이다.

En la fracción 3/5, el número 5 es denominador, el 3 numerador.

→ 분수 3/5에서 5는 분모이고 3은 분자이다.

Los números 2, 4, 6, 8 son números pares.

→ 2, 4, 6, 8은 짝수이다.

El uno, el tres y el cinco son números impares.

→ 1, 3, 5는 홀수이다.

La suma de dos más cuatro es seis.

→ 2와 4의 합은 6이다.

La resta es una operación matemática que consiste en hallar la diferencia entre dos cifras.

→ 빼기는 두 숫자 사이의 차이를 알아내는 것으로 이루어진 수학적 연산(演算)이다.

La multiplicación de 3 por 6 da 18.

→ 3을 6으로 곱하기를 하면 18이 된다.

El maestro nos mandó realizar dos operaciones, una suma y una división.

↔선생님께는 우리에게 두 연산, 더하기와 나누기를 하라고 명령하셨다.

Para resolver los problemas de matemáticas aplico fórmulas.

↔수학 문제를 풀기 위해서 나는 공식을 적용한다.

✤ 연산기호와 연산

+ (더하기) más
- (빼기) menos
x (곱하기) (multiplicado) por
÷ (나누기) dividido por
ax (a의 x승) a elevado a x
√ (루트) radical
% (퍼센트) por ciento
< (보다 작음) menor que
> (보다 큼) mayor que
= (이퀄) igual

45 + 38 = 83 (45 더하기 38은 83이다.)
→ Cuarenta y cinco más treinta y ocho es igual a ochenta y tres.

75 - 22 = 53 (75 빼기 22는 53이다.)
→ Setenta y cinco menos veintidós es igual a cincuenta y tres.

15 x 3 = 45 (15 곱하기 3은 45이다.)
→ Quince (multiplicado) por tres es igual a cuarenta y cinco.

84 ÷ 4 = 21 (84 나누기 4는 21이다.)
→ Ochenta y cuatro dividido por cuatro es igual a veintiuno.

0,24 + 0,48 = 0,72 (0.24 더하기 0.48은 0.72이다.)
→ Cero coma veinticuatro más cero coma cuarenta y ocho es igual a cero coma setenta y dos.

(3) 기하

(la) línea 선
- (la) curva 곡선
- (la) recta 직선
- (las) rectas paralelas 평행선

(el) círculo 원주(圓周), 원
- (la) circunferencia 원주(圓周), 원

(el) diámetro 직경
- (el) radio 반경

(el) ángulo 각
- (el) ángulo recto 직각

(el) cuadrado 정사각형

(el) rectángulo 직사각형

(el) rombo 마름모

(el) triángulo 삼각형

(el) pentágono 오각형

(el) hexágono 육각형

(el) heptágono 칠각형

(el) octágono 팔각형

(el) decágono 십각형

(el) paralelogramo 평행사변형

(el) trapecio 사다리꼴

(el) cubo 입방체

(la) esfera 구(球)

필수표현 (2) 기하

Con una regla, tracé una línea.

↔ 자를 갖고 나는 선을 그렸다.

En esa carretera hay muchas curvas.

↔ 그 도로에는 굽은(곡선) 부분이 많다.

Con una regla, hace líneas rectas.

↔ 그는 자를 갖고 직선을 그린다.

Trazad un círculo con vuestro compás.

↔ 너희들의 컴퍼스로 원을 그려라.

El diámetro es la línea recta que une dos puntos de una circunferencia pasando por su centro.

↔ 직경은 중심을 통과하면서 원주의 두 지점을 연결하는 직선이다.

El radio es la línea que ve desde el centro a cualquier punto de la circunferencia.

➻ 반경은 원의 중심으로부터 원의 아무 지점까지 연결되는 선이다.

Dos líneas rectas que se cortan forman cuatro ángulos.

➻ 서로 만나는 두 직선은 네 개의 각을 형성한다.

El cuadrado es una figura geométrica que tiene cuatro lados iguales y cuatro ángulos rectos.

➻ 정사각형은 길이가 같은 4면을 갖고 있고 4개의 직각을 갖고 있는 기하학적 형태이다.

Un triángulo es una figura geométrica formada por tres lados, tres ángulos y tres vértices.

➻ 삼각형은 세 변과 세 각, 그리고 세 꼭지점으로 형성된 기하학적 형태이다.

A la figura cerrada o polígono de cinco lados se le llama pentágono.

➻ 다섯 개의 변으로 닫혔거나 혹은 다섯 개의 변으로 된 다각형은 오각형이라 한다.

El cuadrado, el rectángulo y el rombo son paralelogramos.

➻ 정사각형, 직사각형, 마름모는 평행사변형이다.

Un trapecio es una figura geométrica de cuatro lados, de los cuales dos son paralelos.

➻ 사다리꼴은 네 변 중에 두 변이 평행인 기하학적 형태이다.

En una esfera todos los puntos de la superficie están a la misma distancia del centro.

➻ 구(球)에 있어서 표면의 모든 지점은 중심에서 같은 거리에 있다.

7. 도량형

(1) 길이 & 거리

(la) longitud 길이

(la) distancia 거리

(la) medida 사이즈

(la) regla 자

(el) sistema métrico 미터법

(el) metro 미터
(el) centímetro 센티미터
(el) milímetro 밀리미터
(el) kilómetro 킬로미터
(el) decímetro 데시미터(dm)
(el) hectometro 헥토미터 (100 미터)
(el) metraje 미터측량
(el) kilometraje 주행거리, 킬로수
(la) distancia 거리
(la) milla 마일 (1,852 미터)
(el) pie 피트
(la) pulgada 인치
(la) legua 레구아 (5.5727 km)
(el) alto 높이
(la) altura 높이
(la) altitud 높이, 고도(高度)
(la) anchura 폭
(la) profundidad 깊이

largo 긴
corto 짧은
ancho 넓은
estrecho 좁은
cercano 가까운
lejano 먼
cerca 가까이
lejos 멀리
alto 높은
bajo 낮은
profundo 깊은
poco profundo 얕은
medir (길이, 높이, 넓이 등을) 재다

필수표현 (1) 길이 & 거리

Vivo en una calle que mide 100 metros de longitud.
→ 나는 길이가 100 미터 되는 거리에 살고 있다.

La distancia que hay entre mi casa y el colegio es tan grande, que debo coger el autobús.
→ 우리 집과 학교 사이의 거리가 너무 멀어서 나는 버스를 타야 한다.

Debo tomar las medidas de esta mesa.
→ 나는 이 식탁의 사이즈를 재야 한다.

El metro es la unidad para medir longitud.

↔미터는 길이를 재기 위한 단위이다.

Si un metro lo dividimos en mil partes, cada una de ellas es un milímetro.

↔1 미터를 1000부분으로 나누면 각 부분은 1 밀리미터가 된다.

Un decímetro es la décima parte de un metro.

↔1 데시미터(dm)는 1/10 미터이다.

Un hectometro es igual a cien metros.

↔1 헥토미터는 100 미터이다.

El barco estaba a una milla de la costa.

↔그 배는 해안으로부터 1 마일 거리에 있었다.

Esta mesa mide un metro de alto(altura).

↔이 탁자는 높이가 1 미터이다.

La montaña tiene 3.000 metros de altitud.

↔그 산은 고도가 3,000 미터이다.

Excavaron varios metros para hacer un pozo de bastante profundidad.

↔그들은 충분한 깊이의 우물을 만들기 위하여 수 미터를 팠다.

He medido la anchura de mi cama.

↔나는 내 침대의 폭을 쟀다.

Trazo líneas rectas con una regla.

↔나는 자로 직선을 그린다.

(2) 면적 & 부피

(la) capacidad 용량

(la) dimensión 크기

(el) tamaño 크기

(la) medida 계량(기), 측량

(la) extensión 면적

(el) metro cuadrado 제곱미터, 평방미터

(el) kilómetro cuadrado 제곱킬로미터, 평방킬로미터

(el) área [f.] 아르 (100 평방미터)

(la) hectárea 헥타르 (100 아르)

(el) volumen 부피, 용적
(el) litro 리터
(el) centilitro 센티리터
(el) decilitro 데시리터
(el) mililitro 밀리리터
(el) kilolitro 킬로리터
(el) hectolitro 헥토리터 (100 리터)

extenso 넓은
amplio 넓은
estrecho 좁은
grande 큰
pequeño 작은
grueso 굵은
delgado 가는
caber (용량이) …이다

필수표현 (2) 면적 & 부피

La extensión de esta huerta es de tres hectáreas.
→ 이 과수원의 면적은 3 헥타르에 달한다.

El metro cuadrado es la unidad para medir superficies.
→ 평방미터는 면적을 재기 위한 단위이다.

El área es una medida de superficie utilizada para medir terrenos.
→ 아르는 땅을 측정하기 위하여 사용되는 면적의 단위이다.

Este campo tiene una superficie de una hectárea.
→ 이 농장의 면적은 1 헥타르이다.

El metro cúbico es la unidad para medir volúmenes.
→ 입방미터는 부피를 재기 위한 단위이다.

Si un litro lo dividimos en mil partes, cada una de ellas es un mililitro.
→ 1 리터를 1000 부분으로 나누면 각 부분은 1 밀리리터가 된다.

Un decilitro es la décima parte de un litro.
→ 1 데시리터는 1/10 리터이다.

Un hectolitro es igual a cien litros.
→ 1 헥토리터는 100 리터이다.

Estos dos cuadros son del mismo tamaño.

↠이 두 그림은 크기가 같다.

La capacidad de esta botella es de un litro.

↠이 병의 용량은 1 리터이다.

(3) 무게

(el) peso 무게

(el) gramo 그램

(el) miligramo 밀리그램

(el) hectogramo 헥토그램 (100 그램)

(el) decigramo 데시그램 (dg)

(el) kilogramo 킬로그램

(la) tonelada 톤

(la) libra 파운드 (0.4536 킬로그램)

(la) onza 온스

(la) balanza 저울

(el) platillo 저울접시

(la) pesa 분동(分銅)

(el) contrapeso 분동(分銅)

pesado 무거운

ligero 가벼운

pesar (무게를) 재다

필수표현 (3) 무게

El peso de esta mesa es de 30 kilos.

↠이 식탁의 무게는 30 킬로이다.

Si esta moneda pesa diez gramos, cien monedas iguales pesarán un kilo.

↠이 동전의 무게가 10 그램이라면, 같은 동전 100 개의 무게는 1 킬로일 것이다.

Si un gramo lo dividimos en mil partes, cada una de ellas es un miligramo.

↠1 그램을 1000부분으로 나누면 각 부분은 1 밀리그램이 된다.

Un hectogramo es igual a cien gramos.

↠1 헥토그램은 100 그램이다.

Un decigramo es la décima parte de un gramo.

↔1 데시그램은 1/10 그램이다.

Este coche pesa dos toneladas.

↔이 자동차는 무게가 2 톤이다.

Pedí 300 gramos de jamón y me pusieron una libra.

↔나는 햄 300 그램을 달라고 했는데 나에게 1 파운드를 주었다.

La balanza tiene dos platillos; en uno se pone lo que se quiere pesar y en otro las pesas.

↔저울은 두개의 저울접시가 있다. 하나에는 재고 싶은 것을 놓고 다른 하나에는 분동(分銅)을 놓는다

El carnicero pesó la carne.

↔고기장수는 고기의 무게를 쟀다.

¿Puedes traerme ese paquete? Pesa poco.

↔그 상자를 나에게 가져다주겠니? 가벼워.

El frutero me ha pesado un kilo de naranjas en su balanza.

↔과일장수는 저울로 나에게 오렌지 1킬로를 재주었다.

8. 물리

(la) acción 작용
  (la) reacción 반작용
(el) átomo 원자
  (la) energía atómica 원자에너지
(la) atracción 중력
  (la) gravedad 중력
  (la) gravitación 중력, 중력의 작용
  (la) gravitación universal 만유인력
(el) calor 열
  (la) ola de calor 열파
(el) choque 충돌

(la) densidad 비중
(el) peso específico 비중
(el) electrón 전자
(la) energía 힘, 에너지
(la) fuerza 힘
(el) equilibrio 평형
(la) fricción 마찰
(la) resistencia en fricción 마찰 저항
(la) inercia 관성
(la) luz 빛
(el) magnetismo 자력, 자기(磁氣)
(el) movimiento 운동
(el) núcleo 핵자(核子)
(el) protón 양성자(陽性子)
(el) neutrón 중성자(中性子)
(la) onda 파(波)
(el) peso 중량
(la) presión 압력
(la) radiación 방사(放射)
(la) energía radiante 방사능
(la) radiactividad 방사능
(los) rayos X 엑스선
(los) rayos infrarrojos 적외선
(la) tensión 창, 장력
(la) tensión superficial 표면장력
(el) vacío 진공

필수표현 물리

El satélite ha escapado de la atracción terrestre.

↔ 위성은 지구의 중력을 벗어났다.

Las manzanas se caen de los árboles al suelo debido a la fuerza de la gravedad.

↔ 사과는 중력 때문에 나무에서 바닥으로 떨어진다.

Los astronautas flotan en el espacio debido a la falta de gravitación.

↔ 중력이 없기 때문에 우주비행사들은 우주에서 떠다닌다.

Gracias a la energía que produce la electricidad, el viento u otros elementos, muchas máquinas pueden funcionar.

↔ 전기, 바람, 혹은 다른 요소들이 만들어내는 에너지 덕분에 많은 기계가 작

동할 수 있다.

La presión atmosférica disminuye con la altitud.

↔ 대기의 압력은 높이와 함께 감소한다.

Cuando la balanza está en equilibrio, los dos platillos se quedan quietos y exactamente a la misma altura.

↔ 저울이 균형을 잡으면 두 저울접시가 안정되고 정확히 동일한 높이를 유지한다.

El molino se mueve por acción del agua o del viento.

↔ 방아는 물이나 바람의 작용에 의하여 움직인다.

Aunque habían parado el motor, el tiovivo se movía por inercia.

↔ 엔진을 세웠지만, 회전목마는 관성으로 움직였다.

En la carretera se produjo un choque entre dos coches.

↔ 도로에서 두 자동차의 충돌이 있었다.

El peso de esta mesa es de 20 kilos.

↔ 이 탁자의 무게는 20킬로이다.

La densidad del aluminio es menor que la del hierro.

↔ 알루미늄의 비중은 철의 비중보다 작다.

El átomo es la partícula más pequeña de la materia.

↔ 원자는 물질의 가장 작은 입자(粒子)이다.

El médico llevaba un traje especial para protegerse del exceso de radiación.

↔ 의사는 과다한 방사선으로부터 자신을 보호하기 위하여 특수의복을 입고 있었다.

El sonido se transmite mediante ondas.

↔ 소리는 파(波)를 통하여 전달된다.

El magnetismo es la propiedad que tienen los imanes de atraerse entre sí.

↔ 자기(磁氣)는 서로 끌어당기는 자석들이 갖는 특성이다.

El médico me miró los huesos por rayos X.

↔ 의사는 엑스레이로 나의 뼈를 보았다.

9. 화학

(el) ácido 산
  (la) acidez 산성
(el) aire 공기
(el) álcali 알칼리
  (la) alcalinidad 알칼리성
(el) alcohol 알콜
(el) amoníaco 암모니아
(el) elemento 원소
(el) gas 기체
  (el) sólido 고체
  (el) líquido 액체
(el) laboratorio 실험실
  (el) tubo de ensayo 시험관
  (el) tubo de vidrio 유리관
  (el) frasco 플라스크
  (el) papel de filtro 여과지
  (el) reactivo 시약
(la) molécula 분자
(la) materia 물질
  (el) cuerpo simple 홑원소물질
  (el) cuerpo compuesto 화합물
(el) ozono 오존
(la) química 화학
  (el/la) químico(a) 화학자
  (la) química orgánica 유기화학
  (la) química inorgánica 무기화학

필수표현 화학

La química es la ciencia que estudia la composición de las sustancias, las transformaciones de la materia y de la energía.

↔ 화학은 물질의 구성, 물질의 변화, 에너지의 변화를 연구하는 학문이다.

Los qúimicos del laboratorio están analizando unas muestras de agua.

↔ 실험실의 화학자들은 물의 표본을 분석하고 있다.

El oxígeno y el hidrógeno son los elementos de que se compone el agua.

↔ 산소와 수소는 물을 구성하고 있는 원소들이다.

El científico estudiaba las moléculas de oxígeno con un microscopio muy potente.

↔ 과학자는 매우 강력한 현미경으로 산소 분자를 연구하고 있었다.

El hielo es agua en estado sólido.

↔ 얼음은 고체상태의 물이다.

El agua, el vino y la leche son líquidos.

↔ 물, 포도주, 우유는 액체이다.

El aire es un gas.

↔ 공기는 일종의 기체이다.

El amoníaco es un gas incoloro de fuerte olor que se usa en la industria química.

↔ 암모니아는 화학 산업에서 사용되는 강한 냄새의 무색의 기체이다.

Me desinfectaron la herida con alcohol.

↔ 그들은 알콜로 나의 상처를 소독했다.

✤ 화학 원소

(el) oxígeno 산소	(el) magnesio 마그네슘
(el) hidrógeno 수소	(el) fósforo 인
(el) calcio 칼슘	(el) manganeso 망간
(el) arsénico 비소	(el) neón 네온
(el) carbono 탄소	(el) radio 라듐
(el) cloro 염소	(el) sodio 나트륨
(el) flúor 불소	(el) yodo 요오드
(el) nitrógeno 질소	(el) silicio 규소

V Art & Culture & Leisure

예술 & 문화 & 레저

1. 예술 & 미술

(1) 예술 일반

(el) arte 예술
(el/la) artista 예술가
(las) bellas artes 미술
(la) galería 갤러리, 화랑
(el) museo de bellas artes 미술관
(la) exposición 전람회
(la) falsificación 위조
(el/la) maestro(a) 거장, 대가
(el/la) modelo 모델
(la) obra maestra 걸작
(el) taller 아틀리에

필수표현 (1) 예술 일반

Los cuadros y las estatuas son obras de arte.
→ 그림과 조각은 예술 작품이다.

El pintor, el escultor, la bailarina son artistas.
→ 화가, 조각가, 발레리나는 예술가이다.

En esta galería van a dar una exposición de Goya.
→ 이 갤러리에서 고야의 전시회가 열릴 것이다.

Ayer fuimos a ver una exposición de un pintor muy famoso.
→ 어제 우리는 매우 유명한 화가의 전람회를 보러 갔다.

Han descubierto una falsificación de Picasso.
→ 피카소의 위조작품이 발견되었다.

Pedro usa modelos para dibujar.

↛ 빼드로는 그림을 그리기 위하여 모델을 사용한다.

Las modelos desfilaron con los últimos trajes del diseñador.

↛ 모델들은 그 디자이너의 최근의 의상을 입고 한 사람씩 지나갔다.

En clase estudiamos las obras maestras de la literatura.

↛ 수업에서 우리는 문학의 걸작을 공부한다.

(2) 회화

(el) caballete 받침틀, 화가(畵架)

(el) color 색

- (la) coloración 배색, 색조
- (el) colorido 색조
- (el) color elemental 기본색

(los) colores 그림물감

- (la) paleta 팔레트
- (el) pincel 붓
- (el) cepillo 솔

(el) fondo 배경

- (el) primer término 전경

(el) lienzo 화폭, 캔버스

(el/la) pintor(a) 화가

- (el/la) acuarelista 수채화가
- (el/la) impresionista 인상파 화가
- (el/la) cubista 입체파 화가
- (el/la) naturalista 자연주의파 화가
- (el/la) retratista 초상화가
- (el/la) paisajista 풍경화가
- (el/la) pastelista 파스텔화가
- (el/la) templista 템페라화가

(la) pintura 그림

- (el) boceto 스케치
- (el) bosquejo 소묘, 스케치
- (la) caricatura 캐리커처
- (el) croquis 크로키
- (la) figura 인물화
- (el) paisaje 풍경화
- (el) retrato 초상화
- (la) naturaleza muerta 정물화
- (el) desnudo 누드
- (el) grabado 판화
- (la) aguafuerte 에칭, 부각
- (la) pintura al fresco 프레스코화
- (la) pintura al temple 템페라화
- (la) pintura al óleo 유화
- (la) acuarela 수채화
- (la) pintura al pastel 파스텔화

필수표현 (2) 회화

Este dibujo no es más que un boceto.

↠이 그림은 스케치에 지나지 않는다.

Alejandro ha hecho una caricatura de nuestro profesor, dibujándolo con una nariz muy grande.

↠알레한드로가 우리 선생님의 캐리커처를 그렸는데 코를 매우 크게 그렸다.

Mi habitación está adornada con grabados.

↠내 방은 판화로 장식되어 있다.

Este pintor es un gran paisajista.

↠이 화가는 위대한 풍경화가이다.

Isabel está pintando unas flores al óleo.

↠이사벨은 꽃을 유화(油畵)로 그리는 중이다.

He visitado una exposición de acuarelas.

↠나는 수채화 전람회에 갔었다.

Me gusta mucho el colorido de tu camisa.

↠나는 네 셔츠의 색조가 매우 마음에 든다.

El pintor retiró su cuadro del caballete cuando lo terminó.

↠화가는 그림을 완성했을 때 화가(畵架)로부터 그림을 치웠다.

El pintor extiende los colores sobre el lienzo.

↠화가는 캔버스에 물감을 펼쳤다.

El pintor sujeta con la mano izquierda la paleta.

↠화가는 왼손으로 팔레트를 잡는다.

El pintor aplicaba los colores con el pincel.

↠화가는 붓으로 그림물감을 사용하곤 했다.

(3) 조각

(la) escultura 조각

(el/la) escultor(a) 조각가

(la) estatua 조상(彫像)

(el) busto 흉상(胸像)

(el) cincel 끌

(el) yeso 석고

(la) arcilla de modelar 점토

(el) bronce 청동

(el) mármol 대리석

esculpir 조각하다

필수표현 (3) 조각

El escultor esculpió un caballo en mármol.

↦ 그 조각가는 대리석에 말 한 마리를 조각했다.

En el taller de escultura vimos cómo esculpían en mármol la figura de un caballo.

↦ 조각 작업실에서 우리는 대리석에 말 모습을 어떻게 조각하는지 보았다.

Miguel Ángel fue un gran escultor italiano.

↦ 미겔 앙헬은 이탈리아의 유명한 조각가였다.

En la entrada del jardín hay una estatua que representa una figura animal.

↦ 정원 입구에 동물의 모습을 나타낸 조상(彫像) 하나가 있다.

En el museo he visto un busto de Julio César.

↦ 박물관에서 나는 줄리어스 시저의 흉상을 보았다.

El yeso es un polvo blanco que, mezclado con agua, se endurece rápidamente; se utiliza en la construcción y en la escultura.

↦ 석고는 물과 혼합되어 빨리 마르는 백색 가루이며, 건축과 조각에 사용된다.

El bronce es un metal duro hecho con la mezcla de cobre y estaño.

↦ 청동은 구리와 주석의 혼합물로 만들어진 단단한 금속이다.

2. 음악

(la) banda 악대
(la) canción 노래
 (el/la) cantante 가수
 (el) himno nacional 국가(國歌)
(el) concierto 콘서트
(el) coro 합창(대)
(la) dirección 지휘
 (el) director 지휘자
 (el) director de orquesta 오케스트라 지휘자
 (la) batuta 지휘봉
(la) interpretación 연주
(la) música 음악
 (el/la) músico(a) 음악가
 (la) música vocal 성악
 (la) música instrumental 기악
 (la) música de cámara 실내음악
 (la) música clásica 고전음악
 (la) música moderna 현대 음악
(la) nota musical 악보
 (el) compás 박자
 (la) escala 음계
 (la) escala mayor 장음계
 (la) escala menor 단음계
 (la) melodía 선율, 멜로디
 (la) nota 음부(音符)
 (el) pentágrama 오선
(la) orquesta 오케스트라
 (el/la) acompañador(a) 반주자
 (el) acompañamiento 반주(단)
(el) recital 리사이틀
(la) sinfonía 심포니, 교향악

필수표현 음악

Mi hermano estudia música en el Conservatoria.
 ➡ 나의 형은 국립음악학교에서 음악을 공부한다.
A mí me gusta mucho la música que escuchan.
 ➡ 나는 그들이 듣고 있는 노래를 매우 좋아한다.
Mozart fue un músico muy importante.
 ➡ 모차르트는 매우 중요한 음악가이다.

La orquesta toca una sinfonía.

↔ 오케스트라는 교향악을 연주한다.

Teresa canta con acompañamiento de guitarra.

↔ 떼레사는 기타 반주와 함께 노래한다.

El director de orquesta dirige a los músicos con una batuta.

↔ 오케스트라의 지휘자는 지휘봉으로 음악가들을 지휘한다.

La orquesta va a interpretar obras de Mozart.

↔ 오케스트라는 모차르트의 작품을 연주할 것이다.

A la llegada de los Reyes se interpretó el himno nacional.

↔ 국왕부처가 도착하자 국가(國歌)가 연주되었다.

En clase de música hemos aprendido la letra y la música de varias canciones.

↔ 음악시간에 우리는 여러 노래의 가사와 악보를 배웠다.

A la cantante se le escapó un gallo.

↔ 그 가수에게서 엉뚱한 높은 소리가 튀어나왔다.

Los músicos han dado un concierto.

↔ 음악가들은 콘서트를 열었다.

Un grupo de personas que cantan juntas forman un coro.

↔ 함께 노래하는 사람들의 그룹이 합창대를 형성한다.

Todavía recuerdo la melodía de la canción de la película.

↔ 나는 아직도 그 영화 노래의 멜로디를 기억한다.

Este pianista ha dado recitales por todo el mundo.

↔ 이 피아니스트는 전 세계에서 연주회를 열었다.

En clase de música, me dicen que siempre pierdo el compás.

↔ 음악시간에 내가 항상 박자를 놓친다고 나에게 말한다.

Do, re, mi, fa, sol, la, si son las siete notas musicales.

↔ 도, 레, 미, 파, 솔, 라, 시는 7 음부(音符)이다.

El guitarrista leía la música de la canción en un pentágrama.

↔ 기타연주자는 오선지에서 그 노래의 악보를 읽었다.

✤ 악기와 연주자

(el) instrumento de cuerda 현악기	(el/la) guitarrista 기타 연주자
(el) instrumento de viento 관악기	(el) órgano 오르간
(el) instrumento de percusión 타악기	(el) piano 피아노
(el) acordeón 아코디언	(el/la) pianista 피아니스트
(la) armónica 하모니카	(el) saxofón 색소폰
(el) arpa [f.] 하프	(el) tambor 북
(las) castañuelas 캐스터네츠	(el) triángulo 트라이앵글
(el) clarinete 클라리넷	(el) violín 바이올린
(el) contrabajo 콘트라베이스	(el/la) violinista 바이올린 연주자
(la) flauta 플루트	(el) violonchelo 첼로
(la) guitarra 기타	(el/la) violonchelista 첼로 연주자

3. 영화 & 공연

(1) 매표소

(el/la) acomodador(a) 안내인
(la) entrada 입장권
(la) fila (극장 등의) 좌석 줄
(el) folleto 팸플릿
(la) función 공연
(el) guardarropa (호텔, 극장 등의) 외투 보관소
(la) localidad 좌석, 좌석권
 (el) anfiteatro 중 2층 좌석 (보통 아래층과 2층과의 사이)
 (el) entresuelo 중 2층 좌석 (보통 아래층과 2층과의 사이)
(el) balcón (극장의) 2층 특별석
(la) galería (극장의) 2층 특별석
(la) butaca (극장열차 등의) 좌석
(la) delantera (관람석의) 맨 앞줄
(el) gallinero (극장의) 하등객석
(el) paraíso (극장의) 하등객석
(el) palco (극장 등의) 칸막이 좌석, 박스석
(el) patio (극장의) 칸막이한 정면의 관람석
(la) platea 무대정면의 낮은 관

람석	투류(類) 보관소
(el) programa 프로그램	
(la) propina 팁	agotado 매진된
(la) taquilla 매표소	dejar 놓아두다, 맡기다
(el) vestuario (호텔, 극장 등의) 외	empezar [ie] 시작하다

필수표현 **(1) 매표소**

¿Quedan localidades para la función de esta noche?

↔ 오늘 밤 공연의 좌석이 남아있습니까?

Están agotadas. Lo siento.

↔ 매진되었습니다. 미안합니다.

¿Hay localidades para la función de mañana?

↔ 내일 공연의 좌석이 있습니까?

Quiero tres butacas de patio.

↔ 나는 정면의 관람석 세 장을 원합니다.

Quiero dos delanteras en el entresuelo.

↔ 나는 중2층 맨 앞 줄 두 장을 원합니다.

¿A qué hora empieza la función?

↔ 공연은 몇 시에 시작합니까?

¿Cuánto valen las localidades?

↔ 좌석권은 얼마입니까?

Aquí tiene usted sus entradas.

↔ 여기 입장권이 있습니다.

Tenemos los asientos 11 y 12 en la fila B.

↔ 우리 자리는 B열의 11, 12번이다.

¿Podemos dejar el abrigo en el vestuario?

↠외투보관소에 외투를 맡길 수 있습니까?

La acomodadora les dará un programa.

↠안내자가 당신들께 프로그램을 드릴 것입니다.

¿Tiene un folleto en coreano?

↠한국어로 된 안내책자 있습니까?

Hay que darle una propina a la acomodadora.

↠안내인에게 팁을 줘야 합니다.

(2) 영화

(el) actor 배우(남)
  (la) actriz 배우(여)
(la) banda sonora 사운드트랙
(el) cine 영화[관]
(el/la) cinematurgo(a) 시나리오작가
(el/la) director(a) de cine 영화감독
(la) duración 상영시간
(el) guion de cine 영화 시나리오
(el/la) intérprete 출연자
(la) pantalla 스크린
(la) película 영화
  (la) película de acción 액션영화
  (la) película de guerra 전쟁영화
  (la) película de oeste 서부영화
  (la) película de suspenso(suspense) 스릴영화
  (la) película en blanco y negro 흑백영화
  (la) película en color 천연색영화
  (la) película romántica 로맨스 영화
  (los) dibujos animados 만화영화
(el/la) protagonista 주인공
(el) subtítulo (영화의) 자막
(la) versión original 원작

actuar en una película 영화에 출연하다
doblar 더빙하다
empezar [ie] 시작하다
poner 상영하다
rodar [ue] 촬영하다

필수표현 (2) 영화

¿A qué hora empieza?

↠ 몇 시에 시작합니까?

¿A qué hora termina?

↠ 몇 시에 끝납니까?

¿Qué película ponen esta noche?

↠ 오늘밤 무슨 영화를 상영합니까?

Ponen una nueva película del director Steven Spielberg.

↠ 스티븐 스필버그 감독의 새 영화를 상영합니다.

¿Qué película es más popular?

↠ 가장 인기 있는 영화는 무엇입니까?

¿Quién actúa en esta película?

↠ 이 영화에 누가 출연합니까?

El protagonista de esta película es muy guapo.

↠ 이 영화의 주인공은 매우 잘 생겼다.

¿Quedan localidades para esta noche?

↠ 오늘 밤 좌석이 남아있습니까?

No queremos sentarnos cerca de la pantalla.

↠ 우리는 스크린 가까이 앉고 싶지 않습니다.

¿Dónde está el asiento del número D-15?

↠ D-15번 좌석은 어디 있습니까?

Es una película española pero está doblada en coreano.

↠ 스페인 영화인데 한국어로 더빙되어 있습니다.

No me gustan las películas dobladas.

↠ 나는 더빙된 영화를 좋아하지 않습니다.

En esta película el protagonista consigue vencer al dragón.

↠ 이 영화에서 주인공은 용을 이겨낸다.

¿Dónde fue rodada la película?

↠ 영화는 어디에서 촬영되었습니까?

¿Prefieres ver la película en versión original?

↠ 영화를 원작으로 보기를 원합니까?

Muchas películas en versión original llevan subtítulos.

↠ 원작의 많은 영화에 자막이 들어있다.

(3) 연극

(el) acto (연극의) 막
(el) actor 배우(남)
(la) actriz 배우(여)
(el) ballet 발레
(la) canción 노래
(el/la) cantante 가수
(el) coliseo 원형극장
(el) concierto 음악회
(el) drama 연극, 극
(el) dramaturgo 극작가
(la) escena 무대
(el) espectáculo 쇼
(el/la) espectador(a) 관객
(la) función 공연
(el) intermedio (연극 등의) 막간
(la) obra 작품
(la) obra musical 뮤지컬
(la) ópera 오페라
(la) orquesta 오케스트라
(el) papel 역할
(el/la) protagonista 주인공
(el) teatro 연극, 극장
(la) comedia 희극
(la) tragedia 비극
(el) telón (극장의) 막
(la) zarzuela 사르수엘라

actuar 출연하다
aplaudir …에게 박수갈채를 보내다
caerse (막, 기구 등이) 내리다
cantar 노래하다
entrar en escena 무대에 올리다
hacer el papel 역할을 하다
levantarse (막, 기구 등이) 오르다

필수표현 (3) 연극

¿Qué tipo de obra quieres ver?

↔ 어떤 종류의 작품을 보기 원합니까?

Quiero ver una comedia.

↔ 나는 희극을 보고 싶습니다.

Quiero ver una obra musical.

↔ 나는 뮤지컬을 보고 싶습니다.

Quiero ver una zarzuela.

↔ 나는 사르수엘라를 보고 싶습니다.

¿A qué hora empieza la función de la noche?

↔ 밤 공연은 몇 시에 시작합니까?

¿Quién es el protagonista?

↔ 남자주인공은 누구입니까?

¿Quién es el actor(la actriz)?

↔ 남자(여자)배우는 누구입니까?

¿Quién hace el papel de César?

↔ 시저의 역할은 누가 맡아 합니까?

La obra tiene cuatro actos.

↔ 작품은 4막으로 되어있습니다.

Cada acto tiene dos escenas.

↔ 각각의 막은 2장(場)으로 되어있습니다.

Hay un intermedio después del segundo acto.

↔ 2막 후에 막간이 있습니다.

La actriz entra en escena.

↔ 여배우가 무대로 올라갑니다.

Se levanta el telón.

↔ 막이 올라간다.

Se cae el telón.

↔막이 내려간다.

Los espectadores aplauden al cantante.

↔관객들은 그 가수에게 박수를 보냅니다.

A mis padres les gusta el espectáculo.

↔나의 부모님께서는 쇼를 좋아하십니다.

Hemos escuchado una ópera en el teatro del Liceo.

↔우리는 Liceo극장에서 오페라를 관람했다.

Escuchamos el concierto de música clásica que interpretaba la orquesta.

↔우리는 오케스트라가 연주한 고전음악연주회를 관람했다.

4. 해수욕장

(los) anteojos de sol 선글라스
  (las) gafas de sol 선글라스
(la) arena 모래
(el) bañador 수영복
  (el) bikini 비키니
  (el) traje de baño 수영복
  (la) bata 헐겁고 긴 웃옷
(la) barca (작은) 보트
  (la) barca a motor 모터보트
  (la) lancha 보트
  (el) velero (경기레저용) 범선, 요트
(la) bronceadora 선탠로션
  (la) bronceadora bloqueadora 썬 크림
  (la) bronceadora protectora 썬 크림
(la) cabina 방갈로
(el) colchón neumático 에어 매트리스
(los) esquís(esquíes) acuáticos 수상스키
(el) faro 등대
(el) mar 바다
  (la) marea (바다의) 조수
  (la) contracorriente (수면 밑의) 강한 역류
  (la) corriente 해류

(la) natación 수영
(la) ola 파도
  (la) resaca 썰물파도
(la) orilla 연변(沿邊)
(el) parasol 파라솔
(la) playa 해변, 해수욕장
(la) roca 바위
(el) rompeolas 방파제
(el/la) salvavidas 구조원
  (el/la) vigilante 구조원
(las) sandalias playeras 비치샌들
  (la) zapatilla 샌들
(la) silla de lona 캔버스 해변의자
(la) sombrilla 양산
(la) tabla hawaiana 파도타기 보드, 서프보드

bañarse 해수욕하다
bucear 스쿠버 다이빙을 하다
correr las olas 파도타기 놀이를 하다
  montar las olas 파도타기를 하다
esquiar en el agua 수상스키를 하다
  hacer el esquí acuático 수상스키를 하다
estallarse (파도가) 부서지다
flotar (물위에) 뜨다
hacer la plancha 물위에 움직이지 않고 가만히 있다
nadar 수영하다
reventarse [ie] (파도가) 부서지다
  romperse 부서지다
tomar el sol 일광욕하다
veranear 여름을 보내다

agitado 날씨가 험한
calmo (날씨, 바다 등이) 고요한
  tranquilo 고요한
bronceado 햇볕에 그을린
  tostado 햇볕에 그을린
  quemado 햇볕에 탄
peligroso 위험한
playero 해변(용)의
revuelto 파도가 거친
  turbulento 거친, 소란한

필수표현 (1) 바다의 날씨

Hoy el mar está muy calmado.
→ 오늘 바다는 매우 고요합니다.

Hoy no hay olas en el mar.

↔ 오늘 바다에는 파도가 없습니다.

El mar estaba muy agitado.

↔ 바다가 매우 거칠었습니다.

Ayer había olas muy grande y muy fuerte.

↔ 어제 매우 거대하고 강한 파도가 있었습니다.

Las olas son muy grandes.

↔ 파도가 거대합니다.

Las olas se rompen contra las rocas.

↔ 파도가 바위에 부딪쳐 부서집니다.

¿Cuándo es la marea alta?

↔ 만조가 언제입니까?

¿Cuándo es la marea baja?

↔ 간조가 언제입니까?

Hay una corriente fuerte.

↔ 거센 흐름(조류, 해류)이 있습니다.

Hay una contracorriente peligrosa.

↔ 위험한 역류가 있습니다.

Hay más playa durante la marea baja.

↔ 간조 동안에는 해변이 넓습니다.

Hay menos playa cuando la marea es alta.

↔ 만조일 때에는 해변이 좁습니다.

필수표현 (2) 해수욕장

Quiero veranear en la playa.

↔ 나는 해변에서 여름을 보내고 싶습니다.

Es un balneario muy conocido.

↠매우 유명한 해수욕장입니다.

Se puede alquilar una cabina.

↠방갈로를 빌릴 수 있습니다.

Me gusta nadar.

↠나는 수영하는 것을 좋아합니다.

Me gusta bucear.

↠나는 스쿠버다이빙을 좋아합니다.

Me encanta correr las olas.

↠나는 파도타기를 좋아합니다.

Me agrada esquiar en el agua.

↠나는 수상스키를 좋아합니다.

Quiero caminar por la orilla del mar.

↠나는 해변을 따라 걷고 싶습니다.

Deseo bañarme en el mar.

↠나는 바다에서 헤엄치고 싶습니다.

Prefiero tomar el sol.

↠나는 일광욕을 더 좋아합니다.

Te estás poniendo muy quemado.

↠너는 너무 많이 태우고 있다.

Los rayas del sol pueden ser peligroso.

↠햇볕은 위험할 수 있습니다.

Pueden causar el cáncer de la piel.

↠피부암을 일으킬 수 있습니다.

Hay que usar una bronceadora protectora.

↠햇볕차단 크림을 사용해야 합니다.

Estás muy bronceado.

↠너는 너무 햇볕에 탔다.

Debes sentarte debajo de la sombrilla y ponerte bronceadora.
↔ 너는 양산 아래에 앉아서 선탠크림을 발라야 한다.

No me gusta sentarme en la arena.
↔ 나는 모래에 앉는 것을 좋아하지 않습니다.

Quiero sentarme en una silla de lona.
↔ 캔버스 해변의자에 앉고 싶습니다.

Hay montón de barcas en el mar.
↔ 바다에 수많은 보트가 있습니다.

5. 캠핑

(el) agua potable [f.] 마실 수 있는 물
(el) baño 목욕
(la) ducha 샤워
(la) batería 배터리
(el) botiquín 응급치료 세트
(el) camping 캠핑, 야영장
(el/la) campista 캠핑객
(la) caravana (차로 끄는) 이동 주택
(la) casa-remolque (차로 끄는) 이동 주택
(la) carpa 텐트
(la) tienda [de campaña] 텐트
(la) cerilla 성냥
(el) fósforo 성냥
(el) mechero 라이터
(el) colchón neumático 에어매트리스
(el) cortaplumas 주머니칼
(la) navaja 주머니칼
(la) cuerda 밧줄, 로프
(la) estaca 대못
(la) fogata 모닥불
(la) hoguera 모닥불
(el) gas butano 부탄가스
(la) hamaca 해먹 (달아매는 그물 침대)
(el) hornillo 버너
(la) linterna [eléctrica] 손전등

(el) martillo 망치
(la) mesa plegable 접는 탁자
(la) mochila 배낭
(el) palo 막대기, 기둥
(la) pila 건전지
(el) retrete 화장실
(el) saco para dormir 침낭
(los) servicios 편의시설
(la) silla plegable 접는 의자
(el) tanque 통
(el) termo 보온병
(la) vela 양초
(el) yodo 요오드

acampar 캠핑하다
amarrar 묶다
aparcar 주차하다
estacionar 주차하다
parquear 주차하다
armar (텐트를) 치다
atar 묶다
encender [ie] (불을) 켜다

필수표현 캠핑

¿Se puede acampar aquí?
→ 여기서 야영할 수 있습니까?
¿Es este un camping oficial?
→ 공식 야영장입니까?
¿Dónde podemos estacionar la casa-remolque?
→ 이동주택을 어디에 주차할 수 있습니까?
¿Dónde están las duchas?
→ 샤워실은 어디에 있습니까?
¿Dónde están los retretes?
→ 화장실은 어디에 있습니까?
¿Dónde hay agua potable?
→ 마시는 물은 어디에 있습니까?

Se ruega a los señores campistas que mantengan limpio el recinto.

↠ 캠핑하시는 분들께 경내(境內)를 깨끗이 해주실 것을 부탁드립니다.

Vamos a armar la tienda aquí.

↠ 우리는 여기에 텐트를 치려고 합니다.

Necesito un martillo.

↠ 저는 망치가 필요합니다.

Voy a clavar estas estacas en la tierra.

↠ 저는 이 대못을 땅에 박으려 합니다.

Voy a atar(amarrar) las cuerdas de la tienda a las estacas.

↠ 저는 텐트의 끈을 대못에 묶으려 합니다.

¿Dónde están los palos?

↠ 막대가 어디에 있습니까?

No queda gas. Necesito un tanque de gas butano.

↠ 가스가 떨어졌다. 나는 부탄가스통이 필요하다.

Cuando voy de camping, no llevo una maleta.

↠ 내가 캠핑갈 때 나는 가방을 가져가지 않는다.

Cuando vamos de camping, podemos dormir en un saco para dormir.

↠ 우리가 캠핑가면 침낭에서 잘 수 있다.

Aquí no hay luz eléctrica. Tenemos que poner velas en la mesa.

↠ 여기는 전깃불이 없다. 우리는 테이블에 초를 놓아야 한다.

6. 호텔

(1) 예약 & 체크인

(el) botones 보이, 사환

(el) maletero 사환, 보이

(el/la) mozo(a) 사환, 하인

(la) camarera 잡역부, 하녀

(la) caja 계산대

(la) caja fuerte 귀중품보관함
(el/la) cajero(a) (현금)출납원
(la) calefacción 난방
(la) calle 거리
(la) cama 침대
(la) cama de matrimonio 더블 침대
(el) cargo 책임, 관리
(la) confirmación 예약확인
(el) conserje 접수계, 수위
(la) conserjería 접수, 수위
(el) cuarto 방
(la) habitación 방
(el) cuarto con dos camas 한 쌍의 1인용 침대가 있는 방
(el) cuarto doble (호텔 등의) 2인용 방
(el) cuarto individual 1인용 방
(el) cuarto sencillo 1인용 방
(la) habitación doble (호텔 등의) 2인용 방
(la) habitación sencilla 1인용 방

(el) desayuno 아침식사
(la) ficha 등록표
(el/la) huésped(a) 손님, 객(客)
(los) impuestos 세금
(la) llave 열쇠
(la) pensión completa 식사를 제공하는 하숙
(la) recepción 프론트
(el/la) recepcionista 프론트 직원
(la) reserva 예약
(la) reservación 예약
(la) tarjeta de recepción 등록카드

dar a …을 향하다
firmar 서명하다

completo 가득찬
con dos camas 한 쌍의 1인용 침대가 있는
disponible 사용할 수 있는
particular 사적인, 개인의

필수표현 (1) 예약 & 체크인

¿Tiene reservación?
→ 예약하셨습니까?

Tenemos una reservación(reserva).

↔우리는 예약을 했습니다.

Tenemos tres cuartos dobles disponibles.

↔사용할 수 있는 더블룸 세 개가 있습니다.

El hotel está completo(lleno).

↔호텔은 만원입니다.

Quiero un cuarto con dos camas.

↔나는 투윈베드가 있는 방을 원합니다.

Quiero un cuarto doble.

↔나는 2인용 방을 원합니다.

Quiero un cuarto con una cama de matrimonio.

↔나는 더블베드가 있는 방을 원합니다.

Quiero una habitación sencilla.

↔나는 1인용 방을 원합니다.

Quiero una habitación tranquila.

↔나는 조용한 방을 원합니다.

Quiero una habitación con buena vista.

↔나는 전망이 좋은 방을 원합니다.

Quiero un cuarto que dé al mar.

↔나는 바다로 향해있는 방을 원합니다.

Quiero un cuarto que dé a las montañas.

↔나는 산으로 향한 방을 원합니다.

No quiero pensión completa.

↔식사를 포함한 숙박을 원하지 않습니다.

¿Cuánto cuesta por una noche?

↔하루 숙박료가 얼마입니까?

¿Está incluido el servicio?

↔ 서비스요금이 포함되어 있습니까?

¿Están incluidos los impuestos?

↔ 세금이 포함되어 있습니까?

¿A qué hora tengo que dejar la habitación?

↔ 몇 시에 방을 비워야 합니까?

Quiero estar aquí un día más.

↔ 하루 더 묵고 싶습니다.

¿Puedo cambiar la habitación a la más grande?

↔ 더 큰 방으로 바꿀 수 있습니까?

¿Podría llenar esta tarjeta de alojamiento?

↔ 숙박카드를 작성해 주시겠습니까?

(2) 객실 & 서비스

(el) agua caliente [f.] 온수
- (el) agua fría [f.] 냉수

(el) aire acondicionado 에어컨

(el) armador 옷걸이
- (el) colgador 옷걸이
- (el) gancho 옷걸이
- (la) percha 옷걸이

(la) bombilla 전구

(la) calefacción 난방

(la) calle 거리

(la) cama 침대
- (la) cama de matrimonio 더블 침대
- (la) almohada 베개
- (la) cobija 담요
- (la) frazada 담요
- (la) frisa 담요
- (la) manta 담요

(la) camarera 잡역부, 하녀

(el) cargo 책임, 관리

(el) cuarto de baño 화장실
- (la) ducha 샤워
- (el) grifo 수도꼭지
- (el) jabón 비누
- (el) lavabo 세면대
- (la) máquina de afeitar 면도기
- (el) papel higiénico 화장지

(la) toalla 수건
(la) toalla de baño 목욕수건
(el) despertador 자명종
(el) desayuno 아침식사
(el) enchufe (전기의) 코드 구멍, 콘센트
(el) interruptor 전기스위치
(la) luz 빛
(la) llamada telefónica 전화통화
(la) piscina 수영장
(la) secadora para (el) pelo 헤어 드라이어
(el) servicio 서비스, 접대
(el) servicio de cuartos(habitaciones) 룸서비스
(el) servicio de lavado 세탁서비스
(el) voltaje 전압, 볼트

atascado (파이프, 관 등이) 막힌
fundido 타버린, 못쓰게 된, 식은
particular 사적인, 개인의

arreglar (방 등을) 정리하다
funcionar 작동하다
lavar 씻다, 닦다
lavar en seco 드라이크리닝하다
limpiar 청소하다, 세탁하다
planchar 다림질하다

필수표현 (2) 객실 & 서비스

¿Puede usted limpiar el cuarto ahora?
→ 지금 방을 청소해주실 수 있어요?
Queremos que nos limpien el cuarto.
→ 우리 방을 청소해주기 바랍니다.
Necesito una manta más.
→ 나는 담요 한 장이 더 필요해요.
Necesito más perchas.
→ 나는 옷걸이가 더 필요해요.
Necesito papel higiénico.
→ 나는 화장지가 필요해요.

¿Cuál es el voltaje aquí?

↠ 여기는 전압이 몇 볼트입니까?

¿Dónde está el enchufe para la máquina de afeitar?

↠ 면도기를 연결할 콘센트가 어디 있습니까?

¿Puede despertarme a las siete de la mañana?

↠ 아침 7시에 저를 깨워주실 수 있습니까?

Lavado seco, por favor.

↠ 드라이크리닝을 부탁합니다.

Plánacheme esta ropa, por favor.

↠ 이 옷을 다림질 해주세요.

¿Me pueden lavar en seco esta falda?

↠ 이 치마를 드라이크리닝 해주실 수 있습니까?

¿Cuándo estará listo?

↠ 언제 준비될까요?

¿Estará listo para mañana?

↠ 내일까지 준비 되겠습니까?

El interruptor no funciona.

↠ 전기스위치가 작동하지 않습니다.

El grifo no funciona.

↠ 수도꼭지가 작동하지 않습니다.

El lavabo está atascado.

↠ 세면대가 막혔습니다.

No sale agua caliente.

↠ 온수가 나오지 않아요.

La bombilla está fundida.

↠ 전구가 나갔어요.

No se abre la ventana.

↠ 창문이 열리지 않아요.

Esta habitación es muy ruidosa.

↠ 이 방은 너무 시끄럽습니다.

Olvidé la llave dentro de mi habitación.

↠ 나는 열쇠를 방안에 두고 나왔습니다.

(3) 체크아웃

(el) botones 보이, 사환

(el) cobro (돈의) 수취, 징수

(la) cuenta 계산서

(el) servicio 서비스, 접대

(el) suplemento 추가요금

(la) tarjeta de crédito 신용카드

(el) total 전체, 총액

abandonar (방을) 비우다

dejar (방을) 비우다

필수표현 (3) 체크아웃

Quiero dejar la habitación.

↠ 체크아웃 하려고 합니다.

¿A qué hora tenemos que dejar el cuarto?

↠ 몇 시에 방을 비워야 합니까?

Puede dejar la habitación hasta las doce.

↠ 12시까지 방을 비워주시면 됩니다.

Mande un botones para bajar mi equipaje.

↠ 짐을 갖고 내려갈 사환을 보내주세요.

¿Cuál es el número de la habitación?

↠ 몇 호실입니까?

Voy a salir a las ocho de la mañana.

↠ 저는 아침 8시에 나가려 합니다.

Por eso quiero pagar la cuenta ahora.

↠ 그래서 지금 계산하려고 합니다.

Aquí tiene usted la cuenta.

↠ 계산서 여기 있습니다.

¿Aceptan tarjetas de crédito?

↠ 신용카드를 받습니까?

Voy a pagar con cheques de viaje.

↠ 여행자수표로 지불하겠습니다.

Aquí tiene usted el total.

↠ 여기 총액이 있습니다.

VI Sports

스포츠

1. 스포츠 일반

(el) abandono 기권
(el) adversario 적, 상대편
(el/la) árbitro(a) 심판
(el) ataque 공격
  (la) defensa 방어
(el/la) campeón(a) 챔피언
(el) capitán 주장
(el) coliseo 체육관
  (el) gimnasio 체육관
(el) deporte 스포츠
  (el/la) deportista 스포츠맨
(el) empate 동점
(el) estadio 스타디움
  (el) campo de deportes 경기장
  (la) cancha 코트, 경기장
(la) interrupción 중단, 중지
(el/la) jugador(a) 선수
(la) línea de meta 결승선, 골라인
(la) medalla 메달
  (la) medalla de cobre 동메달
  (la) medalla de oro 금메달
  (la) medalla de plata 은메달
(el) partido 경기, 시합
(el) pase 패스
(el) penalti 페널티
(el) público 관중
(el) punto 점수
  (el) tanto 점수
(la) regla 규칙, 룰
(el) torneo 토너먼트
(la) tribuna 관람석
(la) violación de las reglas 규칙 위반

필수표현 스포츠 일반

En las carreras ciclistas hay muchos abandonos.

↪ 사이클 경기에서 기권이 많이 있다.

El árbitro pitó el final del partido.

↪ 심판은 경기의 종료를 호루라기로 알렸다

Mario fue el campeón en las carreras de velocidad del colegio.

↪ 마리오는 학교 단거리 경주의 챔피언이었다.

Los jugadores de baloncesto ya están en la cancha.

↪ 농구선수들은 이미 경기코트에 있다.

El capitán de este equipo deportivo es muy conocido.

↪ 이 스포츠 팀의 주장은 매우 유명하다.

La defensa es hacer frente a los ataques del equipo contrario.

↪ 방어는 상대팀의 공격에 대항하는 것이다.

Las carreras, el fútbol, la natación, el baloncesto son deportes.

↪ 경주, 축구, 수영, 농구는 스포츠이다.

Este deportista superó su propia marca.

↪ 이 스포츠맨은 자신의 기록을 갱신했다.

El partido de fútbol terminó en empate.

↪ 축구경기는 동점으로 끝났다.

Durante el partido el público abandonó el estadio.

↪ 경기 도중에 관중들은 경기장을 떠났다.

Mi madre va a un gimnasio porque quiere mantenerse en forma.

↪ 나의 어머니는 몸매를 유지하기 원하기 때문에 체육관에 가신다.

Un jugador de baloncesto se lesionó durante el partido.

↪ 한 농구 선수가 경기 도중에 상처를 입었다.

El atleta llegó a la línea de meta muy cansado.

↪ 경기자는 매우 지친 상태로 결승선에 도착했다.

A ese atleta le dieron la medalla de oro.

↠ 그 선수에게 금메달을 수여했다.

El partido de fútbol dura noventa minutos.

↠ 축구경기는 90분 동안 열린다.

El futbolista hizo un buen pase a su compañero.

↠ 그 축구선수는 동료에게 훌륭한 패스를 했다.

Un jugador le hizo la zancadilla a Luis y el árbitro pitó un penalti.

↠ 한 선수가 루이스에게 다리를 걸어서 심판은 페널티를 선언했다.

El equipo ganó por cinco puntos de diferencia.

↠ 그 팀은 5 점 차이로 승리했다.

Hemos ganado el partido por dos a uno.

↠ 우리는 2대 1로 경기를 이겼다.

María ganó un torneo de tenis.

↠ 마리아는 테니스 토너먼트에서 승리했다.

Cuando voy al estadio, me siento en la tribuna.

↠ 나는 경기장에 가면 관람석에 앉는다.

Este jugador ha cometido una violación de las reglas.

↠ 이 선수는 규칙위반을 범했다.

2. 스포츠 종목

(1) 구기

(el) bádminton 배드민턴
(el) baloncesto 농구
(el) balonmano 핸드볼
(el) béisbol 야구
(el) boliche 볼링
(el) criquet 크리켓
(el) fútbol 축구
(el) ping-pong 탁구
(el) polo acuático 수구, 워터폴로
(el) golf 골프
(el) hockey 하키

(el) hockey sobre hielo 아이스하키
(el) rugby 럭비
(el) tenis 테니스
(el) voleibol 배구

(2) 육상

(la) carrera 경주, 달리기
(la) carrera de a través del campo 크로스컨트리
(la) carrera de velocidad 단거리 경주
(la) carrera de obstáculos 장애물 경주
(la) carrera de vallas 허들 경주
(la) carrera de relevos 릴레이 경주
(la) carrera de automóviles 자동차 경주
(el) ciclismo 사이클경기
(el) lanzamiento de disco 원반던지기
(el) lanzamiento de jabalina 창던지기
(el) lanzamiento de peso 투포환
(el) levantamiento de peso 역도
(la) gimnasia 체조
(el) maratón 마라톤
(la) esgrima 펜싱
(la) equitación 승마
(el) salto de altura 높이뛰기
(el) salto de longitud 멀리뛰기
(el) salto de pértiga 장대높이뛰기
(el) triple salto 삼단뛰기

(3) 투기

(el) boxeo 복싱
  (el) boxing 복싱
(la) lucha libre 레슬링
(el) judo(yudo) 유도

(4) 기타

(la) escalada 등반, 등산
  (el) alpinismo 등산
(la) escalada en rocas 암벽등반
(el) esquí 스키
  (el) esquí acuático 수상스키
(la) natación 수영
  (la) braza de pecho 평영
  (la) braza de costado 횡영
  (la) espalda 배영
  (la) mariposa 접영
(la) pesca submarina 스킨다이빙
(la) regata 보트경주
(el) tiro 사격
(la) zambullida(zambullidura) 다이빙

필수표현 스포츠 종목

Cuando juego al baloncesto con mi equipo, hacemos muchos puntos metiendo el balón en el cesto contrario.

↔내가 우리 팀과 농구를 하면 우리는 상대편의 골대에 볼을 넣으면서 많은 점수를 얻는다.

A diferencia del balompié, el balonmano es un deporte en el que se coge el balón en las manos y se intenta introducirlo en la portería contraria.

↔축구와는 달리, 핸드볼은 손으로 공을 잡아 상대편 골에 넣어야 하는 스포츠이다.

El béisbol y el baloncesto son mis deportes favoritos.

↔야구와 농구는 내가 좋아하는 스포츠이다.

Mañana jugaremos un partido de fútbol.

↔내일 우리는 축구 경기를 할 것이다.

Hemos sacado al jardín la mesa de ping-pong para jugar un rato.

↔우리는 잠시 게임을 하기 위하여 탁구대를 정원으로 끌어냈다.

El golf es un deporte que se juega en un campo muy grande y consiste en meter una pelota en una serie de hoyos golpeándola con unos palos especiales.

↔골프는 매우 넓은 벌판에서 하며, 특수한 채로 공을 쳐서 일련의 구멍에 공을 집어넣는 스포츠이다.

El hockey es un deporte que se juega entre dos equipos, que consiste en golpear una pequeña pelota con un palo especial o stick e intentar meterla en una pequeña portería; se puede jugar sobre hierba o sobre patines.

↔하키는 두 팀으로 나뉘어 작은 공을 특수한 채, 혹은 스틱으로 쳐서 작은 골대에 집어넣는 스포츠이다. 잔디에서 하거나 스케이트를 타고 할 수 있다.

Los americanos juegan mucho al rugby.

↠ 미국사람들은 럭비를 많이 한다.

En clase de gimnasia, para ver quién corre más rápido, hacemos carreras en la pista.

↠ 체육 시간에 우리는 누가 가장 빨리 달리는지 보기 위하여 트랙에서 달리기를 한다.

Mi hermano es muy aficionado al ciclismo y se va los domingos en bicicleta.

↠ 나의 형은 사이클을 매우 좋아해서 매주 일요일 자전거를 타고 간다.

Este deportista practica el lanzamiento de disco.

↠ 이 스포츠 선수는 원반던지기를 연습한다.

Para estar en forma hay que hacer gimnasia.

↠ 몸이 좋아지기 위해서는 체조를 해야 한다.

El atleta corrió el maratón.

↠ 그 선수는 마라톤을 하였다.

A Carlos le gusta practicar la esgrima.

↠ 까를로스는 펜싱하는 것을 좋아한다.

Desde que le regalaron el caballo, él asiste a clases de equitación.

↠ 말을 선물 받고 나서 그는 승마 수업에 참한다.

El boxeo es un deporte en el que dos jugadores se enfrentan a puñetazos con las manos protegidas por unos guantes especiales.

↠ 복싱은 두 선수가 특수한 장갑으로 손을 보호하고 맞서서 주먹질을 하는 스포츠이다.

El judo(yudo) es un deporte de origen japonés, que se practica sin armas entre dos luchadores, los cuales intentan provocar la pérdida del equilibrio del contrario.

↔ 유도는 일본이 기원인데, 두 선수가 무기 없이 맞서서 상대선수의 균형을 잃게 만드는 스포츠이다.

La escalada es un deporte que consiste en subir a una montaña con cuerdas y otros utensilios.

↔ 등산은 밧줄과 다른 장비를 갖고 산에 올라가는 스포츠이다.

En invierno, el único deporte que practico es el esquí.

↔ 겨울에 내가 하는 유일한 스포츠는 스키이다.

Estas piscinas son adecuadas para las competiciones de natación.

↔ 이 수영장은 수영 경기에 적합하다.

Una regata es una competición deportiva entre barcos ligeros.

↔ 보트경주는 가벼운 배로 하는 스포츠 경기이다.

Los cazadores dispararon varios tiros durante la cacería.

↔ 사냥꾼들은 수렵에서 여러 차례의 사격을 했다.

Ana se ha dado una zambullida en la piscina.

↔ 아나는 수영장에서 다이빙을 했다.

3. 축구

(el) ala [f.] 전위선 양측 선수 (wing, 윙)
(el) balón 볼, 공
(el) campeonato (선수권 쟁탈) 경기
(el) cuadro indicador 스코어보드
  (el) tablero indicador 스코어보드
(la) defensa 수비
(el/la) entrenador(a) 감독, 코치
(el) equipo 팀
(el) foul 반칙, 파울
(el) fútbol 축구
(el) juego 경기
(el) partido 경기, 게임
(el) juego limpio 페어플레이
  (el) juego sucio 더티플레이
(el/la) jugador(a) 선수

(la) liga 리그
(la) meta 결승점
(la) portería 골대
  (la) puerta 골대
  (el) portero 골키퍼
  (el) guardameta 골키퍼
(el) silbato 휘슬
(el) tanto 점수
(el) tiempo (경기의) 한 구분
(el) tiro 차기
(el) torneo 토너먼트

darle una patada 발로 차다
  tirar (공을) 던지다, 차다
empatar 동점으로 비기다
fallar 실수하다
ganar 이기다
  perder 지다
hacer un gol 득점하다
interceptar 가로채다, 빼앗다
jugar [ue] 경기하다
marcar 득점하다
  meter (골을) 넣다
  meter un gol 득점하다

필수표현 축구

Es un equipo de fútbol.
→ 축구팀입니다.

Hay once jugadores en cada equipo.
→ 각 팀에는 11명의 선수가 있습니다.

Los jugadores están en el campo de fútbol.
→ 선수들은 축구경기장에 있습니다.

El partido empieza.
→ 경기가 시작됩니다.

Los jugadores lanzan el balón con los pies.
→ 선수들은 발로 공을 찹니다.

El ala derecha pasa el balón a un compañero.
→ 라이트윙이 동료선수에게 공을 패스합니다.

Otro del equipo contrario intercepta el balón.

↠ 상대팀 선수가 공을 가로챕니다.

El jugador se acerca a la portería.

↠ 그 선수는 골문으로 접근합니다.

El jugador hace un gol.

↠ 선수가 득점을 합니다(골을 넣습니다).

Marca un tanto(punto).

↠ 1 점을 얻습니다.

El portero guarda la portería.

↠ 골키퍼는 골문을 지킵니다.

El portero salta y para el balón.

↠ 골키퍼는 뛰어서 공을 막습니다.

Un jugador le da una patada al otro.

↠ 한 선수가 다른 선수를 발로 찹니다.

El árbitro suena(silba) el silbato.

↠ 심판이 휘슬을 붑니다.

Declara un foul.

↠ 파울(반칙)을 선언합니다.

Es el final del primer tiempo.

↠ 전반전의 끝입니다.

El juego está empatado.

↠ 경기는 무승부입니다

Los dos equipos (se) han empatado dos a dos.

↠ 두 팀은 2:2 동점으로 비겼다.

El partido quedó empatado en cero.

↠ 경기는 무승부로 끝났습니다.

Ningún equipo ganó.

↠ 어느 팀도 이기지 못했습니다.

Se ve el tanto en el tablero indicador.

↠ 점수가 스코어보드에 보입니다.

✤ 축구용어 [영어-한국어-스페인어]

영어	한국어	스페인어
away game	원정경기	partido como visitante
away team	원정팀	equipo visitante
bench	벤치	banquillo
centre circle	센터써클	círculo central
championship	챔피언십	campeonato
changing rooms	라커룸	vestuarios
corner kick	코너킥	saque de esquina. corner
cross	크로스 패스	pase cruzado
crossbar	크로스바	travesaño
defender	수비수	defensa
draw	무승부	un empate
extra time	추가시간	tiempo suplementario
field of play	경기장	terreno de juego
first half	전반전	primer tiempo
flagposts	깃발	banderines
forward	공격수	delantero
foul	반칙	falta, foul
free kick (direct/indirect)	프리킥 (직접/간접)	tiro libre (directo/indirecto)
friendly game	친선경기	partido amistoso
penalty area	페널티 지역	área de meta
goal kick	골킥	saque de puerta
goal line	골라인	línea de meta
goalkeeper	골키퍼	portero, guardameta
goalpost	골대	poste, palo de la portería
half time interval	하프타임	intervalo del medio tiempo
header	헤딩슛	cabezazo
home team	홈팀	equipo local
hooligan	훌리건	gamberro, barrabrava
injured player	부상선수	un jugador lesionado
kick	킥	dar una patada

영어	한국어	스페인어
kick-off	킥오프	saque de salida
laws of the game	경기법칙	reglas de juego
league	리그	liga
linesman	선심	juez de línea
manager	코치	entrenador
match	경기	partido
midfield player	미드필더	centrocampista
national team	대표팀	(la) selección nacional
opposing team	상대팀	equipo adversario
own goal	자살골	propia meta, gol en contra
pass	패스	pase
penalty kick	페널티킥	tiro penal(penalti)
player	선수	jugador
red card	레드카드	tarjeta roja
referee	주심	árbitro
replay	리플레이	repetición
score a hat trick	해트트릭	marcar tres goles (en un partido)
scoreboard	점수판	marcador
season	경기시즌	temporada
second half	후반전	seguno tiempo
send a player off	선수퇴장	expulsar un jugador
shinguard	정강이보호대	canillera, espinillera
shorts	반바지	pantalones cortos
spectator	관중	espectador
staduim / ground	스타디움	estadio
substitute	교체	sustituto.
supporter	서포터즈	hincha, seguidor
sweeper	스위퍼	líbero, barredor
tackle	태클	internada
team	팀	equipo
the ball	구, 공	balón, pelota
the final score	최종결과	el resultado final
the net	망	la red
throw-in	드로윙	saque de banda
ticket tout	암표장사	revendedor de entradas
to score a goal	골을 넣다	marcar(meter) un gol
to shoot at goal	슛을 하다	tirar a puerta(al arco), disparar

영어	한국어	스페인어
touch line	터치라인	línea de banda
tournament	토너먼트	torneo
unsporting behaviour	비스포츠맨쉽행위	conducta antideportiva
whistle	휘슬, 호루라기	silbato pitido
world cup	월드컵	copa mundial
yellow card	옐로우카드	tarjeta amarilla

4. 테니스

(la) cancha 코트, 필드
(el) cero 제로, 러브 (테니스)
(la) nada 무(無), 러브 (테니스)
(el) cuadro indicador 스코어보드
(el) juego 경기
singles 단식경기 (테니스)
dobles 복식경기 (테니스)
(el) partido 경기, 게임
(el/la) jugador(a) 선수
(el) net 네트볼
(la) pelota (작은) 볼
(el) punto 포인트

(la) raqueta 라켓
(la) red 네트
(el) set 세트
(el) silbato 휘슬
(el) tenis 테니스
(el) torneo 토너먼트

devolver [ue] 돌려주다
fallar 실수하다
ganar 이기다
servir (공을) 서브하다

필수표현 테니스

Hay un torneo de tenis.
→ 테니스 토너먼트경기가 있습니다.
Los dos jugadores están en la cancha de tenis.

↠두 선수는 테니스코트에 있습니다.

Cada uno tiene su raqueta.

↠각 선수는 라켓을 갖고 있습니다.

Están jugando un juego de singles.

↠단식경기를 하고 있습니다.

Hay dos jugadores en un juego de singles.

↠단식경기에는 두 선수가 있습니다.

Hay cuatro jugadores en un juego de dobles.

↠복식경기에는 네 선수가 있습니다.

No están jugando dobles.

↠복식경기를 하고 있지 않습니다.

Un jugador sirve la pelota.

↠한 선수가 공을 서브합니다.

El otro la devuelve.

↠다른 선수가 그 공을 받아넘깁니다.

Él lanza la pelota por encima de la red.

↠그는 네트 위로 공을 칩니다.

La pelota está out.

↠공은 아웃되었습니다.

El tanto está a quince-nada(cero).

↠점수는 15:0입니다.

Hizo un net.

↠네트볼입니다.

Ella ganó dos de los tres sets.

↠그녀는 3 세트 중에서 두 세트를 이겼습니다.

5. 농구

(el) balón 볼, 공
(el) baloncesto 농구
  (el) básquetbol 농구
(el) campo 필드, 코트
  (la) cancha 코트, 필드
(la) canasta (농구) 바스켓
  (el) cesto 바스켓
(el) cuadro indicador 스코어보드
(la) defensa 수비
(el/la) entrenador(a) 감독, 코치
(el) equipo 팀
(el) foul 반칙, 파울
(el) juego 경기
  (el) juego limpio 페어플레이
  (el) juego sucio 더티플레이
(el/la) jugador(a) 선수

(la) meta 결승점
(el) partido 경기, 게임
(el) punto 포인트
  (el) tanto 포인트
(el) set 세트
(el) silbato 휘슬
(el) tiempo (경기의) 한 구분
(el) tiro 던지기, 차기

fallar 실수하다
hacer un gol 득점하다
  marcar 득점하다
  meter 넣다
  meter un gol 득점하다
jugar [ue] 경기하다
tirar (공을) 던지다, 차다

필수표현 농구

Hay dos equipos de básquetbol.
  ↔ 두 농구팀이 있습니다.
Hay cinco jugadores en cada equipo.
  ↔ 각 팀에는 5명의 선수가 있습니다.
Los jugadores están en la cancha de básquetbol.
  ↔ 선수들은 농구경기장에 있습니다.

El partido empieza.

↔ 경기가 시작됩니다.

Un jugador pasa el balón a un compañero.

↔ 한 선수가 동료에게 공을 패스합니다.

Otro del equipo contrario intercepta el balón.

↔ 상대팀 선수가 공을 가로챕니다.

Un jugador tira el balón.

↔ 한 선수가 공을 던집니다.

Tiene que meter el balón en el cesto en el territorio del equipo contrario.

↔ 상대팀 영역의 바스켓에 공을 넣어야 합니다.

Lo mete en el cesto.

↔ 바스켓에 공을 넣습니다.

Un jugador tira el balón, pero no lo mete en el cesto, falla el tiro.

↔ 한 선수가 공을 던지지만, 공을 바스켓에 넣지 못하고, 슛은 실패입니다.

Cuando un jugador mete el balón en el cesto, marca un punto(tanto).

↔ 한 선수가 공을 바스켓에 넣으면 득점을 합니다.

6. 스키

(el) esquí 스키
- (el) bastón 막대, 지팡이
- (la) bota 부츠
- (los) guantes 장갑

(el) esquí alpino 활강 스키
(el) esquí de fondo(nórdico) 크로스컨트리 스키
(el/la) esquiador(a) 스키어

(la) estación de esquí 스키장
(la) montaña 산
(la) pista 슬로프
(el) telesilla 스키 리프트
- (el) telesquí 스키 리프트

bajar 하강하다
subir 올라가다

필수표현 스키

Una estación de esquí tiene pistas para principiantes y expertos.

↔ 스키리조트에는 초보자용 슬로프와 전문가용 슬로프가 있다.

En una estación de esquí hay pistas fáciles, intermedias y difíciles.

↔ 스키리조트에는 초급 슬로프, 중급 슬로프, 고급 슬로프가 있다.

Los esquiadores expertos bajan las pistas muy difíciles.

↔ 전문 스키어들은 매우 어려운 슬로프를 타고 내려온다.

Y los principiantes tienen que bajar las pistas fáciles.

↔ 초보자들은 쉬운 슬로프를 타고 내려와야 한다.

Los esquiadores no suben la montaña a pie. Toman el telesilla o el telesquí.

↔ 스키어들은 걸어서 산을 올라가지 않는다. 그들은 리프트를 탄다.

7. 기타 스포츠 용어

(el) anorak 아노락 (스포츠용 재킷)
(el/la) atleta 경기자
(el) bate 배트
(la) bola 볼 (골프)
(el) campo 필드, 코트
(el) alpinismo 등산
(el/la) alpinista 등산가
(los) guantes 장갑
(el) hipódromo 경마장
(el) hoyo 홀
(el/la) lanzador(a) 투수
(el/la) receptor(a) 포수
(la) red 네트
(el) palo 클럽 (골프)
(la) pelota (작은) 볼
(el) velódromo 자전거경기장
(el) yate 요트
(las) zapatillas de puntas 스파이크화

필수표현 기타 스포츠 용어

Todos los que practican deportes son atletas.

↦ 스포츠를 하는 모든 사람들은 경기자이다.

El jugador bateó con toda fuerza la pelota.

↦ 선수는 전력을 다하여 공을 쳤다.

Los jugadores tienen que darle un golpe a la bola con un palo para meterla en un hoyo.

↦ 선수들은 홀에 공을 넣기 위하여 클럽으로 공을 쳐야 합니다.

El golf se juega en un campo de golf.

↦ 골프는 골프경기장에서 합니다.

Practica el alpinismo desde muy joven.

↦ 그는 매우 젊어서부터 등산을 하고 있다.

La tempestad de nieve dejó atrapados a tres alpinistas.

↦ 눈을 동반한 태풍이 세 명의 등산가를 붙잡아 두었다.

Fuimos al hipódromo a ver una carrera de caballos.

↦ 우리는 경마경기를 보기 위하여 경마장으로 갔다.

La carrera de bicicletas tuvo lugar en el velódromo de Barcelona.

↦ 사이클 경기는 바르셀로나의 사이클 경기장에서 열렸다.

Han atravesado el Atlántico en un yate.

↦ 그들은 요트로 대서양을 횡단했다.

8. 투우

(la) banderilla 작살

(el) banderillero 작살 꽂는 사람

(la) capa 망토

(el) estoque 칼, 검

(la) lanza 창

(el) matador 마따도르, 주역투우사

(el) picador 찌르는 사람, 창기수
(la) plaza de toros 투우장
(el) sol 햇빛 드는 자리
(la) sombra 그늘진 자리
(la) tauromaquia 투우기술
(el/la) torero(a) 투우사

matar 죽이다
picar 찌르다

필수표현 투우

El torero clavó al toro las banderillas.

↠ 투우사는 황소에 작살을 꽂았다.

El torero mata al toro con el estoque.

↠ 투우사는 칼로 황소를 죽인다.

Antiguamente se usaba la lanza como arma de defensa y de caza.

↠ 옛날에는 방어와 사냥의 무기로 창을 사용했었다.

Cuando entró el matador, el público lo aplaudió.

↠ 마따도르가 입장했을 때 관객들은 그에게 박수갈채를 보냈다.

El público de la plaza de toros aplaudió al picador.

↠ 투우장의 관객들은 삐까도르(창기수)에게 박수를 보냈다.

Se necesita mucho valor para ser torero.

↠ 투우사가 되기 위해서는 대단한 용기가 필요하다.

VII Hospital & Disease

병원 & 질병

1. 진료실(클리닉)

(la) alergia 알레르기
(las) amígdalas 편도선
(el) analgésico 진통제
(el) antibiótico 항생제
(la) aspirina 아스피린
(la) boca 입
(el) brazo 팔
(la) cadera 골반
(el) catarro 감기
  (el) constipado 감기
  (el) resfriado 감기
  (el) resfrío 감기
  (la) gripe 독감
(la) cintura 허리
(el) comprimido 알약, 정제
  (la) pastilla 알약, 정제
  (la) píldora 정제, 알약
(la) congestión 충혈, 울혈
(la) consulta del médico 진료실
(la) diarrea 설사
(el) dolor 고통
(los) escalofríos 오한
(el) estetoscopio 청진기
(el) estómago 위
(el) estornudo 재채기
(el) estreñimiento 변비
(la) farmacia 약국
  (el/la) farmacéutico(a) 약사
(la) fiebre 열
  (la) fiebre intermitente 간헐적 열
(la) flema 담(痰), 점액
(la) garganta 목(구멍)
(la) inyección 주사(액)
  (la) jeringuilla 주사기
(la) manga 소매
(el/la) médico(a) 의사
(la) mejilla 볼, 뺨
(el) oído 귀, 외이(外耳)
(el) pecho 가슴
(la) penicilina 페니실린

(el) pulso 맥박
(la) receta 처방(전)
(el) síntoma 증후(症候), 증상
(la) temperatura 온도, 체온
(el) termómetro 체온계
(la) tirita 밴드
(la) tos 기침
(el) vértigo 현기증

auscultar 청진하다
estornudar 재채기하다
estreñir 변비를 일으키다
examinar 검사하다
recetar 처방하다
toser 기침하다
vomitar 토하다

estreñido 변비에 걸린
hinchado 부풀어 오른
mareado 현기증 나는

필수표현 진료실(클리닉)

Tengo una fiebre.
→ 나는 열이 있습니다.

Tengo una fiebre intermitente.
→ 나는 열이 간헐적으로 있습니다.

Tengo dolor de cabeza.
→ 나는 두통이 있습니다.

Tengo mucha tos.
→ 나는 기침을 많이 합니다.

Tengo escalofríos.
→ 나는 오한이 있습니다.

Me duele la cabeza.
→ 나는 머리가 아파요.

Me duele la garganta.

↦나는 목(구멍)이 아파요.

Me duele el estómago.

↦나는 배가 아파요.

Me duele el pecho.

↦나는 가슴이 아파요.

Creo que estoy resfriado.

↦제가 감기 걸린 것 같습니다.

Creo que tengo un resfriado.

↦제가 감기 걸린 것 같습니다.

Creo que tengo un catarro.

↦제가 감기 걸린 것 같습니다.

Creo que tengo gripe.

↦제가 독감에 걸린 것 같습니다.

¿Cuáles son sus síntomas?

↦당신의 증상은 어떻습니까?

¿Se siente usted mareado(a)?

↦현기증을 느낍니까?

Le quiero examinar la garganta.

↦목을 검사하겠습니다.

Abra la boca.

↦입을 벌리세요.

Le voy a auscultar.

↦청진하겠습니다.

Respire profundo.

↦숨을 깊이 쉬세요.

Le voy a tomar la temperatura.

↠ 체온을 재겠습니다.

Le voy a tomar el pulso.

↠ 맥박을 재겠습니다.

Le voy a recetar unos antibióticos.

↠ 항생제를 처방해드리겠습니다.

Lleve usted la receta a la farmacia.

↠ 처방전을 갖고 약국으로 가세요.

Le voy a poner una inyección.

↠ 주사를 놓겠습니다.

Súbase la manga.

↠ 소매를 올리세요.

Tome dos comprimidos al día.

↠ 하루에 두 알씩 복용하세요.

Tome una píldora después de la comida.

↠ 식사 후에 한 알씩 드세요.

Quédese en cama unos días.

↠ 며칠 동안 누워 계세요.

Creo que voy a vomitar.

↠ 저는 토할 것 같아요.

2. 검사 & 병명

(el) análisis 분석
(el) apéndice 충수, 맹장
(la) artritis 관절염
(el) asma [f.] 천식
(el) cáncer 암

(el) corazón 심장
(el) ataque al corazón 심장마비
(la) diabetes 당뇨병
(el) electrocardiograma 심전도
(la) enfermedad 질병

(la) enfermedad mental 정신병
(la) enfermedad venérea 성병
(la) epilepsia 간질
(la) glándula 선(腺), 분비 기관
(las) heces 대변, 배설물
(el) hígado 간장(肝臟)
(la) infección 감염, 전염
(los) intestinos 창자, 소장(小腸)
(la) muestra 견본, 샘플
(la) operación 수술
(la) orina 소변
(las) paperas 이하선염(耳下腺炎), 갑상선종
(el) período menstrual 월경(기간)
(la) regla 월경(기간)
(la) poliomielitis 소아마비
(la) prueba 표본, 시료(試料)
(los) pulmones 허파
(los) rayos equis X선
(los) riñones 신장(腎臟)
(la) sangre 피, 혈액
(la) presión sanguínea 혈압
(la) tensión arterial 혈압
(el) grupo sanguíneo 혈액형
(el) tipo sanguíneo 혈액형
(el) sarampión 홍역
(la) tuberculosis 결핵, 폐결핵
(las) viruelas 천연두, 수두

radiografiar X선 사진을 찍다

필수표현 검사 & 병명

¿Cuál es su tipo sanguíneo?
↔ 당신의 혈액형은 무엇입니까?
¿Ha tenido una operación?
↔ 수술 받은 적 있습니까?
Sí, me han sacado el apéndice.
↔ 맹장수술을 받았습니다.
Cuándo era niño(a), ¿tuvo sarampión?
↔ 어렸을 때 홍역을 앓았었습니까?
Cuándo era niño(a), ¿tuvo viruela?

↠어렸을 때 천연두를 앓았었습니까?

¿Ha sufrido Ud. alguien en su familia de tuberculosis(diabetes)?

↠당신이나 당신 가족 중에 결핵(당뇨병)을 앓은 분이 계십니까?

Le voy a tomar la presión sanguínea.

↠혈압을 재겠습니다.

Queremos hacer un análisis de sangre.

↠혈액검사를 했으면 좋겠습니다.

Le voy a tomar una prueba de sangre.

↠혈액을 채취하겠습니다.

Le voy a hacer unos rayos equis de los pulmones.

↠폐의 엑스레이 검사를 하겠습니다.

Le voy a dar un electrocardiograma.

↠심전도 검사를 해야겠습니다.

Necesito una muestra de orina(heces).

↠소변(대변)을 채취해야겠습니다.

Le voy a hacer una operación.

↠수술을 해야겠습니다.

3. 부상 & 치료

(el) brazo 팔

(la) cintura 허리

(el/la) cirujano(a) 외과의사

(el/la) ortopédico(a) 정형외과 의사

(el) dedo 손가락

(la) espalda 등

(la) fractura 골절

(la) fractura complicada 복잡골절

(la) herida 상처, 부상

(la) herida grave(seria) 중상(重傷)

(el) hueso 뼈

(la) muleta 목발

(la) muñeca 손목 (관절)

(el) tobillo 발목 (관절)
(la) operación 수술
(el) pie 발
(la) pierna 다리
(la) poliomielitis 소아마비
(el) punto (상처를 꿰매는) 한 바늘
(la) venda 붕대
(el) vendaje 붕대

acomodar 접골하다
ensalmar 접골하다

coger puntos (상처를) 꿰매다
cortar 베다, 절단하다
entablillar 부목(副木)을 대다
enyesar 깁스를 대다
fracturarse 골절되다
fracturarse el brazo 팔이 골절되다
romper 부러지다
torcer [ue] (손목, 발목 등을) 삐다
tomar puntos (상처를) 꿰매다
vendar 붕대를 감다

필수표현 부상 & 치료

Se me torció la muñeca.
→ 제 손목이 삐었습니다.
Se me rompió el brazo.
→ 제 팔이 부러졌습니다.
Se me rompió la pierna.
→ 제 다리가 부러졌습니다.
Me duele el pecho.
→ 가슴이 아파요.
El médico tiene que acomodar el hueso.
→ 의사는 접골해야 합니다.
Este hombre tiene una fractura complicada.
→ 이 남자는 복합골절입니다.
Lo tienen que enyesar.

→ 그에게 깁스를 해야 합니다.

Tiene que andar con muletas unas semanas.

→ 몇 주동안 목발로 걸어야 합니다.

Se me cortó el dedo.

→ 손가락을 베었습니다.

El médico le va a tomar puntos.

→ 의사는 그의 상처를 꿰맬 것입니다.

El médico le va a vendar la herida.

→ 의사는 상처를 붕대로 감을 것입니다.

Van a quitarle los puntos en una semana.

→ 일주일 후에 실을 뽑을 것입니다.

4. 응급실

(el) abdomen 복부, 배
(la) ambulancia 구급차
(el/la) ambulatorio(a) 걸어갈 수 있는 환자
 (el/la) paciente 환자
(el) calmante 진정제
 (el) tranquilizante 진정제
(la) camilla 들것
 (las) angarillas 들것
 (las) parihuelas 들것
(el) dolor 고통
(el/la) enfermero(a) 간호사
(el) formulario 양식 용지

(el) hospital 병원
(el/la) médico(a) 의사
 (el/la) médico(a) residente 수련의(醫)
(la) presión sanguínea 혈압
 (la) tensión arterial 혈압
(la) prognosis 예후(豫後)
 (el) pronóstico 예측, 치료 후 경과
(el) pulso 맥박
(la) radiografía X-레이
(la) sala de emergencia 응급실
 (la) sala de urgencias 응급실

(el) seguro de gastos médicos
 의료보험
 (la) compañía de seguros
 보험회사
 (la) póliza (de seguro) 보험
 증권
(la) silla de ruedas 휠체어
(la) tienda de oxígeno (중환자용)
 산소 텐트

필수표현 응급실

Llame la ambulancia.
 ↔ 구급차를 불러요.
Llega una ambulancia.
 ↔ 구급차가 도착합니다.
El paciente está en una camilla.
 ↔ 환자는 들것에 누워있습니다.
Lo llevan a la sala de emergencia.
 ↔ 그를 응급실로 데려갑니다.
Ponen al paciente en una camilla o en una silla de ruedas.
 ↔ 환자를 들것에 눕히거나 휠체어에 앉힙니다.
La enfermera le toma el pulso.
 ↔ 간호사가 그의 맥박을 잽니다.
Le toma la presión sanguínea.
 ↔ 그의 혈압을 잽니다.
Los médicos lo examinan.
 ↔ 의사들이 그를 진찰합니다.
El paciente tiene dolores abdominales.
 ↔ 환자에게는 복통이 있습니다.
El médico quiere una radiografía.

↠ 의사는 X-레이를 찍으려 합니다.

Llevan al paciente al departamento de radiografía.

↠ 환자를 X-레이실로 데려갑니다.

5. 수술

(la) anestesia 마취

(el/la) anestesista 마취의사

(el) apéndice 맹장

(la) apendicitis 충수염

(el) ataque 발병

(el) calmante 진정제

(el) tranquilizante 진정제

(las) cataratas 백내장

(el/la) cirujano(a) 외과의사

(el) colon 결장(結腸)

(la) hemorragia 출혈

(la) hemorragia nasal 코피

(la) hemorroide 치질

(la) hemorroida 치질

(la) intervención quirúrgica 외과적 처치, 수술

(el) intestino 창자, 소장

(la) inyección 주사(액)

(la) operación 수술

(la) mesa de operaciones 수술대

(el) quirófano 수술실

(la) sala de operaciones 수술실

(el) ovario 난소

(el/la) paciente 환자

(el) quiste 낭종(囊腫), 낭포(囊胞)

(las) úlceras 궤양(潰瘍)

(la) vejiga 방광, 낭(囊)

(la) vejiga de la bilis 쓸개, 담낭

extraer 꺼내다

sacar 꺼내다

operar 수술하다

필수표현 수술

El médico decidió operar.

↠ 의사는 수술할 것을 결정했습니다.

Van a operar al paciente.

↔그 환자를 수술하려고 합니다.

Le van a hacer una intervención quirúrgica.

↔그에게 외과적 처치를 하려 합니다.

Le dan al paciente una inyección de un calmante.

↔환자에게 진정제를 주사합니다.

Lo llevan a la sala de operaciones en una camilla.

↔들것을 이용하여 그를 수술실로 옮깁니다.

Lo ponen en la mesa de operaciones.

↔그를 수술대 위에 올려놓습니다.

El anestesista le da la anestesia.

↔마취의사가 그를 마취합니다.

Le puso una inyección en el brazo derecho.

↔그의 오른쪽 팔에 주사를 놓았습니다.

El cirujano le opera.

↔외과의사가 그를 수술합니다.

El cirujano empieza la operación.

↔외과의사는 수술을 시작합니다.

Le opera al paciente del apéndice.

↔그 환자의 맹장을 수술합니다.

Le extrae el apéndice.

↔맹장을 꺼냅니다.

El paciente tuvo una ataque apendicitis.

↔그 환자에게 충수염이 발병했었습니다.

6. 분만

(los) dolores de parto 산통, 산고(産苦)

(la) embarazada 임산부

- (la) mujer embarazada 임산부
- (la) mujer en sobreparto 임산부, 산모
- (la) mujer parturienta 임산부, 산모

(la) ginecología 산부인과

- (el/la) ginecólogo(a) 산부인과 의사
- (el) hospital(casa) de maternidad 산부인과 병원

(la) obstetricia 산과 (의학)

- (el/la) obstétrico(a) 산과의사
- (la) tocología 산과의학

(la) operación cesárea 제왕절개 수술

(el) oxitócico 분만촉진제

(el) parto 분만

- (el) parto difícil 난산
- (el) parto derecho 정상분만
- (el) parto feliz 순산
- (el) parto laborioso 난산
- (el) parto natural 자연분만
- (el) parto sin dolor 무통분만
- (la) sala de parto 분만실

dar a luz 낳다

estar de parto 산고(産故) 중이다

estar embarazada 임신 중이다

- estar encinta 임신 중이다
- estar preñada 임신 중이다

tener un parto feliz 순산하다

tener un parto laborioso(difícil) 난산하다

필수표현 분만

Mi mujer está embarazada.

↔ 제 처는 임신중입니다.

Ella está en la sala de parto.

↔ 그녀는 분만실에 있습니다.

La obstétrica la atiende.

↠산과의사가 그녀를 돌보고 있습니다.

Ella está de parto.

↠그녀는 분만중입니다.

Ella tiene dolores de parto.

↠그녀는 산통(진통)을 겪고 있습니다.

Ella ha dado a luz a niño.

↠그녀는 사내아이를 분만했다.

Ella se murió de parto.

↠그녀는 산고로 사망했습니다.

7. 기타

(el) alta [f.] 퇴원명령, 완쾌

(el/la) enfermo(a) hospitalizado(a) 입원환자

(el) formulario 양식 용지

(la) hospitalización 입원

(el) internamiento 입원

(la) póliza [de seguro] 보험증권

(la) compañía de seguros 보험회사

(el) reposo 안정, 휴식

(la) sala de recuperación 회복실

(la) sala de restablecimiento 회복실

(la) salida del hospital 퇴원

dar de(el) alta 퇴원을 허가하다

estar hospitalizado 입원중이다

internar en un hospital 입원하다

hospitalizarse 입원하다

salir del hospital 퇴원하다

필수표현 기타

Debido al trabajo excesivo él tuvo que hospitalizarse.

→ 그는 과로로 인하여 입원해야 했다.

Dio el alta a un enfermo.

→ 한 환자에게 퇴원을 허가했다.

El médico le prescribió un reposo absoluto.

→ 의사는 그에게 절대 안정을 명령했다.

VIII Traffic 교통

1. 비행기 & 공항

(1) 공항

(el) aeropuerto 공항
(el/la) agente 대리인, 대행자
(el) asiento 좌석
(el) billete 표, 티켓 (스페인)
  (el) boleto 표, 티켓 (남미)
(la) compañía de aviación 항공회사
(el) compartimiento superior 좌석 위의 짐칸
(el) control de seguridad 보안 검사
(la) demora 지연, 지체
  (el) retraso 지연, 지체
(el) embarque 탑승
(el) equipaje 수하물
(el) equipaje de mano 기내 휴대 수하물
(la) escala 착륙(지)
(la) etiqueta 꼬리표, 라벨
(la) fila 줄
(la) línea aérea 항공로, 항공사
(la) llegada 도착
(la) maleta 여행가방, 트렁크
(el) maletín 서류가방
(el) mostrador 카운터
(el) pasaje 운임, 요금, 통행료
(el/la) pasajero(a) 승객
  (los) pasajeros en tránsito 통과여객
(el) pasaporte 여권
(el) pasillo 통로, 복도
(el) precio 가격, 시가
(el) problema 문제
(la) puerta 탑승구, 게이트
(la) salida 출발
(la) sección de fumar 흡연석
  (la) sección de no fumar 금연석
(el) sobre del boleto 티켓봉투
(el) talón 수하물 물표
(la) tarifa 요금, 운임
(la) tarjeta de embarque 탑승권

(la) terminal (공항의) 터미널
(la) ventana 창문
(la) visa 비자
(el) visado 사증, 비자
(el) vuelo 날기, 비행

anular 취소하다
caber 들어가다
cambiar de avión 비행기를 갈아타다
depositar 보관하다, 맡기다
endosar 배서하다
facturar (수하물을) 접수하다, 짐을 부치다
perder [ie] 놓치다, 잃다
presentarse (공항에서의) 탑승 수속을 하다

reclamar 항의하다, 요구하다
recoger (차로 사람을) 마중 나가다
revisar 조사(점검)하다
verificar 검사하다

completo 가득 찬, 만원의
lleno 가득 찬
con destino a …행
procedente de …발
debajo de …아래
de retraso 늦게, 지체하여
disponible 유효한, 이용 가능한
internacional 국제간의
nacional 국내의
sin escala (직행의) 무착륙 비행, 직행운행

필수표현 (1) 공항

En el aeropuerto hay dos terminales.
→ 공항에는 두 개의 터미널이 있다.

La terminal A es para vuelos internacionales.
→ A 터미널은 국제비행을 위한 것이다.

La terminal B es para vuelos nacionales.
→ B 터미널은 국내비행을 위한 것이다.

Pueden ir al aeropuerto en taxi o en autobús.
→ 택시나 버스로 공항에 갈 수 있다.

Los autobuses salen cada veinte minutos de la estación en el centro de la ciudad.

↠ 버스는 시내 역에서 20분마다 출발한다.

Antes de abordar el avión, los pasajeros tienen que presentarse en el mostrador de la línea aérea.

↠ 비행기에 타기 전에 승객들은 항공사의 카운터에 가야 한다.

El agente tiene que revisar los documentos.

↠ 대리인이 서류를 검토해야 한다.

Hay una fila larga.

↠ 줄이 길게 서 있다.

En el mostrador tenemos que mostrarle el pasaporte y el billete al agente.

↠ 카운터에서 대리인에게 여권과 티켓을 보여줘야 한다.

Van a ver el pasaporte y el visado.

↠ 여권과 비자를 볼 것이다.

El señor López va de Madrid a Nueva York. Hace un vuelo internacional.

↠ 로뻬스씨는 마드리드에서 뉴욕으로 간다. 그는 국제선으로 여행을 한다.

Él habla con la gente de la línea aérea.

↠ 그는 항공사 직원과 말한다.

La agente le da una etiqueta para su maletín.

↠ 대리인은 그의 가방에 붙일 꼬리표(라벨)을 준다.

Es necesario tener una tarjeta de embarque para abordar un avión.

↠ 비행기에 타기 위해서는 탑승권을 소지해야 한다.

El señor López ha facturado dos maletas a Madrid.

↠ 로뻬스씨는 마드리드로 가방 두 개를 부쳤다.

Él tiene dos talones y va a recoger sus maletas en Madrid.

↠ 그는 두 개의 수하물 물표를 갖고 있고 마드리드에서 가방을 찾게 된다.

La salida: La compañía de aviación anuncia la salida de su vuelo 707 con destino a Nueva York. Les rogamos a los pasajeros que pasen por el control de seguridad. Embarquen inmediato por la puerta número 5.

↠출발: 항공사에서 뉴욕행 707편의 출발을 알려드립니다. 승객여러분께서는 보안검사를 통과하시기 바랍니다. 그리고 5번 게이트를 통하여 즉시 탑승하시기 바랍니다.

La llegada: Su atención, por favor. La compañía de aviación anuncia la llegada de su vuelo 707 procedente de Madrid. Los pasajeros van a desembarcar por la puerta número 7.

↠도착: 알려드립니다. 항공사에서 마드리드발 707편의 도착을 알려드립니다. 승객은 7번 게이트로 내립니다.

Hay una demora.

↠(비행기가) 지연되고있습니다.

El vuelo sale con un retraso de 50 minutos.

↠비행기는 50분 지연되어 출발한다.

El vuelo no va a salir. Ha sido anulado.

↠비행기는 출발하지 않습니다. 취소되었습니다.

Han anulado el vuelo a(por) causa de tiempo.

↠날씨 때문에 비행이 취소되었습니다.

(2) 비행기

(el/la) aeromozo(a) 승무원
  (el/la) asistente(a) de vuelo (여객기의) 객실 승무원
  (la) azafata (여)승무원
  (la) tripulación (배, 비행기, 열차의) 승무원
(el) ala [f.] 날개
(la) almohada 베개
(la) altura 고도, 높이
(el) aseo 화장실
  (el) retrete 화장실

(el) aterrizaje 착륙
(el) despegue 이륙
(el) bolsillo del asiento 시트포켓
(la) cabina 객실, 선실
(la) cabina del piloto (비행기의) 조종실
(la) cabina delantera 앞쪽의 객실
(la) cabina trasera 뒤쪽의 객실
(el) canal 채널
(el) cargo 짐, 화물
(la) clase económica 이코노믹클래스
(la) primera clase 1등석
(el) comandante 기장, 조종사
(el) piloto 조종사
(la) comida 음식
(el) compartimiento superior 좌석위 짐칸(선반)
(el) compartimiento sobre (la) cabeza 좌석위 짐칸(선반)
(el) chaleco salvavidas 구명재킷
(la) emergencia 비상상태
(el) equipaje de mano 기내 휴대수하물
(la) estación 역사(驛舍), 역 건물
(el) juego de audífonos 헤드셋
(la) manta 모포
(el) mareo 멀미
(la) máscara de oxígeno 산소마스크
(la) música estereofónica 스테레오음악
(el) pasillo 통로, 복도
(la) película 영화
(la) presión de aire 기압
(el) respaldo del asiento 좌석등받이
(la) ruta de vuelo 항로(航路)
(el) saco para (el) mareo 멀미봉투
(la) salida de emergencia 비상출구
(la) sección de fumar 흡연석
(la) sección de no fumar 금연석
(la) seguridad 안전
(la) señal de no fumar 금연신호
(la) tableta 쟁반(tray table)
(el) tiempo de vuelo 비행시간
(la) turbulencia inesperada 예상치 못한 난기류
(la) velocidad 스피드
(el) vuelo 비행

abrocharse 매다, 묶다
aterrizar 착륙하다
despegar 이륙하다
brincar (갑자기) 튀어오르다
caber 들어맞다
dar [la] bienvenida a bordo

탑승을 환영하다
mantener 유지하다
permanecer 남다, 잔존하다

debajo de …아래
delantero 앞에 있는
en caso de …의 경우에

iluminado 불이 켜진
por hora 시간당
principal 주요한
sentado 앉아있는
trasero 후방의
volar [ue] 비행하다

필수표현 (2) 비행기: 기내

Los aviones tienen dos alas como los pájaros.
↔ 비행기는 새처럼 두 개의 날개를 갖고 있다.

El piloto y su tripulación se ocupan de la seguridad de los pasajeros.
↔ 조종사와 승무원이 승객들의 안전을 책임진다.

Los asistentes de vuelo trabajan en el avión.
↔ 객실승무원은 비행기에서 일한다.

Ellos les dan la bienvenida a los pasajeros.
↔ 그들은 승객들에게 환영인사를 한다.

La cabina delantera es para primera clase.
↔ 앞쪽의 객실은 1등석 칸이다.

La cabina trasera es para la clase económica.
↔ 뒤쪽의 객실은 이코노믹클래스이다.

Los pasajeros no pueden entrar en la cabina del piloto.
↔ 승객들은 조종실에 들어갈 수 없다.

El avión va a despegar de Madrid.
↔ 비행기는 마드리드를 이륙할 것이다.

El avión va a aterrizar en Nueva York.

↠비행기는 뉴욕에 착륙할 것이다.

Nuestro tiempo de vuelo será aproximadamente cinco horas y cuarenta minutos.

↠우리의 비행시간은 약 5시간 40분 정도 될 것입니다.

Vamos a volar a una velocidad de mil doscientos kilómetros por hora.

↠우리는 시속 1,200 킬로의 속도로 비행할 것입니다.

Vamos a volar a una altura de catorce mil metros.

↠우리는 1,400 미터의 고도로 비행할 것입니다.

필수표현 (2) 비행기: 안전수칙안내

El chaleco de salvavidas está debajo de su asiento.

↠구명조끼는 여러분 좌석 아래에 있습니다.

En el caso de un cambio de presión de aire, la máscara de oxígeno se caerá automáticamente.

↠기압이 바뀌는 경우에는 산소마스크가 자동으로 내려올 것입니다.

Hay dos salidas de emergencia en la cabina delantera y dos en la parte trasera del avión.

↠비행기의 앞쪽 객실에 두 개의 비상구가 있고, 후부 객실에 두 개의 비상구가 있습니다.

Los pasajeros tienen que permanecerse sentados.

↠승객들은 앉아있어야 합니다.

Los pasajeros tienen que permanecerse sentados durante el despegue y el aterrizaje.

↠승객들은 (비행기의) 이륙과 착륙 동안에는 가만히 앉아있어야 합니다.

Durante el despegue y el aterrizaje los pasajeros tienen que abrocharse el cinturón de seguridad.

↠이륙하고 착륙하는 동안에 승객들은 안전벨트를 매야 합니다.

A veces el avión puede encontrar alguna turbulencia inesperada.

↠때때로 비행기는 예상하지 못한 난기류를 만날 수 있습니다.

Cuando hay turbulencia, el avión brinca.

↠난기류가 있으면 비행기는 튀어 오릅니다.

La señal de no fumar está iluminada.

↠금연표시등이 켜져 있습니다.

Se prohíbe fumar en los pasillos.

↠통로에서는 담배필 수 없습니다.

Se prohíbe fumar en los aseos.

↠화장실에서는 담배를 피울 수 없습니다.

No se puede poner el equipaje de mano en los pasillos.

↠통로에 수하물을 놓아둘 수 없습니다.

El equipaje de mano tiene que caber debajo del asiento.

↠수하물은 좌석 밑에 들어가야 합니다.

Si no cabe debajo del asiento, tiene que caber en los compartimientos superiores.

↠좌석아래에 들어가지 않으면 위쪽 선반에 들어가야 합니다.

Durante el despegue y el aterrizaje, hay que poner el respaldo del asiento en posición vertical.

↠이륙하고 착륙하는 동안에는 좌석의 등받이를 수직으로 세워야 합니다.

Hay que poner la tableta en su posición original.

↠쟁반(테이블)을 원래 위치에 두어야 합니다.

필수표현 (2) 비행기: 기내 서비스

Servimos bebidas.

↠ 우리는 음료수를 제공합니다.

Hay periódicos y revistas.

↠ 신문과 잡지가 있습니다.

Les ofrecemos una comida.

↠ 식사를 제공해드립니다.

Antes del aterrizaje servimos el desayuno.

↠ 착륙하기 전에 아침식사를 드리겠습니다.

Presentamos una película.

↠ 영화 한편 보여드리겠습니다.

En el bolsillo del asiento, hay sacos para el mareo.

↠ 좌석의 포켓에는 멀미용 봉투가 있습니다.

(3) 입국: 입국심사 & 세관

(la) aduana 세관

(el/la) aduanero(a) 세관원

(la) declaración de aduana 세관신고(서)

(el) derecho de aduana 관세법

(los) artículos sin impuesto 면세품

(la) cámara 카메라

(el) cigarrillo 담배

(el) tabaco 담배

(los) efectos personales 개인용품

(la) flecha 화살(표)

(la) fruta 과일

(los) impuestos 세금

(el) pasaporte 여권

(el) control de pasaporte 여권심사

(la) tarjeta de turista 관광객 카드

(el) turismo 관광

(el) vegetal 야채

(la) visa 비자, 사증

(el) visado 비자, 사증

(el) whisky 위스키

abrir 열다
declarar 신고하다
hospedarse 숙박하다, 묵다
pagar 지불하다, 내다
¿cuánto tiempo? 얼마나 오래?
de negocios 사업차
de paso 통과하는
exento de impuesto 면세의

필수표현 (3) 입국: 입국심사

¿Cuántos días piensa quedarse?
→ 며칠이나 머무를 생각입니까?

Voy a estar solo unos días.
→ 단지 며칠 있을 겁니다.

Voy a visitar a mis parientes.
→ 친척들을 방문하려 합니다.

Vengo a participar en una conferencia.
→ 회의에 참석하려고 왔습니다.

Estoy solo de paso.
→ 저는 단지 통과승객입니다.

¿Dónde va a hospedarse?
→ 어디에서 숙박하실 겁니까?

Quiero alojarme en el hotel.
→ 나는 호텔에 묵을 것입니다.

Voy a la casa de mi amigo.
→ 나는 친구 집에 가려고 합니다.

¿Tiene visado?
→ 비자를 갖고 계십니까?

¿Cuál es su destino final?

↔ 최종목적지는 어디입니까?

필수표현 (3) 입국: 세관

¿Tiene algo de declarar?

↔ 신고하실 물건이 있습니까?

No tengo nada de declarar.

↔ 저는 신고할 것을 갖고 있지 않습니다.

Tengo dos botellas de whisky y una caja de cartón de cigarrillos.

↔ 위스키 두 병과 담배 한 보루를 갖고 있습니다.

Es un regalo para mi amigo.

↔ 제 친구에게 줄 선물입니다.

Son mis cosas personales.

↔ 저의 개인소지품입니다.

Estas cámaras son para mi uso personal.

↔ 이 카메라들은 내가 사용하는 것입니다.

Solo tengo ropa y cosas personales.

↔ 옷과 개인소지품만 갖고 있습니다.

Si usted tiene algo que declarar, siga la flecha roja.

↔ 신고할 것을 갖고 있으면 빨간 화살표를 따라가세요.

Si usted no tiene algo que declarar, siga la flecha verde.

↔ 신고할 것을 갖고 있지 않으면 녹색 화살표를 따라가세요.

Quiero declarar dos botellas de whisky.

↔ 위스키 두병을 신고하려 합니다.

¿Tengo que pagar impuestos?

↔ 제가 세금을 내야 합니까?

Si usted lleva más de un litro de whisky, tiene que pagar impuestos.

↔ 1리터 이상의 위스키를 갖고 있다면 세금을 내야 합니다.

¿Puedo pagar los impuestos con mi tarjeta de crédito?
→ 세금을 신용카드로 낼 수 있습니까?

2. 기차

(el) andén 플랫폼
(el) asiento 좌석
(el) billete 티켓, 표 (스페인)
(el) boleto 티켓, 표 (남미)
(la) boletería 매표구
(la) taquilla 매표구
(el/la) taquillero(a) 매표원
(la) ventanilla 매표구
(las) cercanías 근교, 부근
(el) coche cama 침대차
(el) coche comedor 식당차
(el) compartimiento (유럽 열차의) 칸막이한 객실
(la) consigna 수하물보관소
(el) tren local 역마다 정거하는 기차
(la) demora 지연, 지체
(el) destino 목적지, 행선지
(la) distribuidora automática 티켓 자동판매기
(el) equipaje 수하물, 짐
(la) estación de ferrocarril 기차역
(el) horario 시간표
(la) llegada 도착
(la) salida 출발
(la) maleta 트렁크
(el) maletero (철도역, 공항 등의) 포터, 운반인
(el) mozo 포터
(la) pantalla 스크린
(el) pasillo 통로, 복도
(el/la) recogedor(a) de billetes 검표원
(el/la) revisor(a) 검표원
(la) sala de equipaje 수하물 임시 보관소
(la) sala de espera 대합실
(el) tablero indicador 게시판
(el) talón 표의 반쪽
(el) tren 기차
(el) tren rápido(expreso) 급행열차
(la) valija 여행용 손가방
(la) vía 철도선로, 궤도

abordar 타다

subir 타다, 승차하다
bajar(se) del tren 기차에서 내리다
entregar 주다, 건네주다
facturar (수하물을) 접수하다, 짐을 부치다
llegar 도착하다
salir 출발하다
llevar 나르다
reclamar 항의하다, 요구하다
recoger 집표하다

sacar un billete 표를 사다 (스페인)
transbordarse 갈아타다

a tiempo 제 시간에
con retraso 지체되어
de ida y vuelta(regreso) 왕복의
sencillo 편도의
de largo recorrido 장거리의
de vía estrecha 협궤(狹軌)의
reservado 예약된

필수표현 (1) 티켓

En las Américas se dice comprar un boleto.

↠ 중남미에서는 '표를 사는 것'을 'comprar un boleto'라고 한다.

En España se dice sacar un billete.

↠ 스페인에서는 '표를 사는 것'을 'sacar un billete'라고 한다.

Se venden los billetes en la ventanilla.

↠ 매표구에서 표를 팝니다.

Para sacar un billete es necesario ir a la ventanilla.

↠ 표를 사려면 매표구에 가야 합니다.

En algunas estaciones hay distribuidoras automáticas.

↠ 어떤 역에는 티켓자동판매기가 있습니다.

¿Dónde está la taquilla?

↠ 매표구가 어디 있습니까?

¿A qué hora sale el tren para Barcelona?

↠ 바르셀로나행 기차는 몇 시에 출발합니까?

¿Este tren sale cada día?

↠ 이 기차는 매일 출발합니까?

¿A qué hora va a llegar a Barcelona?

↠ 몇 시에 바르셀로나에 도착하게 됩니까?

¿A qué hora sale el primer(último) tren para Sevilla?

↠ 세비야행 첫(마지막) 기차는 몇 시에 출발합니까?

Quiero un billete de la primera clase para Madrid.

↠ 마드리드행 1등석 한 장을 주세요.

¿Cuánto es el billete de primera clase?

↠ 1등석 표는 얼마입니까?

Hay un tren rápido que sale a las tres.

↠ 3시에 떠나는 급행열차가 있습니다.

Necesito un billete de ida.

↠ 저는 편도표를 원합니다.

Necesito un boleto de ida y vuelta.

↠ 저는 왕복표가 필요합니다.

필수표현 (2) 기차

En las estaciones más modernas hay una pantalla de salidas y una pantalla de llegadas.

↠ 현대식 기차역에는 출발을 알리는 화면과 도착을 알리는 화면이 있다.

El tren para Madrid sale en diez minutos.

↠ 마드리드행 기차는 10분 후에 출발한다.

¿Cuánto tiempo se tarda de Madrid a Sevilla?

↠ 마드리드에서 세비야까지 얼마나 걸립니까?

¿Tiene este tren coche cama?

↠ 이 기차에 침대차가 있습니까?

¿De qué andén sale este tren?

↔ 이 기차는 어느 플랫폼에서 출발합니까?

¿Para dónde es este tren?

↔ 이 기차는 어디로 갑니까?

¿Este tren se para en Toledo?

↔ 이 기차는 똘레도에서 정차합니까?

¿Cuánto tiempo para el tren aquí?

↔ 여기서 얼마나 오래 정차합니까?

¿Dónde está el asiento del número 61?

↔ 61번 좌석이 어디 있습니까?

Creo que este es mi asiento.

↔ 이것은 제 좌석 같은데요.

Algunos pasajeros suben al tren y otros bajan del tren.

↔ 어떤 승객은 기차에 타고 어떤 승객은 기차에서 내린다.

¿En qué estación estamos?

↔ 여기가 어느 역입니까?

¿Cuál es la siguiente estación?

↔ 다음 역은 어느 역입니까?

He perdido mi billete.

↔ 나는 승차권을 분실했습니다.

El tren que tenía prevista su llegada a las 10 horas circula con un retraso de 20 minutos.

↔ 10시에 도착하기로 예정된 기차가 20분 지체되어 운행되고 있습니다.

3. 거리 & 도로

(las) afueras 교외

(el) autobús 버스

(la) autopista 고속도로
(la) avenida 대로
(la) carretera 도로, 공로(公路)
(la) calle 거리, 시가
(la) banda 차선
(el) carril 차선
(la) pista 차선
(la) bocacalle 거리의 입구
(la) cabina de peaje (고속도로 등의) 요금 징수소
(la) caseta de peaje (고속도로 등의) 요금 징수소
(la) garita de peaje (고속도로 등의) 요금 징수소

(la) cuadra 구획
(la) manzana 블록, 구획
(la) cuota 통행료, 요금
(el) peaje 통행료, 요금
(la) derecha 오른쪽
(la) izquierda 왼쪽
(la) dirección única 일방통행
(el) sentido único 일방통행
(el) embotellamiento 교통 정체(마비)
(la) esquina 코너, 모퉁이
(la) hora de mayor afluencia 혼잡한 시간, 러시아워
(la) hora pico 러시아워 (América)
(la) hora punta 러시아워
(la) parada 정류장
(el) plano (시내) 지도
(la) salida 출구
(el) semáforo 교통신호등
(el) tráfico 교통(량)
(el) tránsito 교통, 통행
(la) circulación 교통, 통행

andar 걷다 (스페인)
caminar 걷다 (남미)
ir a pie 걸어가다
recorrer 거닐다, 순회하다
bajar(se) 내리다, 내려가다
dar una vuelta 회전하다
doblar 회전하다
virar 돌다, 방향을 바꾸다
seguir(siga) …의 뒤를 잇다

derecho 일직선의
recto 일직선의, 곧은
cerca 가까이, 근처에
lejos 멀리
más allá 더 멀리, 더 앞(뒤)에
perdido 길을 잃은

필수표현 (1) 거리에서

Me he perdido.

↔ 길을 잃었습니다.

Estoy perdido(a).

↔ 길을 잃었습니다.

No sé dónde estoy.

↔ 길을 잃었습니다.

No tengo un plano de ciudad.

↔ 나는 시내지도가 없습니다.

¿Dónde estamos?

↔ 여기가 어디입니까?

¿Dónde está la calle Cervantes?

↔ 세르반테스 거리가 어디에 있습니까?

¿Está cerca o lejos?

↔ 가까운가요, 먼가요?

Está a dos cuadras de aquí.

↔ 여기서 두 블록 거리에 있습니다.

Cuatro cuadras más allá.

↔ 네 블록 더 가세요.

¿Puedo ir(andar) a pie?

↔ 걸어서 갈 수 있습니까?

¿Puedo caminar?

↔ 걸어서 갈 수 있습니까?

¿Dónde está la parada del autobús?

↔ 버스정류장이 어디 있습니까?

La parada del autobús está en la próxima esquina y tome el número 19.

↔ 버스정류장은 다음 모퉁이에 있습니다. 19번을 타세요.

Baje usted en la quinta parada.

↔ 다섯 번째 정류장에서 내리세요.

¿Dónde está la estación más cercana?

↔ 가장 가까운 역이 어디 있습니까?

¿Pasa este autobús por la Plaza de España?

↔ 이 버스는 스페인광장을 지나갑니까?

¿Dónde está la calle 5 en este mapa?

↔ 이 지도에서 5번 거리는 어디에 있습니까?

Está en la dirección opuesta.

↔ 반대 방향에 있습니다.

Usted tiene que dar una vuelta.

↔ 당신은 한바퀴 돌아야 합니다.

Doble a la derecha.

↔ 오른쪽으로 돌아요.

Doble a la izquierda.

↔ 왼쪽으로 돌아요.

Siga usted derecho(recto).

↔ 똑바로 계속 가세요.

Pare aquí.

↔ 여기에 세워주세요.

필수표현 (2) 자동차에서

¿Cómo se va de aquí al aeropuerto Barajas?

↔ 여기서 바라하스 공항으로 어떻게 갑니까?

El aeropuerto Barajas está en las afueras.

↔ 바라하스 공항은 교외에 있습니다.

Tome la carretera de Barcelona. Es la nacional número 2.

↠ 바르셀로나 도로로 가세요. 2번 국도입니다.

Usted puede tomar el autopista.

↠ 고속도로를 탈 수 있습니다.

¿Cómo voy a la autopista?

↠ 고속도로로 어떻게 갑니까?

Doble(Vire) a la derecha al tercer semáforo.

↠ 세 번째 신호등에서 우회전하세요.

Es una calle de dirección única.

↠ 일방통행도로입니다.

Tiene que pagar el peaje.

↠ 통행료를 지불해야 합니다.

Salga de la autopista en la cuarta salida.

↠ 네 번째 출구에서 고속도로를 나오세요.

Hay mucho tráfico en la carretera.

↠ 도로에는 교통량이 많습니다.

En la hora de mayor afluencia hay embotellamiento.

↠ 러시아워에는 교통정체가 있습니다.

En la autopista hay cuatro carriles(pistas, bandas) en cada dirección.

↠ 고속도로에는 각 방향으로 네 차선이 있습니다.

Veo el semáforo. Hay una luz roja.

↠ 신호등이 보입니다. 빨간 불입니다.

IX Communication & Computer

통신 & 컴퓨터

1. 전화

(la) antena 안테나
(el) auricular 수화기, 이어폰
(el) botón 버튼
 (el) disco 회전식 다이얼
(la) cabina de teléfono 공중전화 박스
 (la) cabina telefónica 공중전화 박스
(la) central (전화) 교환대
(la) conexión 연결
(la) contestación 응답
(el) interlocutor 대화자
(la) línea 선
(la) llamada 통화
 (la) llamada a cobro revertido 콜렉트콜
 (la) llamada de emergencia 긴급통화
 (la) llamada de extensión 내선 통화
 (la) llamada de larga distancia 장거리 전화
 (la) llamada de persona a persona 지명통화
 (la) llamada doméstica 국내전화
 (la) llamada interurbana 장거리 전화, 시외 통화
 (la) llamada internacional 국제 전화
 (la) llamada telefónica 통화, 전화를 거는 것
 (la) llamada urbana(local) 시내 통화
 (las) llamadas perdidas 부재중 통화
 (la) rellamada 재다이얼, 리다이얼
(el) mensaje 메시지 (남미)
 (el) recado 메시지 (스페인)
 (el) mensaje de texto 문자메시지

(el) micrófono 마이크
(el) número de teléfono 전화번호
(la) guía telefónica 전화번호부
(el) número equivocado 잘못 걸린 번호
(la) clave de área 지역번호
(el) prefijo del país 국가번호
(el/la) operador(a) 교환수
(el/la) telefonista 교환수
(la) pantalla 화면
(la) pantalla externa 외부 화면
(la) ranura (자동 판매기, 공중 전화기 등의) 동전 넣는 구멍
(la) señal (전화) 발신음
(la) señal de ocupado 통화중 신호
(el) tono 전화 발신음
(la) tarjeta telefónica 전화카드
(la) tecla de apagado/salida 종료 버튼
(la) tecla de cancelación/corrección 지움/취소 키
(la) tecla de marcado/confirmación 통화키
(el) teclado 키보드
(el) teléfono 전화
(el) teléfono inalámbrico 무선 전화
(el) teléfono celular 셀룰러폰, 휴대전화
(el) teléfono por internet 인터넷폰
(el) teléfono público 공중전화

colgar [ue] 전화를 끊다
cortarle a uno (la) línea 중단하다, 끊다, (통화 등을) 가로막다
comunicar con (전화 등을) 연결하다
comunicarse con …와 통화하다
descolgar [ue] 수화기를 들다
discar (전화, 라디오 등의) 다이얼을 돌리다
marcar (전화의) 다이얼을 돌리다, (번호를) 돌리다
remarcar 다이얼을 다시 돌리다
hacer una llamada 전화를 걸다
llamar por teléfono 전화를 걸다
telefonear 전화를 걸다
intentar 시도하다
poner con …에게 전화를 연결하다
sonar [ue] 전화가 울리다

celular 셀(cell) 방식의
de(a) botones 버튼식의
de nuevo 다시

descompuesto 고장난
estropeado 고장난
fuera de servicio 고장난

comunicando 통화중
ocupado 통화중
inalámbrico 무선의

필수표현 (1) 시내 통화

Quiero hacer una llamada telefónica.
↔ 전화하려고 합니다.

No sé el número de teléfono.
↔ 전화번호를 모릅니다.

Tengo que consultar la guía telefónica.
↔ 저는 전화번호부를 찾아봐야 합니다.

Tiene que descolgar el auricular.
↔ 수화기를 들어야 합니다.

Luego espere la señal.
↔ 그 후에 신호를 기다리세요.

Luego marque el número.
↔ 그리고 번호를 누르세요.

¿Dónde hay un teléfono público?
↔ 공중전화가 어디 있습니까?

¿Dónde hay una cabina telefónica?
↔ 공중전화박스가 어디 있습니까?

¿Puedo usar el teléfono?
↔ 전화를 사용할 수 있습니까?

¿Cuántas monedas tengo que poner?
↔ 동전을 몇 개나 넣어야 하나요?

Mi número es el 352-4782.

↠제 번호는 352-4782 입니다.

Lo siento, me he equivocado.

↠미안합니다. 제가 번호를 착각했습니다.

No cuelgue Ud.

↠끊지 말고 기다리세요.

✤ En la cabina telefónica (공중전화에서)

1. Descuelgue el auricular.
   수화기를 드세요.
2. Meta(introduzca) la tarjeta telefónica en la ranura.
   전화카드를 투입구에 넣으세요.
3. Espere la señal.
   신호음을 기다리세요.
4. Marque el número.
   번호를 누르세요.
5. Espere la contestación.
   상대방의 응답을 기다리세요.
6. Empiece a hablar.
   말씀하세요.

필수표현 (2) 국제전화

Quiero llamar a Corea.

↠한국으로 전화하려고 합니다.

Quiero hacer una llamada a Madrid.

↠마드리드로 전화하려고 합니다.

Una conferencia internacional a Corea, por favor.

↠한국으로 국제통화를 부탁합니다.

Para hacer una llamada internacional sin la intervención del operador hay que marcar el prefijo del país.

↔교환수의 연결 없이 국제전화를 하려면 국가 번호를 눌러야 한다.

Quiero hacer una llamada de persona a persona.

↔지명통화를 하고 싶습니다.

Una llamada a cobro revertido, por favor.

↔콜렉트콜을 부탁합니다.

Póngame esta llamada a cobro revertido.

↔이 통화는 수신자부담으로 해주세요.

¿Qué es el prefijo territorial de Madrid?

↔마드리드의 지역번호가 몇 번입니까?

필수표현 (3) 통화

¿Es la casa del señor López?

↔로뻬스씨 댁입니까?

¿Podría hablar con el señor López?

↔로뻬스씨와 통화할 수 있습니까?

¿Quién habla?

↔누구십니까?

¿Con quién hablo?

↔누구십니까?

¿De parte de quién?

↔누구라고 전해드릴까요?

Aquí habla Insu Lee de Corea.

↔한국에서 온 이인수입니다.

Quiero hablar con el señor Kim, la habitación 505, por favor.

↔505호실의 김선생님과 통화하고 싶습니다.

Quiero dejar un recado.

↠ 메시지를 남기고 싶습니다.

¿Puedo dejarle un mensaje?

↠ 메시지를 남길 수 있습니까?

Dígale que le ha llamado Sumi.

↠ 수미가 전화했다고 전해주세요.

Llamaré más tarde.

↠ 나중에 전화하겠습니다.

필수표현 (4) 통화 장애

No hay señal, y no puedo marcar.

↠ 신호음이 나지 않아서, 번호를 누를 수 없습니다.

Está ocupada.

↠ 통화중입니다. (남미)

Está comunicando.

↠ 통화중입니다. (스페인)

Hay una señal de ocupado.

↠ 통화중 신호가 납니다.

Nadie contesta.

↠ 아무도 전화를 받지 않습니다.

Voy a llamar de nuevo más tarde.

↠ 나중에 다시 전화하겠습니다.

La llamada se ha cortado.

↠ 전화가 끊겼습니다.

Se nos ha cortado la línea.

↠ 통화가 끊겼습니다.

El teléfono está estropeado.

↔ 전화가 고장 났습니다.

Tengo el número equivocado.

↔ 제가 번호를 착각했습니다.

2. 우체국

(1) 편지

(el) apartado postal 사서함

(la) balanza 저울

(el) buzón 우체통

(la) carta 편지

(la) carta urgente 속달편지

(el/la) cartero(a) 우편배달부

(el) código postal 우편번호

(la) zona postal 우편번호

(el) correo 우편물, 우체국

(el) correo aéreo 항공우편

(el) correo certificado 배달증명(등기) 우편

(el) correo recomendado 배달증명(등기) 우편

(el) correo regular (육상) 수송우편물, 선박우편

(el) correo urgente 속달우편

(el/la) destinatario(a) 수신자

(el/la) remitente 발송인

(la) dirección 주소

(las) señas 주소

(la) distribuidora automática 우표자동판매기

(el) franqueo 우편요금

(el) giro postal 우편환(換)

(la) oficina de correos 우체국

(el) sello 우표

(la) estampilla 우표

(el) sobre 편지봉투

(la) tarjeta postal 우편엽서

(la) ventanilla 창구

enviar 보내다

enviar por expreso 속달로 보내다

mandar 보내다

llenar 기재하다

repartir 배달하다

tardar (시간이) 걸리다

en avión 비행기로

en barco 선박으로

por correo aéreo 항공우편으로

por vía aérea 항공우편으로

필수표현 (1) 편지

Tengo que ir al correo.

↠ 저는 우체국에 가야 합니다.

No puedo echar la carta en el buzón.

↠ 편지를 우체통에 넣을 수 없어요.

Voy a la ventanilla.

↠ 창구로 가겠습니다.

Quiero mandar una carta.

↠ 편지 한 통을 보내려 합니다.

Quiero enviar una tarjeta postal.

↠ 엽서 한 통을 보내려 합니다.

No tengo sellos(estampillas).

↠ 저는 우표가 없습니다.

¿Cuánto es el franqueo?

↠ 우편요금이 얼마입니까?

El franqueo es ciento noventa pesos.

↠ 우편요금은 190 뻬소입니다.

Por correo aéreo, noventa pesos.

↠ 항공우편으로는 90 뻬소입니다.

Póngame tres estampillas de ochenta.

↠ 80 뻬소 짜리 우표 세 장 주세요.

¿Hay una distribuidora automática?

↠ 우표자동판매기가 있습니까?

La quiero mandar por correo certificado.

↠ 등기우편으로 보내고 싶습니다.

La quiero enviar por expreso.

↠ 속달로 보내고 싶습니다.

En el sobre tiene que poner la dirección del destinatario.

↠ 편지봉투에 수신자의 주소를 써야 합니다.

Tiene que poner también la dirección del remitente.

↠ 발송인의 주소도 써야 합니다.

Ponga también el código postal.

↠ 우편번호도 쓰세요.

Se reparte el correo todos los días.

↠ 우편물은 매일 배달됩니다.

El cartero reparte el correo por la mañana.

↠ 우편배달부는 오전에 우편물을 배달한다.

¿Hay correo para mí?

↠ 나에게 온 우편물 있습니까?

Esta carta es para Alberto.

↠ 이 편지는 알베르또에게 온 것이다.

(2) 소포

(la) balanza 저울

(la) declaración para la aduana 세관신고

(el) giro postal 우편환(換)

(el) paquete 소포

asegurar 보험에 들다

pesar 무게를 달다

en avión 비행기로

en barco 선박으로

frágil 깨지기 쉬운

필수표현 (2) 소포

Quiero enviar este paquete.

↦ 이 소포를 보내고 싶습니다.

¿Cuánto pesa?

↦ 무게가 얼마입니까?

¿Lo puedo poner en la balanza?

↦ 저울에 올려볼 수 있습니까?

Es frágil porque es de cristal.

↦ 유리제품이라 깨지기 쉬워요.

Lo voy a aseguar antes de mandarlo.

↦ 그것을 보내기 전에 보험에 들려고 합니다.

¿Cuánto tiempo se tarda en llegar?

↦ 도착하는데 얼마나 걸립니까?

En barco se tarda un mes y medio.

↦ 선박으로는 한달 반 걸립니다.

En avión se tarda una semana.

↦ 비행기로는 일주일 걸립니다.

3. 컴퓨터

(el) archivo 파일
(la) carpeta 폴더
(el) CD Rom CD롬
(la) cinta 테이프
(el) computador 컴퓨터
(el) ordenador 컴퓨터 (스페인)
(la) computadora 컴퓨터
(el/la) computador(a) de escritorio 데스크탑 컴퓨터
(el/la) computador(a) personal 퍼스널 컴퓨터
(el/la) computador(a) portátil

휴대용 퍼스널 컴퓨터
(el) código de barra 바코드
(la) contraseña 비밀번호
(la) palabra de paso 비밀번호
(el) cursor 커서
(los) datos 데이터
(el) disco 디스크
(el) disco blando 소프트디스크
(el) disco compacto 콤팩트디스크
(el) disco duro 하드디스크
(el) disco flexible 플로피디스크
(el) dispositivo 장치
(el) disquete 디스켓, 플로피디스크
(la) entrada 입력
(la) salida 출력
(el) explorador 스캐너
(el) hardware 하드웨어
(el) software 소프트웨어
(el) icono 아이콘
(la) impresora 프린터
(la) impresora láser 레이저 프린터
(la) informática 정보통신과학
(la) línea de comunicación 통신선
(la) máquina de escribir 타자기
(la) memoria 메모리
(el) menú 메뉴
(el) módem 모뎀
(el) monitor 모니터
(la) pantalla 화면
(la) pantalla de vídeo 비디오 화면
(el) procesamiento de textos 워드 프로세싱
(el) programa 프로그램
(el/la) programador(a) 프로그래머
(el) registro 레지스터
(la) tecla 키
(la) tecla de borrar 삭제 키
(la) tecla de búsqueda 검색 키
(la) tecla de control 컨트롤 키
(la) tecla de cursor 이동 키
(la) tecla de entrada 입력 키
(la) tecla de escape 이스케이프 키
(la) tecla de fin 엔드 키
(la) tecla de inicio 홈 키
(la) tecla de insertar 인서트 키
(la) tecla de retorno 리턴 키
(la) tecla de retroceso 백스페이스 키
(el) teclado 키보드
(la) terminal 단말기
(el) vídeo 비디오

almacenar 저장하다

guardar 저장하다
borrar 삭제하다
calcular 계산하다
comparar 비교하다
copiar 복사하다
entrar datos 입력하다
imprimir 인쇄하다
ingresar datos 자료를 입력하다
iniciar el funcionamiento 부팅하다
manipular 조작하다
recuperar 복구하다
reiniciar 다시 시작하다
salir de un programa 프로그램 끄기
visualizar 보다

필수표현 (1) 컴퓨터 일반

La computadora puede almacenar datos en forma permanente o temporal.
→ 컴퓨터는 데이터를 영구적으로 혹은 일시적으로 저장할 수 있다.

La computadora puede enviar los datos a un disco.
→ 컴퓨터는 데이터를 디스크로 이동할 수 있다.

Una vez que los datos han sido almacenados en la memoria de la computadora, esta puede procesarlos.
→ 데이터가 한 번 컴퓨터 메모리에 저장되면 메모리는 그 데이터를 처리할 수 있다.

La computadora es capaz de calcular, comparar y copiar datos.
→ 컴퓨터는 데이터를 연산, 비교, 복사할 수 있다.

Hay discos duros y blandos.
→ 하드디스크와 소프트디스크가 있다.

Los discos flexibles son blandos.
→ 플로피디스크는 소프트디스크이다.

Los discos flexibles se llaman disquetes.
→ 플로피디스크는 디스켓이라고 한다.

La salida es cualquier información general en la computadora y presentada en la pantalla, impresa en papel o transferida a un disco o una línea de comunicación.

↠ 출력은 컴퓨터에서, 화면에 나타나거나 인쇄되거나 혹은 디스크나 통신선으로 이동된 일반적인 모든 정보를 말한다.

El modém(modulador) adapta una terminal a una línea telefónica.

↠ 모뎀은 단말기를 전화선에 연결한다.

La contraseña(palabra de paso) es la palabra o código que identifica a un usuario autorizado.

↠ 비밀번호는 허용된 사용자를 확인하는 단어나 기호이다.

El menú es una lista de opciones disponibles para el usuario.

↠ 메뉴는 사용자가 사용할 수 있는 옵션의 리스트이다.

Esta lista aparece en la pantalla de la computadora.

↠ 이 리스트는 컴퓨터 화면에 나타난다.

El procesamiento de textos reemplaza las operaciones de una máquina de escribir.

↠ 문서처리는 타자기의 기능을 대체한다.

Los documentos que están almacenados en la computadora pueden ser llamados e imprimidos en cualquier momento.

↠ 컴퓨터에 저장되어있는 문서는 언제라도 다시 불러오거나 인쇄할 수 있다.

필수표현 (2) 컴퓨터 사용

Una computadora procesa datos.

↠ 컴퓨터는 데이터를 처리한다.

Procesa los datos de acuerdo con las instrucciones que están almacenadas en la computadora.

↔ 컴퓨터에 저장되어 있는 지시에 따라 데이터를 처리한다.

A la computadora y a todo el equipo conectado con ella se les llama hardware.

↔ 컴퓨터와 컴퓨터에 연결되어 있는 모든 장치를 하드웨어라 한다.

Las instrucciones que le indican a la computadora lo que tiene que hacer se llaman software.

↔ 컴퓨터에 해야 할 것을 알려주는 지시장치는 소프트웨어라 한다.

Un conjunto de instrucciones para llevar a cabo una tarea específica se llama un programa o un programa de software.

↔ 어떤 특정 작업을 수행하기 위한 지시의 총체는 프로그램, 혹은 소프트웨어 프로그램이라 한다.

Una terminal es un dispositivo de entrada/salida de una computadora.

↔ 터미널은 컴퓨터의 입력/출력의 장치이다.

Para la entrada hay normalmente un teclado.

↔ 보통, 입력을 하기 위한 키보드가 있다.

Para la salida de datos hay una pantalla de vídeo o una impresora.

↔ 자료의 출력을 하기 위한 비디오 화면이나 프린터가 있다.

La computadora portátil es la más pequeña.

↔ 휴대용 렙탑 컴퓨터(노트북컴퓨터)는 가장 작은 것이다.

El teclado de las computadoras personales contiene las teclas de una máquina de escribir.

↔ 개인용 컴퓨터의 키보드는 타자기의 키를 포함한다.

En España se dice ordenador pero en Latino-América se dice computadora (computador).

↔ 스페인에서는 'ordenador'(컴퓨터)라고 하지만, 라틴아메리카에서는 'computadora (computador)'(컴퓨터)라고 한다.

El procesamiento de datos es una ciencia de la informática.

↔ 데이터 처리는 정보과학이다.

El teclado de una computadora es un conjunto de teclas de entrada.

↔ 키보드는 입력키의 전체이다.

La tecla de control se usa para dar órdenes a la computadora.

↔ 컨트롤 키는 컴퓨터에 명령을 하기 위하여 사용된다.

Para mover el cursor al extremo derecho de la pantalla se usa la tecla de fin.

↔ 커서를 화면의 우측 끝으로 움직이려면 엔드 키를 사용한다.

Para mover el cursor al extremo izquierdo o al principio de la pantalla se usa la tecla de inicio.

↔ 커서를 화면의 왼쪽 끝이나 화면의 처음으로 움직이려면 시작 키를 사용한다.

La tecla de borrar borra el carácter donde está el cursor.

↔ 지움 키는 커서가 있는 곳의 글자를 지운다.

La tecla de retroceso borra el carácter a la izquierda del cursor.

↔ 후진 키는 커서가 있는 곳의 왼쪽글자를 지운다.

4. 정보통신

(el/la) abonado(a) 가입자, 구독자

(el/la) subscriptor(a) 가입자

(la) actualización 갱신, 업데이트

(el/la) administrador(a) 관리자

(el/la) administrador(a) de web 웹 마스터

(el) anexo 첨부

(la) autenticación 인증

(el) arrastre 드래그

(el) banco a distancia 홈뱅킹

(la) biblioteca digital 디지털도서관

(la) ciberbiblioteca 디지털도서관

(el) buscador 검색엔진

(el) navegador 브라우저

(el) navegador de web 웹브라우저
(la) búsqueda 검색, 서치
(el) motor de búsqueda 서치엔진, 검색엔진
(la) cabecera 헤더
(el) catálogo 카탈로그
(el) catucho de tinta 토너카트리지
(el) chat 채팅
(el) chateo 채팅
(el) chip 칩
(la) ciberetiqueta 네티켓
(la) etiqueta de la red 네티켓
(la) rediqueta 네티켓
(el/la) cibernauta 네티즌
(el/la) internauta 네티즌
(el) comercio electrónico 전자상거래
(la) compatibilidad 호환성
(la) comunicación por vía satélite 위성통신
(el) conductor 드라이버
(la) congestión 과부하
(el) control remoto 원격제어
(el) correo 메일
(el) correo basura 스팸메일
(el) correo vocal 음성메일
(el) buzón de correo electrónico 메일박스
(la) dirección 주소
(el) cortafuego 방화벽
(el) cuqui 쿠키
(el) datagrama 데이터그램
(el) derecho de autor 저작권
(la) detección de error 오류검출
(el) directorio 디렉토리
(el) disquete 디스켓
(el) editor de web 웹에디터
(el) enlace 링크
(el) espacio virtual 가상공간, 사이버공간
(el) encabezamiento 헤더
(el) establecimiento bancario 펌뱅킹
(el) explorador 브라우저
(la) firma 디지털서명
(el) formato 포맷
(la) garantía de calidad 품질보증
(el) grupo de noticias 뉴스그룹
(el) hipertexto 하이퍼텍스트
(la) identificación del usuario 사용자 식별
(el) indicador 표시창
(la) interferencia 방해
(el) intruso 해커
(el) pirata informático 해커
(la) java 자바
(la) lista de correo 메일링리스트

(la) lista de distribución 메일링리스트
(el) mapa de imagen 이미지넷
(la) máscara de subred 서브넷마스크
(el) marcapáginas 북마크
(el) módem 모뎀
(el) modo de recepción 수신모드
(la) moneda electrónica 사이버 캐시, 전자화폐
(la) multidifusión 멀티캐스트
(la) multimedia 멀티미디어
(la) navegación por la red 넷서핑
  (la) navegación web 웹서핑
(el) objeto 객체
(el) ordenador de red 네트워크컴퓨터
(el) ordenador principal(central) 호스트
(la) organización internacional de normalización 국제표준화기구
(las) páginas amarillas 옐로우 페이지
(la) palabra de acceso 패스워드, 비밀번호
(el) paquete 패키지, 패킷
(la) pasarela 게이트웨이
(el) portal 포털
(el/la) programador(a) 프로그래머
(los) programas de grupos 그룹웨어
(el) protocolo de autenticación 인증프로토콜
(el) protocolo de control de transmisión 전송제어프로토콜
(el) protocolo de transferencia de ficheros 파일전송프로토콜
(el) protocolo internet 인터넷 프로토콜
(la) publicación electrónica 전자출판
(la) red de área local 근거리통신망
(la) red digital de servicios integrados 종합정보통신망
(la) reiniciación 리셋, 재설정
(la) ruta 경로, 루트
(la) seguridad 보안
(el) servidor 서버
  (el) servidor de archivo 파일서버
  (el) servidor de correo 메일서버
  (el) servidor dedicado 전용서버
  (el) servidor de web 웹서버
(la) sincronización 동기화
(el) sistema de boletín electrónico 전자게시판시스템
(el) sitio 사이트
(la) superposición 상부, 오버레이
(el) telebanco 홈뱅킹

(la) teleconferencia 원격회의

(la) televisión por cable 유선(케이블) TV

(la) terminal virtual 가상터미널

(el) transmisor 송신기

(la) unidad central de procesamiento 중앙처리장치

(la) universidad virtual 가상대학, 사이버대학

(el) usenet 유즈넷

(el) vídeo por demanda 주문형비디오

(el) visualizador 디스플레이

(la) red mundial 월드와이드웹

abonarse 가입하다

cargar 업로드

subir 업로드

descargar 내려받기, 다운로드

hacer un download 내려받기, 다운로드

empujar 푸시, 밀다

conectado 온라인 (상태)

en línea 온라인

desconectado 오프라인

fuera de línea 오프라인

✤ 컴퓨터 & 인터넷 용어 [영어 ⇔ 스페인어]

aplication ⇔ aplicación
back ⇔ retroceder
back-up ⇔ copia de seguridad; respaldo
bookmark ⇔ marcador
browse ⇔ navegar, examinar, explorar
browser ⇔ navegador, examinador o explorador
chat room ⇔ sala de conversación
chooser ⇔ seleccionador
click ⇔ hacer clic
clip art ⇔ arte gráfico para recortar
command ⇔ orden
cookie ⇔ cuqui

copy ⇔ duplicado
cut and paste ⇔ cortar y pegar
data ⇔ datos
database ⇔ base de datos
delete ⇔ eliminar; borrar
disk ⇔ disco
disk drive ⇔ unidad de disco
display ⇔ pantalla
doubleclick ⇔ doble clic
download ⇔ descargar archivos; bajar
drag and drop ⇔ arrastrar y soltar (colocar)
drive ⇔ unidad de disco
e-mail ⇔ correo electrónico
email address ⇔ dirección de correo electrónico
enter ⇔ intro
File Transfer Protocol (FTP) ⇔ Protocolo de Transferencia de Ficheros
file ⇔ archivo
file name ⇔ nombre de archivo
folder ⇔ carpeta
font ⇔ tipo de letra
frame ⇔ cuadro
Frequently Asked Question (FAQ) ⇔ (Preguntas más frecuentes)
function key ⇔ tecla de función
hacker ⇔ 'hacker', pirata
hard disk ⇔ disco duro
home page ⇔ página de bienvenida, página inicial
host ⇔ computadora central
hot key ⇔ tecla directa
hotlist ⇔ lista de opciones favoritas; hotlist
hyperlink ⇔ hiperenlace
icon ⇔ icono

import ⇔ importar
Internet phone ⇔ teléfono por Internet
ISP (Internet Service Provider) ⇔ ISP (Proveedor de servicios de Internet)
Keyboard ⇔ teclado
Laptop ⇔ computadora portátil
laser printer ⇔ impresora láser
link ⇔ enlace, enlazar
load ⇔ cargar
Local Area Network (LAN) ⇔ Red de Área Local
mail (electronic) ⇔ correo (electrónico)
menu bar ⇔ barra de menú
Motion Picture Expert Group (MPEG) ⇔ Grupo de Expertos en Películas
mouse ⇔ ratón
mouse pad ⇔ alfombrilla del ratón
navigate ⇔ navegar
net ⇔ red
netizen ⇔ ciuredano
pager ⇔ buscapersonas; beeper
password ⇔ contraseña
paste ⇔ pegar
point and click ⇔ señalar y hacer clic
pointer ⇔ puntero
port (serial and parallel) ⇔ puerto (envío en serie y en paralelo)
post ⇔ colocar un mensaje
preview ⇔ vista preliminar
print ⇔ imprimir
printer ⇔ impresora
program ⇔ programa
proxy ⇔ apoderado
pull-down menu ⇔ menú desplegable
quick mail ⇔ correo rápido

quit ⇔ abandonar
replace ⇔ reemplazar
reset key ⇔ tecla para reiniciar
retrieve ⇔ recuperar
return ⇔ retorno
save ⇔ guardar
scanner ⇔ escaner
screen ⇔ pantalla
screen saver ⇔ protector de pantalla
search ⇔ búsqueda
search engine ⇔ sistema de búsqueda, motor de búsqueda, buscador
shareware ⇔ programas compartidos
server ⇔ servidor
shortcut key ⇔ tecla de atajo
site ⇔ sitio
sort ⇔ ordenar
surf the net ⇔ navegar por la red
template ⇔ plantilla
text ⇔ texto
toolbar ⇔ barra de herramientas
undelete ⇔ recuperación de archivos borrados
URL (Uniform Resource Locator) ⇔ URL (Localizador de recursos uniforme)
video conference ⇔ videoconferencia
videogame ⇔ juego de video
virtual reality ⇔ realidad virtual
website ⇔ sitio Web
window display ⇔ representación gráfica de ventanas
word processor ⇔ procesador de texto

X *Economy & Politics*

경제 & 정치

1. 경제

(la) acción 주식
(el/la) accionista 주주
(los) activos 자산
(los) pasivos 부채(負債)
(el/la) administrador(a) 관리자, 행정가
(la) asociación 제휴, 연합
(la) bancarrota 파산, 파탄
(la) quiebra 파산
(los) bienes 재산
(el) comercio 상업, 통상
(el/la) comprador(a) 구매자
(el/la) vendedor(a) 판매자, 세일즈맨
(el/la) consumidor(a) 소비자
(el/la) productor(a) 생산(제작)자
(la) contabilidad 회계
(el/la) contable 회계원
(la) corporación 법인
(el) costo 비용
(el) departamento 분야, 부
(la) deuda 빚
(el) dividendo 배당금
(la) empresa 기업
(el) estado financiero 재정상태
(las) ganancias 이익, 이윤
(el) gerente 경영자, 지배인
(la) hoja de balance 대차 대조표
(los) impuestos 세금
(el) ingreso 수입
(la) junta directiva 중역회, 이사회
(el) marketing 마케팅
(el/la) mayorista 도매업자
(el/la) detallista 소매상인
(el/la) minorista 소매업자
(el) mercado 시장
(la) producción 생산
(el) producto 생산품
(la) propaganda 광고
(la) publicidad 광고

(las) rentas 수입, 소득
(los) resultados 결과
(los) servicios 사업, 업무
(la) sociedad anónima 주식회사
(la) sociedad colectiva 합명(합자)회사
(el/la) socio(a) 동료, 협력자

bajar 하락하다
consumir 소비하다
fijar 결정하다
producir 생산하다
recuperar 회복하다
subir 상승(증가)하다

al por mayor 도매로
al por menor 소매로
al por detal(detalle) 소매로
comercial 통상의, 상업의
gravable 세금이 붙는 (과세대상)
rentable 수익이 있는

필수표현 경제

Cada producto o servicio tiene que tener un mercado.

↔ 각 상품이나 서비스는 시장을 갖고 있어야 한다.

El deparatmento de marketing se responsabiliza por la promoción y la publicidad.

↔ 마케팅부는 프로모션과 광고에 책임이 있다.

Antes de producir un producto nuevo hay que tomar en cuenta la oferta y demanda.

↔ 신제품을 생산하기 전에 공급과 수요를 고려해야 한다.

Hay que fijar un precio.

↔ 가격을 결정해야 한다.

La empresa tiene que recuperar los costos(gastos) y realizar un beneficio.

↔ 기업은 비용을 극복하고 이익을 실현해야 한다.

Las empresas comerciales, como los individuos, tienen que pagar impuestos.

↔ 영리본위의 기업은 개인처럼 세금을 내야 한다.

Tienen que pagar impuestos sobre el ingreso gravable.

↔ 과세대상의 수입에 대한 세금을 내야 한다.

Los contables preparan los estados financieros.

↔ 회계사는 대차표(재정상태)를 준비한다.

Los estados financieros indican los activos y los pasivos.

↔ 대차대조표는 자산과 부채를 나타낸다.

Los activos son el total de lo que posee la empresa o el individuo.

↔ 자산은 기업이나 개인이 소유한 것의 전부를 말한다.

Los pasivos son deudas.

↔ 부채는 (갚아야 할) 빚이다.

La hoja de balance es un tipo de estado financiero muy importante.

↔ 대차대조표는 매우 중요한 재정상태의 한 유형이다.

Los contables y los tenedores de libros trabajan en el departamento de contabilidad.

↔ 회계사와 부기담장자는 회계과에서 일한다.

Si una empresa no es rentable, tiene que declarar la quiebra.

↔ 기업이 수익을 올리지 못하면 파산을 선언해야 한다.

Si a la empresa no le quedan fondos, tiene que declarar la quiebra.

↔ 기업에 자금이 남아있지 않다면 파산을 선언해야 한다.

El propósito del comercio es el de producir y vender productos.

↔ 통상(상업)의 목적은 제품을 생산 판매하는 것이다.

Los compradores compran y los vendedores venden.

↔ 구매자는 사고 판매자는 판다.

Los compradores pueden ser consumidores.

↔ 구매자는 소비자가 될 수 있다.

Los vendedores pueden vender al por mayor o al por menor.

↔판매자는 도매로, 혹은 소매로 판매할 수 있다.

Los que venden al por mayor son mayoristas.

↔도매로 판매하는 사람은 도매상이다.

Los que venden al por menor son detallistas.

↔소매로 판매하는 사람은 소매상이다.

Hay muchos tipos de empresas comerciales.

↔상업적 기업의 여러 유형이 있다.

Hay grandes corporaciones o sociedades anónimas.

↔법인이나 주식 회사가 있다.

Hay sociedades colectivas o asociaciones.

↔합자회사가 있다.

Hay empresa de propiedad individual.

↔개인소유의 기업이 있다.

Una asociación tiene dos o más socios.

↔합자회사는 두 개 이상의 파트너가 있다.

La toma de decisiones en las grandes corporaciones está en manos de la junta directiva.

↔대기업에서 결정권은 이사회에 있다.

Los administradores y los gerentes también toman muchas decisiones.

↔관리자와 경영자 또한 많은 결정을 한다.

La junta directiva siempre quiere cumplir con los intereses de los accionistas.

↔이사회는 항상 주주들의 이익을 충족하려 한다.

Los accionistas tienen acciones.

↔주주들은 주식을 소유하고 있다.

Las acciones bajan o suben en valor según los resultados de la empresa.

↔주식은 기업의 결과에 따라 그 가치가 내리거나 오른다.

Las acciones se comercian en la Bolsa de Valores.

↦주식은 주식시장에서 거래된다.

2. 정치: 정부 & 정치

(1) 정치 조직

(la) cámara alta 상원
(la) cámara baja 하원
(la) cámara de diputados 하원
(el) canciller 수상, 외무장관
(el) comité 위원회
(el) congreso 국회
(las) Cortes 국회, 상하양원
(la) corte 법원, 의회
(el) parlamento 의회, 국회, 하원
(el) senado 의회, 상원
(el) consejo de ministros 내각
(el) gabinete 내각
(la) constitución 헌법
(el) control 통제, 관리
(la) derecha 우익
(el/la) derechista 우익의 사람
(la) izquierda 좌익
(el/la) izquierdista 좌파의 사람
(el/la) diputado(a) 의원
(el/la) senador(a) 상원의원
(la) enmienda 수정안, 수정조항
(el) gobierno 정부
(la) junta 위원회, 협의회, 의회, 행정기구
(la) ley 법
(la) ley marcial 계엄령
(la) mayoría 다수당, 다수파
(la) minoría 소수당, 소수파
(el) ministerio (행정부의) 부(성)
(el) Ministerio de Agricultura 농산부
(el) Ministerio de Comunicaciones 통신부
(el) Ministerio de Defensa 국방성
(el) Ministerio de Educación 교육부
(el) Ministerio de Estado 국무성
(el) Ministerio de Gobernación 내무성
(el) Ministerio de Hacienda 재무부
(el) Ministerio de Instrucción Pública 교육부
(el) Ministerio del Interior 내무부

(el) Ministerio de Justicia 법무부
(el) Ministerio de Relaciones Exteriores 외무부
(el) Ministerio de Trabajo 노동부
(la) moción 동의(動議), 발의, 제안
(el) monarca 군주
(el) partido 정당
(el) partido del gobierno 여당
(el) partido opositor 야당
(la) oposición 반대당, 야당
(la) política 정치
(el/la) político(a) 정치가
(el/la) presidente(a) 대통령
(el/la) primer(a) ministro(a) 국무총리, 수상
(el) quórum (의결에 필요한) 정족수
(el) régimen 제도, 체제
(la) sesión plenaria 본회의, 총회
(el) sistema 체계, 조직
(la) sublevación 반란, 폭동
(la) toma de decisiones 정책입안
(el) toque de queda (계엄령 등의) 소등 명령, 통행금지
(el) tribunal 법원, 법정
(el) voto 투표
(el) plebiscito 국민투표
(el) referéndum 국민투표
(el) voto de confianza 신임투표

ceder 승인하다, 양보하다
declarar 선언하다
deliberar 숙고(심의)하다
discutir 논쟁하다
enmendar [ie] (의안 등을) 수정하다
imponer 부과하다
presentar una moción 동의안을 내다
tomar en consideración …을 고려(참작)하다
tomar una decisión 결정하다
votar 투표하다

bicameral 상하양원제의
unicameral (의회가) 일원(제)의
contrario 정반대의, 대립의
en contra …에 반대하여
en favor …에 찬성하여
gubernamental 정부의
nacional 국가의
opuesto 반대편의
político 정치적인

필수표현 (1) 정치 조직

En la mayoría de los países hay dos o más partidos políticos.

↠ 대부분의 국가에는 두 개 이상의 정당이 있다.

Algunos gobiernos tienen el sistema bicameral.

↠ 어떤 나라에는 (상하)양원제가 있다.

Otros gobiernos tienen el sistema unicameral.

↠ 다른 나라에는 (의회)일원제가 있다.

En el sistema bicameral hay una cámara alta y una cámara baja.

↠ 상하양원제 하에 상원과 하원이 있다.

La cámara alta en los Estados Unidos es el senado.

↠ 미국에서 상원은 의회(senado)이다.

La cámara baja en los Estados Unidos es el congreso.

↠ 미국에서 하원은 하원(House of Representative)이다.

El(la) presidente(a) o el primer ministro(a) tiene su consejo de ministros (gabinete).

↠ 대통령이나 수상은 내각(대통령 자문 위원회)을 갖는다.

Hay dos partidos políticos principales en los Estados Unidos.

↠ 미국에는 중요한 두 개의 정당이 있다.

Tienen un sistema bicameral.

↠ 그들은 (상하)양원제를 갖고 있다.

En Francia hay muchos partidos políticos.

↠ 프랑스에는 여러 정당이 있다.

Los Estados Unidos tienen un presidente.

↠ 미국에는 대통령이 있다.

Inglaterra tiene un primer ministro.

↠ 영국에는 수상이 있다.

El presidente consulta con su Consejo de Ministros.

↔ 대통령은 내각과 논의한다.

Un diputado presentó una moción.

↔ 한 의원이 동의안을 제출했다.

Otro diputado apoyó la moción.

↔ 다른 의원이 동의안을 지지했다.

Los diputados discutieron la moción.

↔ 의원들이 그 동의안에 대하여 논의했다.

Los diputados van a tomar en consideración una enmienda a la constitución.

↔ 의원들은 헌법수정안을 숙고할 것이다.

Van a enmendar la constitución.

↔ 그들은 헌법을 수정할 것이다.

Parece que la mayoría va a aprobar la enmienda.

↔ 대다수(다수당)가 수정안을 승인할 것 같다.

El comité no puede votar sin un quórum.

↔ 위원회는 정족수 없이는 투표할 수 없다.

El primer ministro va a pedir un voto de confianza.

↔ 수상은 신임투표를 요구할 것이다.

Hay un plebiscito(referéndum).

↔ 국민투표가 있다.

Hay muchos votos en favor y pocos en contra.

↔ 찬성표는 많고 반대표는 적다.

(2) 국민의 권리

(el) derecho 권리

(el) derecho al voto 선거권

(los) derechos humanos (기본적) 인권

(el/la) dictador(a) 독재자

(la) dictadura 독재정치

(la) elección 선거

(la) junta militar 군부위원회

(la) ley 법

(la) ley marcial 계엄령
(la) libertad 자유
(la) libertad de palabra 표현의 자유
(la) libertad de prensa 언론의 자유
(la) manifestación 시위운동, 데모
(el/la) militar 군인
(el) pueblo 국민
(el) régimen 제도, 체제
(la) sublevación 반란, 폭동
(el) toque de queda (계엄령 등의) 소등 명령, 통행금지
(el) tribunal 법원, 법정

(el) voto 투표
(el) voto de confianza 신임투표
aprobar [ue] 찬성하다
ceder 승인하다, 양보하다
discutir 논쟁하다
elegir [i] 선거하다
imponer 부과하다
proteger 보호하다
votar 투표하다

autocrático 독재의, 독재적인
en contra …에 반대하여
en favor …에 찬성하여
mayor de edad 법정 연령의, 성년의

필수표현 (2) 국민의 권리

La ley prescribe nuestros derechos.
↔ 법은 우리의 권리를 규정한다.

El gobierno tiene la responsabilidad de proteger los derechos del pueblo.
↔ 정부는 국민의 권리를 보호할 책임이 있다.

El pueblo tiene el derecho al voto.
↔ 국민은 투표할 권리가 있다.

El pueblo tiene el derecho de elegir un presidente o primer ministro.
↔ 국민은 대통령이나 수상을 선거할 권리가 있다.

Los que pueden votar tienen que ser mayores de edad.
↔ 투표할 수 있는 사람들은 성년이어야 한다.

Cuando no hay derecho al voto, dicen que es un régimen autocrático.

↔ 투표의 권리가 없다면, 독재체제라고 말한다.

En muchos países existe la libertad de prensa.

↔ 많은 나라에 언론의 자유가 있다.

Muchos países están bajo el control de una junta militar.

↔ 많은 나라가 군부위원회의 통제 하에 있다.

A veces hay manifestaciones y sublevaciones.

↔ 때때로 시위와 폭동이 있다.

A veces el gobierno declara la ley marcial.

↔ 때때로 정부는 계엄령을 선포한다.

A veces imponen un toque de queda.

↔ 때때로 야간통행금지를 실시한다.

Los políticos de ideas muy conservadoras son de la derecha.

↔ 매우 보수적인 이념의 정치가들은 우익에 속한다.

Una persona de ideas políticas muy conservadoras es derechistas.

↔ 매우 보수적인 정치이념을 가진 사람은 우익주의자이다.

Los políticos de ideas muy progresivas son de la izquierda.

↔ 매우 진보적인 이념의 정치가들은 좌익에 속한다.

Una persona de ideas políticas muy progresivas es izquierdistas.

↔ 매우 진보적인 정치이념을 가진 사람은 좌익주의자이다.

Los derechistas y los izquierdistas tienen ideas contrarias.

↔ 우파와 좌파는 서로 상충된 이념을 갖고 있다.

✤ 이념 & 정치

(el) aislacionismo 고립주의	(el/la) aislacionista 고립주의자
(el) anticlericalismo 교권반대주의	(el/la) anticlerical 교권반대자
(el) comunismo 공산주의	(el/la) comunista 공산주의자
(el) conservatismo 보수주의	(el/la) conservador(a) 보수주의자
(la) democracia 민주주의	(el/la) demócrata 민주주의자
(el) fascismo 파시즘	(el/la) fascista 파시스트
(el) imperialismo 제국주의	(el/la) imperialista 제국주의자
(el) intervencionismo (내정) 간섭주의	(el/la) intervencionista (내정) 간섭주의자
(el) liberalismo 자유주의	(el/la) liberal 자유주의자
(el) marxismo 마르크시즘	(el/la) marxista 마르크스주의자
(el) militarismo 군국주의	(el/la) militarista 군국주의자
(el) monarquismo 군주(제)주의	(el/la) monárquico(a) 군주(제)주의자
(el) progresismo 진보(개혁)주의	(el/la) progresista 진보(개혁)주의자
(el) racismo 인종주의, 민족주의	(el/la) racista 인종주의자
(el) radicalismo 급진과격주의	(el/la) radical 과격론자, 급진분자
(el) separatismo 분리주의	(el/la) separatista 분리주의자
(el) socialismo 사회주의	(el/la) socialista 사회주의자
(el) terrorismo 테러리즘, 테러행위	(el/la) terrorista 폭력주의자, 테러리스트

XI Nation & International relation
국가 & 국제관계

1. 국가 & 원수

(el) aliado 연합국
(el) cacique 추장
(el) califa 칼리파 (이슬람)
(el) caudillo 총통
(la) colonia 식민지
(el) déspota 압제자, 전제군주, 폭군
  (el/la) dictador(a) 독재자
  (el/la) tirano(a) 폭군
(los) dominios 영토
(el) emirato 토후국
(el) emperador 황제
  (la) emperatriz 황후, 여제
(el) estado protegido 보호국
(el) estado satélite 위성국
(el) estado soberano 군주국, 종주국
(el) estado tributario 속국
  (el) estado vasallo 속국
(los) estados unidos 합중국
(la) frontera 국경
(el) imperio 제국
(la) mancomunidad 연방
  (la) unión 연방
(la) monarquía 군주국가
(la) monarquía constitucional 입헌 군주국
(la) nación 국가, 나라
  (el) estado 나라
  (el) país 나라
(la) potencia 열강, 강대국
(el/la) presidente(a) 대통령
(el) protectorado 보호령, 보호국
(el) pueblo 국민
(el) regente 섭정(攝政)
(el) reino 왕국
(la) república 공화국
(el) rey 왕
  (la) reina 여왕
(el) soberano 군주

필수표현 국가 & 원수

Estados Unidos y España son países aliados.

↠ 미국과 스페인은 연합국이다.

El cacique es el jefe o señor de algunas tribus de América Central y del Sur.

↠ 추장은 중남미의 일부 부족의 우두머리이다.

Las tropas fueron guiadas por el caudillo.

↠ 군대는 총통에 의하여 이끌렸다

En otro tiempo España tuvo colonias.

↠ 이전 시대에 스페인은 식민지를 소유하고 있었다.

El dictador tomó el poder del país contra la voluntad del pueblo.

↠ 독재자는 국민의 의지에 반(反)하여 국가의 지배권을 차지했다.

El Estado ejerce poder sobre sus dominios.

↠ 국가는 영토에 대하여 권력을 행사한다.

En la historia ha habido varios emperadores, como Julio César.

↠ 역사적으로 줄리어스 시저와 같은 여러 황제가 있었다.

En una monarquía, el poder soberano lo tiene el Rey.

↠ 군주국가에서는 왕이 절대 권력을 소유한다.

En la frontera entre España y Francia están los Pirineos.

↠ 스페인과 프랑스의 국경에는 피레네 산맥이 있다.

En tiempo de Felipe II el imperio español se extendía por todo el mundo.

↠ 펠리뻬 2세 시대에 스페인 제국은 전 세계로 확장되어있었다.

España y Portugal son dos naciones distintas.

↠ 스페인과 포르투갈은 상이한 국가이다.

España es un país de Europa.

↠ 스페인은 유럽의 한 나라이다.

Estados Unidos y Japón son dos grandes potencias.

↠ 미국과 일본은 거대한 두 열강이다.

En las elecciones el país votó para elegir a su presidente.

↔ 선거에서 그 나라는 대통령을 뽑기 위하여 투표를 했다.

Cuando un rey es demasiado joven para gobernar se nombra un regente.

↔ 왕이 통치하기에 너무 어리면 섭정을 지명한다.

En ese país, quien gobierna no es un rey sino una reina.

↔ 그 나라에서 통치하는 사람은 왕이 아니라 여왕이다.

Don Juan Carlos I es el Rey de España.

↔ 돈 후안 까를로스 1세는 스페인의 왕이다.

La república es una forma de gobierno en el que no hay rey y el presidente es elegido por los ciudadanos.

↔ 공화국은 정부의 한 형태인데 왕이 존재하지 않고 대통령이 국민에 의하여 선출된다.

El rey es el soberano de la nación.

↔ 왕은 국가의 군주이다.

Este director de la fábrica es tirano con sus empleados.

↔ 이 공장의 감독은 고용인에게는 폭군이다.

La unión entre los países europeos ha sido muy importante en el mundo.

↔ 유럽국가들 사이의 연방은 세계에서 매우 중요한 일이었다.

2. 외교

(el) agregado comercial 상무관
(el) agrément 아그레망
(la) carta credencial 신임장
(el) cónsul 영사
  (el) consulado 영사관
(la) delegación 대표부 사무소

(el) diplomático 외교관
  (el) cuerpo diplomático 외교단
(el) director de protocolo 의전과장
(la) embajada 대사관
  (el) embajador 대사
  (la) cancillería de la embajada

대사관 사무소
(el) secretario de la embajada 대사관 서기관
(la) legación 공사
(el) ministro 공사관
(el) pasaporte 여권
(la) política diplomática 외교정책
(el) rompimiento de las relaciones 국교단절
(el) salvoconducto 외교관 자유통행 허가증
(el) visado 비자

필수표현 외교

El embajador mostró sus credenciales al rey.

↔ 대사는 왕에게 신임장을 보여주었다.

El consulado de una nación o ciudad es el territorio o la oficina donde tiene autoridad un cónsul.

↔ 한 국가나 도시의 영사관은 영사가 권한을 갖는 지역이나 사무실이다.

El cónsul es la persona que representa a su nación en un país extranjero.

↔ 영사는 외국에서 자신의 국가를 대표하는 사람이다.

Asisten a la reunión diplomáticos de varios países para firmar el tratado.

↔ 조약에 서명하기 위하여 여러 나라의 외교관들이 모임에 참석한다.

Asistimos a la fiesta en la embajada de Francia.

↔ 우리는 프랑스 대사관의 파티에 참석했다.

Han nombrado un nuevo embajador francés en España.

↔ 주스페인 프랑스 신임대사를 지명했다.

La legación española acudió puntual a la reunión, en representación de España.

↔ 스페인 공사관원은 스페인을 대표하여 모임에 정확하게 갔다.

En la aduana, me pidieron el pasaporte.

↔ 세관에서 나에게 여권을 보여 달라고 요청했다.

Con un salvoconducto puedo viajar por varios países.

↠외교관 자유통행 허가증으로 나는 여러 나라를 여행할 수 있다.

3. 국제관계

(el) acuerdo 합의
(la) agresión 침략
(la) alianza 동맹
(la) anexión 합병
(la) autodeterminación de los pueblos 민족자결
(el) bloqueo 봉쇄
(el) canje de ratificaciones 비준 교환
(la) cláusula 조항
(el) convenio 협약
(el) derecho de veto 거부권
(la) discriminación racial 인종차별
(el) estado tapón 완충국
(la) extraterritorialidad 치외법권
(la) integridad territorial 영토보전
(la) invasión 침략
(el) memorándum (외교상의) 각서
(la) negociación diplomática 외교 교섭
(la) neutralidad 중립
(el) pacto 협정
(el) portavoz 대변인
(el) principio de no agresión 불가침조약
(el) protocolo 의정서
(la) sanción 비준, 인가
(la) tercera potencia 제 3국
(la) visita de buena voluntad 친선 방문

필수표현 국제관계

Han llegado a un acuerdo.
↠그들은 합의점에 도달했다.
Mi hermano sufrió una agresión en la calle por un desconocido.
↠나의 형제가 거리에서 모르는 사람으로부터 습격을 받았다.

España ha firmado varias alianzas con otros países a lo largo de la historia.

↠스페인은 역사상 다른 나라와 여러 동맹을 맺었다.

El ejército bloqueó las comunicaciones marítimas.

↠군대는 해상 통로를 봉쇄했다.

Las dos partes han firmado un convenio.

↠양측은 협약에 서명했다.

No se debe discriminar a nadie por el color de su piel.

↠피부색으로 인하여 다른 어떤 누구도 차별하지 않아야 한다.

Ese país firmó la convención de la abolición de los derechos de extraterritorialidad.

↠그 나라는 치외법권 폐지 규정에 조인했다.

Estos dos países firmaron un pacto para no atacarse mutuamente.

↠이 두 나라는 상호간에 침략하지 않도록 협정에 서명했다.

Jorge es el portavoz de sus compañeros ante los profesores.

↠호르헤는 선생님 앞에서 자신의 동료들의 대변인이다.

✤ 국제기구

el Comité Internacional de Cruz Roja 적십자 국제위원회
el Comité Olímpico Internacional 국제올림픽위원회(IOC)
la Comunidad Europea 유럽공동체(EC)
la Comunidad Económica Europea 유럽경제공동체(EEC)
el Consejo de Seguridad 안전보장이사회
el Fondo Monetario Internacional 국제통화기금
la Liga de las Naciones 국제연맹
la Organización de las Naciones Unidas (ONU) 국제연합
la Organización de Países Exportadores de Petróleo 석유수출국기구
la Organización del Tratado del Atlántico del Norte 북대서양조약기구

las Naciones Unidas (ONU) 국제연합
la Organización Internacional del Trabajo 국제노동기구
la Organización Mundial de la Salud 세계보건기구
el Tribunal de Justicia Internacional 국제사법재판소

4. 법률 & 재판

(1) 법률

(el) artículo 조(條)
(el) capítulo 장(章)
(el) código 법전
  (el) código civil 민법 법전
  (el) código de circulación 도로교통법
  (el) código de comercio 상법
  (el) código penal 형법
(el) decreto 정령(政令), 행정명령
  (el) decreto real 칙령(勅令)
  (el) decreto presidencial 대통령령
(el) derecho 법
  (el) derecho administrativo 행정법
  (el) derecho civil(cesáreo) 민법
  (el) derecho criminal 형법
  (el) derecho procesal 소송법
(el) edicto 법령, 방(榜)
(el) estatuto 규약, 정관
(la) jurisdicción 사법권, 재판권
(la) jurisprudencia 법률학, 법학
(el) jurisprudente 법률학자
(la) legítima defensa propia 정당방위
(la) ley 법, 법칙
  (la) ley de Tráfico de Carreteras 도로교통법
  (la) ley marcial 계엄령
  (las) leyes económicas 경제법
(la) ordenanza 조령(條令), 법령
(el) poder legislativo 입법권
(el) precepto 규율, 법칙, 교훈
(la) regla 규칙
(la) sanción 제재
(la) vigencia 현행, 유효, 시행

필수표현 (1) 법률

Un artículo del código de la circulación es una parte de este texto.

↔ 이 교통법전의 한 조항은 이 텍스트의 한 부분이다.

Este libro tiene quince capítulos.

↔ 이 책은 15 장(章)으로 되어있다.

Los códigos españoles, penal, civil y de comercio, recogen todas las leyes de nuestro país.

↔ 스페인의 법전, 즉 형법, 민법, 상법은 우리나라의 모든 법을 갖고 있다.

Todos los conductores deben respetar y cumplir el código de circulación.

↔ 모든 운전자들은 도로교통법을 존중하고 지켜야 한다.

Un decreto podrá cambiar los programas escolares.

↔ 정령(政令)은 학교 프로그램을 변경할 수 있을 것이다.

En la puerta del Ayuntamiento hay un edicto anunciando las fechas de pagos.

↔ 시청의 현관에는 납입일을 알리는 방(榜)이 있다.

Uno de los estatutos de la empresa dice que no se puede fumar durante el trabajo.

↔ 회사의 규약의 하나에는 근무시간에 담배를 피울 수 없다고 되어 있다.

El juez es quien tiene la jurisdicción en el juicio.

↔ 판사는 재판에서 재판권을 갖는 사람이다.

Todos los ciudadanos debemos respetar las leyes y cumplirlas.

↔ 우리 시민 모두 법을 존중하고 지켜야 한다.

Este niño siempre hace trampas, no respeta las reglas del juego.

↔ 이 아이는 항상 속임수를 쓰고 게임의 규칙을 지키지 않는다.

El juez impuso una sanción al acusado por no cumplir la ley.

↔ 판사는 법을 지키지 않았기 때문에 그 피고에게 제재를 가했다.

Esta ley aún tiene vigencia.

↠ 이 법은 아직 효력이 있다.

La nueva ley será vigente a partir del uno de enero.

↠ 새로운 법은 1월 1일부터 효력을 발생하게 될 것이다.

(2) 재판

(el/la) abogado(a) 변호사
(el) juez 판사, 재판관
(el) fiscal 검사, 검찰관
(la) absolución 사면, 면제, 석방
(la) absolución gajo la fianza 보석(保釋)
(el) actor 원고 (민사)
(el/la) acusado(a) 피고
(la) acusación 고소(장), 고발
(el) afidávit 선서구술서, 선서진술서
(la) alegación 변론, 진술
(la) apelación 공소
(el) apelado 공소피고
(el/la) apelante 공소인
(la) coartada 부재증명, 알리바이
(la) condena 판결, 형량, 처벌
(el/la) condenado(a) 수형자, 기결수
(la) confesión 고백, 자백
(el) Corte Supremo 최고재판소
(la) declaración jurada 선서진술서, 선서구술서
(el/la) demandante 원고 (민사)
(el/la) demandado(a) 피고 (민사)
(la) fianza [carcelera] 보석금(保釋金)
(el) indulto 사면, 은사
(el) juicio 재판
(la) justicia 재판
(el) juramento 선서
(el) pleito 소송
(el) proceso 소송
(la) pleito civil 민사소송
(el) pleito criminal 형사소송
(el/la) procesado(a) 피고
(la) primera instancia 제 1심
(la) sentencia 판결, 형의 선고
(el/la) testigo 증인
(el/la) testigo de vista 목격자
(el) testimonio 증거
(el) tribunal 재판소, 법정
(el) juzgado 재판소
(el) Tribunal del Distrito 지방재판소
(el) Tribunal Superior 고등재판소
(el) Tribunal Supremo 최고재판소

acusar 고소하다, 기소하다
confesar 고백(자백)하다
juzgar 재판하다, 판결을 내리다
procesar 기소하다, 소송하다
sentenciar 선고하다, 판결하다

필수표현 (2) 재판

El abogado defendió a su cliente en el juicio.
↔ 변호사는 재판에서 자신의 고객을 변호했다.

El sacerdote impartió la absolución a los fieles después de la confesión.
↔ 사제는 고해 후에 신자들을 사면했다.

El fiscal leyó la acusación en el tribunal.
↔ 검사는 법정에서 고소장을 읽었다.

El acusado respondió a las preguntas del juez.
↔ 피고는 판사의 질문에 답변했다.

El abogado alegó tener pruebas para demostrar la inocencia de su cliente.
↔ 변호사는 고객의 무죄를 증명하기 위하여 증거를 갖고 있다고 변론했다.

El acusado ha presentado en el juicio una coartada.
↔ 피고인은 재판에서 알리바이를 제시했다.

El juez ha pronunciado la condena impuesta al acusado.
↔ 판사는 피고인에게 구형된 형량을 선고했다.

El juez escuchó la confesión de los testigos.
↔ 판사는 증인들의 자백을 들었다.

Los testigos hicieron su declaración ante el juez.
↔ 증인들은 판사 앞에서 진술을 했다.

El fiscal acusa a los detenidos y pide la pena correspondiente.
↔ 검사는 체포된 사람을 기소하여 해당하는 형벌을 구형한다.

El condenado ha solicitado el indulto de la pena que le habían impuesto los jueces.

↠기결수는 판사들이 자신에게 부여한 형벌의 사면을 요청했다.

Hizo el juramento de no fumar más.

↠그는 더 이상 담배를 피우지 않겠다는 선서를 했다.

Los periodistas esperaban a las puertas del juzgado las últimas noticias sobre el juicio.

↠기자들은 재판소 현관에서 재판에 대한 최근 소식을 기다리고 있었다.

El juez y el tribunal juzgaron al acusado.

↠판사와 법정은 그 피고인을 재판했다.

Mi padre ganó un pleito a su vecino, que le acusaba ante el juez de haberle robado unas tierras.

↠우리 아버지가 땅을 갈취했다고 판사에게 고소한 이웃과의 소송에서 이기셨다.

La van a procesar por un delito que, según él, no cometió.

↠그에 의하면 그가 저지르지 않은 범죄 때문에 그를 기소할 것이다.

A lo largo del proceso varios testigos declararon a favor del acusado.

↠소송에 따라서 여러 증인들이 피고의 편에서 진술했다.

El juez ha pronunciado la sentencia.

↠판사는 판결을 선언했다.

Los jueces han sentenciado su condena.

↠판사들은 판결을 선고했다.

María ha sido testigo del accidente.

↠마리아가 그 사고의 증인이었다.

El testimonio de Felipe permitió establecer la inocencia del acusado.

↠펠리뻬의 증거가 피고의 무죄를 성립되게 하였다.

El asesino compareció ante el tribunal que lo iba a juzgar.

↠암살자는 자신을 재판할 법정에 출두했다.

(3) 형벌 & 교도소

(la) cadena perpetua 종신형
(la) cárcel 형무소
 (el) presidio 형무소
 (la) prisión 형무소
 (la) penitenciaría 감옥
(el/la) carcelero(a) 옥리(獄吏)
(la) casa de corrección 교정원
 (el) correcional 감화원(感化院)
 (el) reformatorio 감화원, 교도소
(la) celda 감방, 독방
(la) confiscación 몰수
(la) conmutación de pena 감형
(el/la) delincuente 범죄자
(el) exilio 국외추방, 망명
(el) fusilamiento 총살
(la) horca 교수대(絞首臺)
(la) incautación 압수(품)
(el) indulto 사면(赦免), 면제
(la) multa 벌금
(la) pena 형벌
 (la) pena accesoria 부가형
 (la) pena capital 사형
 (la) pena de muerte 사형
 (la) pena de vida 사형
 (la) pena pecuniaria 재산형
 (el) castigo 형벌
 (el) castigo corporal 체벌
(el/la) presidiario(a) 죄인, 수인
 (el/la) prisionero(a) 죄수, 포로
 (el/la) reo(a) 죄인, 수인
(la) reclusión 감금, 유폐
(la) silla eléctrica 전기의자
(el) supervisor de cárcel 교도관
(los) trabajos forzados 강제노동
(el) verdugo 사형 집행인

confiscar 빼앗다, 몰수하다
conmutar 바꾸다, 교체하다
cumplir condena 복역하다

필수표현 (3) 형벌 & 교도소

El juez condenó al ladrón a cadena perpetua.
 ↔ 판사는 그 도둑에게 종신(금고)형을 선고했다.
El culpable ha sido condenado por el juez a estar diez años en la cárcel.
 ↔ 그 죄인은 판사에 의하여 징역 10년을 선고받았다.

El carcelero vigilaba a los presos.

↠옥리(獄吏)는 죄인들을 감시하였다.

El prisionero ha sido encerrado en una celda de castigo.

↠죄인은 벌을 주는 독방에 갇혔다.

La policía confiscó las armas a los terroristas.

↠경찰은 테러리스트에게서 무기를 빼앗았다.

Le conmutaron la pena de cadena perpetua por 20 años de cárcel.

↠그의 종신형을 20년 징역으로 바꾸었다.

En lugar de llevarle a la cárcel, como era menor, le llevaron a un correcional.

↠그가 미성년자이기 때문에, 그를 감옥으로 데려가는 대신에 감화원으로 데려갔다.

Después de 20 años de exilio, ha vuelto a su patria.

↠20년간의 망명 후에, 그는 조국으로 돌아왔다.

El general ordenó el fusilamiento de los prisioneros.

↠장군은 죄수들의 총살을 명령했다.

Antiguamente, los condenados a muerte eran enviados a la horca.

↠옛날에, 사형수들은 교수대로 보내졌다.

Ha tenido que pagar una multa por aparcar en un lugar prohibido.

↠그는 금지된 장소에 주차했기 때문에 벌금을 내야만 했다.

Le pusieron al ladrón una pena de 5 años de cárcel.

↠그 도둑에게 5년 징역을 선고했다.

El presidiario intentó escapar de la cárcel pero no lo consiguió.

↠죄수는 감옥에서 탈출하려고 시도했지만 실패했다.

El criminal está cumpliendo condena en un presidio.

↠그 범인은 형무소에서 복역하고 있다.

El culpable fue condenado a diez años de prisión.

↠죄인은 징역 10년을 선고받았다.

Condenaron al delincuente a tres años de reclusión.

↠그 범인에게 징역 3년을 선고했다.

Un reformatorio es un establecimiento donde se trata de cambiar la mala conducta de algunos jóvenes que ya han cometido algún delito.

↠감화원은 이미 죄를 저지른 청소년의 나쁜 행동을 고치려고 노력하는 기관이다.

El reo fue sentenciado a dos años de cárcel.

↠죄인은 2년 징역을 선고받았다.

XII Police & Crimes

경찰 & 범죄

1. 각종 신고

(el) accidente de tráfico 교통사고
(el) agente de policía 경찰관
  (el/la) policía 경찰관
(la) billetera 지갑
  (la) cartera 지갑
(el) bolso 가방
(el) cheque de viaje 여행자 수표
(la) comisaría 경찰서
  (el) puesto de policía 파출소
(el) documento 서류
(la) oficina de objetos perdidos 분실물센터
(el) pasaporte 여권
(la) policía 경찰
(la) tarjeta de crédito 신용카드

필수표현 각종 신고

¡Socorro!

↠ 도와주세요!

¡Policía!

↠ 경찰!

Llame a la policía, por favor.

↠ 경찰을 불러 주세요.

¡Ayúdame!

↠ 도와주세요!

Me he perdido.

↔나는 길을 잃었습니다.

¿Dónde está la comisaría cerca de aquí?

↔이 근처에 경찰서가 어디에 있습니까?

He dejado el bolso en el taxi.

↔나는 가방을 택시에 두고 내렸습니다.

Se me ha perdido el pasaporte.

↔나는 여권을 분실했습니다.

¿Dónde está la oficina de objetos perdidos?

↔분실물센터는 어디에 있습니까?

He perdido mi tarjeta de crédito.

↔나는 신용카드를 분실했습니다.

He perdido los cheques de viaje.

↔나는 여행자수표를 분실했습니다.

Me han robado el bolso.

↔가방을 도난 당했습니다.

Hay pasaporte, documentos, dinero en el bolso.

↔가방 안에는 여권, 서류, 돈이 들어 있습니다.

He tenido un accidente.

↔나는 사고를 당했습니다.

Me encuentro en un accidente de tráfico.

↔나는 교통사고를 당했습니다.

Hágame un certificado de accidente, por favor.

↔사고증명서를 만들어주세요.

2. 경찰 & 경찰서

(el) agente de policía 경관
(el/la) policía 경찰관
(el/la) comisario(a) 경찰관
(el) detective 형사
(la) autopsia 시체해부, 검시(檢屍)
(la) necropsia 시체해부, 검시
(la) búsqueda 수사
(la) pesquisa 수사, 수색
(el) cacheo 소지품검사
(la) comisaría 경찰서
(la) jefatura 경찰서
(la) estación de policía 경찰서
(la) detención 구치, 유치
(el/la) detenido(a) 피구류자
(la) indagatoria 조사
(la) interrogación 심문
(el) interrogatorio 심문, 조서(調書)
(el) lugar del hecho 현장
(el/la) médico(a) forense 경찰의사, 공의(公醫)
(la) occisión 살해, 변사
(el/la) occiso(a) 변사자
(la) patrulla 순찰
(el) coche patrulla de policía 순찰차
(la) policía 경찰
(la) policía de la capital 경찰국
(la) policía metropolitana 경찰국
(la) policía judicial 사법경찰
(la) policía secreta 비밀경찰
(la) guardia civil 치안경찰 (스페인)
(el) registro domiciliario 가택수색
(el) sospechoso 혐의자, 용의자

cachear 소지품 검사를 하다
indagar 조사하다

필수표현 경찰 & 경찰서

Me perdí y le pregunté la dirección a un agente de policía.
→ 나는 길을 잃어서 경찰에게 방향을 물었다.

Para determinar las causas de la muerte se ha procedido a la autopsia.

↠사망원인을 규명하기 위하여 시체해부를 착수하였다.

La policía inició la búsqueda de los montañeros perdidos.

↠경찰은 사라진 등산가들의 수사를 시작하였다.

Los policías del aeropuerto han cacheado a los pasajeros.

↠공항의 경찰관들은 승객들의 소지품검사를 하였다.

Arrestaron al ladrón y lo llevaron a la comisaría.

↠도둑을 체포해서 경찰서로 데려갔다.

El detective descubrió con sus preguntas al autor del robo.

↠형사는 자신의 질문으로 도난의 장본인을 밝혀냈다.

Tras su detención, el ladrón fue encarcelado.

↠구류 후에 그 도둑은 수감되었다.

Los detenidos fueron llevados a la cárcel.

↠피구류자들은 감옥으로 이송되었다.

En la carretera había un guardia civil que buscaba a dos fugitivos.

↠도로에는 두 명의 도망자를 찾는 치안경찰이 있었다.

La policía indagó sobre el robo y descubrió a los ladrones.

↠경찰은 도난사건을 조사하고 도둑들을 밝혀냈다.

En el interrogatorio, el detenido acabó por confesarlo todo.

↠조서(調書)에서 체포된 자는 드디어 모든 것을 자백하게 되었다.

El ladrón fue detenido por una patrulla de la policía.

↠도둑은 경찰의 순찰에 의하여 체포되었다.

Un policía le puso una multa por conducir a mucha velocidad.

↠경찰관은 그가 과속으로 운전했기 때문에 그에게 벌금을 부과했다.

La policía interrogaba a los sospechosos para averiguar si eran o no los culpables.

↠경찰은 그들이 유죄인지 아닌지 조사하기 위하여 용의자들을 심문하고 있었다.

3. 범죄

(1) 범죄 & 범죄자

(el/la) agresor(a) 가해자
 (el/la) perpetrador(a) 가해자, 범인
 (el/la) autor(a) 범인
 (el/la) cometedor(a) 범인
(la) amenaza 협박
 (el/la) amenazador(a) 협박자
(el) arma blanca 칼
 (el) arma de fuego 화기(火器)
(el) asalto 습격
(el) asesinato 암살, 살인
 (el) asesino 암살자, 살인자
(el) bandido 강도, 도적
(el) bribón 불량배
 (el) canalla 불량배
(el/la) carterista 소매치기
(la) codelincuencia 공범
 (el/la) codelincuente 공범자
 (la) complicidad 공범
 (el/la) cómplice 공범자
(el) contrabando 밀수
 (el/la) contrabandista 밀수범
(el) consentimiento 승낙, 시인
(el) cuchillo 칼
(la) culpa 과실
 (la) falta 과실
(el) daño 해, 해악
(la) declaración 신고
(el) delito 범죄
 (el) delito consumado 완전범죄
 (el) delito flagrante 현행범죄
 (el) delito frustrado 미수범죄
(el) escalamiento 침입
(la) estafa 사기
 (el/la) estafador(a) 사기범
(la) estrangulación 교살
(el) estupro 능욕
(la) evasión del pago de impuestos 탈세
(la) falsificación 위조
 (el/la) falseador(a) 위조범
 (el/la) falsificador(a) 위조범
(el) fraude 사기
 (la) fullería 사기
(el) gángster 갱
(el) homicidio 살인(죄)
 (el/la) homicida 살인자
(el) incendio intencional 방화
 (el/la) incendiario(a) 방화범

(la) infracción 위반
(la) transgresión 위반
(el) latrocinio 강도(질), 도둑질
(el) robo 도둑질, 약탈
(el/la) ladrón(a) 도둑
(la) lesión 상해
(la) muerte 사망
(la) pistola 권총
(la) propiedad 소유물
(el) rapto 유괴
(el/la) raptor(a) 유괴범
(el) secuestro 납치, 유괴, 인질
(el/la) secuestrador(a) 유괴범
(el) secuestro aéreo 공중납치
(el/la) ratero(a) 소매치기
(el/la) sobornador(a) 매수범
(el) suicidio 자살
(la) tentativa 미수범죄
(la) toma 점유, 압류
(el) ultraje 능욕
(la) usurpación 횡령
(el/la) usurpador(a) 횡령범
(la) víctima 희생(피해)자
(la) violación 폭행
(el/la) violador(a) 강간범, 폭행범
(la) violación sexual 강간

denunciar un crimen 범죄를 신고하다
detener 체포하다
empujar (난폭하게) 밀다
escalar 침입하다
estafar 사기치다
incendiar 방화하다
interrogar 심문하다
perpetrar (범죄를) 저지르다, 범하다
robar 훔치다
secuestrar 납치하다
sobornar 매수하다
suicidarse 자살하다
usurpar 횡령하다

필수표현 (1) 범죄 & 범죄자

La pistola es un arma de fuego.
→ 권총은 화력무기입니다.
El cuchillo es un arma blanca.

↦칼은 칼·창류 무기입니다.

El robo es la toma ilegal de la propiedad de otro.

↦도둑질은 다른 사람의 소유물을 불법으로 취하는 것이다.

El latrocinio es la toma ilegal de la propiedad de otro por fuerza.

↦강도질은 무력으로 다른 사람의 소유물을 불법으로 취하는 것이다.

El homicidio es el acto de causar la muerte de otra persona sin justificación.

↦살인은 정당성 없이 다른 사람을 죽이는 행동이다.

La entrada ilegal a un edificio o una casa con el interés de cometer un delito es el escalamiento.

↦건물이나 주택에 범죄를 저지를 목적으로 불법적으로 들어가는 것은 침입이다.

El asesino es el que mata.

↦암살자는 살인하는 사람이다.

La violación sexual es el acceso sexual a una persona con la fuerza o sin el consentimiento.

↦성폭행은 어떤 사람에게 동의 없이 무력으로 성적으로 접근하는 것이다.

El carterista empujó a la señora y luego le robó la cartera.

↦소매치기가 한 부인을 밀치고 그녀로부터 지갑을 훔쳤다.

La señora denunció el robo.

↦부인은 도둑질을 신고했다.

La policía detuvo a los ladrones que habían robado en la joyería.

↦경찰은 보석상을 턴 도둑들을 체포했다.

La policía detuvo al bandido al salir de la ciudad tras haber robado un banco.

↦경찰은 은행을 털고 나서 도시를 빠져나가는 강도를 체포했다.

Este delito merece un castigo de dos años de prisión.

↦이 범죄는 2년 징역의 체형을 받을만하다.

Visitamos la mansión donde se había perpetrado aquel famoso crimen.

↔우리는 그 유명한 범죄가 저질러진 호화저택을 방문했다.

Hay que vigilar la casa y tener cuidado con los rateros.

↔집을 감시해야 한다. 그리고 소매치기를 조심해야 한다.

Este hombre fue condenado por el secuestro del niño.

↔이 남자는 어린이 납치 때문에 선고받았다.

La policía descubrió que los secuestradores habían encerrado al empresario en un sótano.

↔경찰은 납치범들이 기업가를 지하실에 감금했다고 밝혔다.

Los ladrones sobornaron al vigilante para que les abriera la puerta.

도둑들은 자신들에게 문을 열어주도록 경비를 매수하였다.

(2) 범죄 관련

(el) adulterio 간통

(el) alucinante 환각제

(la) calumnia 중상(中傷), 무고

(la) causa de la muerte 사인(死因)

(la) coartada 알리바이

(el) complot 음모(陰謀)

(la) droga 마약

(la) huella digital(dactilar) 지문

(la) injuria 모욕, 욕설

(el) narcótico 마취제, 마약

(el) narcotismo 마취상태, 마약중독

(la) obscenidad 외설

(la) ofensa a la moral 풍기문란

(la) prescripción 시효

(la) prostitución 매춘

(los) rehenes 인질

(el) rescate 몸값

(el) soborno 매수, 뇌물

(la) tortura 고문

(la) traición 배반, 반역

adulterar 간통하다

ahorcar 교살하다

asesinar 죽이다, 암살하다

matar 죽이다

estrangular 교살하다

cometer 범하다

insultar 모욕하다

ofender 모욕하다, 무고하다

torturar 고문하다

필수표현 (2) 범죄 관련

Cuando una persona casada se une con otra que no es su cónyuge comete adulterio.

↔ 결혼한 사람이 배우자가 아닌 다른 사람과 어울리면 간통을 저지르는 것이다.

El dictador ha hecho asesinar a sus adversarios.

↔ 독재자는 자신의 적을 암살하게 했다.

No creo lo que dicen de él porque son calumnias.

↔ 나는 그들이 그에 대해 말하는 것을 믿지 않는데 그것은 중상(中傷)이기 때문이다.

El acusado ha presentado en el juicio una coartada.

↔ 피고는 재판에 알리바이를 제출하였다.

El alumno ha cometido dos faltas de ortografía en el dictado.

↔ 그 학생은 받아쓰기에서 철자법의 실수를 두번 저질렀다.

Se ha descubierto un complot contra el Presidente.

↔ 대통령에 대한 음모(陰謀)가 밝혀졌다.

El consumo de drogas es muy perjudicial para la salud.

↔ 마약의 복용은 건강에 매우 해롭다.

Las serpientes estrangulan a sus víctimas enrollándose alrededor del cuello y apretando.

↔ 뱀은 먹이의 목 주위를 감아 누르면서 먹이를 교살한다.

Pudieron descubrir al ladrón por las huellas dactilares que había dejado al tocar un vaso.

↔ 컵을 만지면서 남겨놓은 지문 때문에 도둑을 밝혀낼 수 있었다.

En su exaltación profirió mil injurias contra los presentes.

↔ 그는 흥분하여 참석자들에게 엄청난 욕설을 해댔다.

Guillermo se enfadó mucho conmigo y me insultó.

↔ 기예르모는 나에게 화를 많이 냈고 나를 모욕했다.

Los asesinos mataron a su víctima.

↔ 암살자들은 그 희생자를 죽였다.

El médico le administró un narcótico para calmar su dolor.

↔ 의사는 고통을 가라앉히기 위하여 그에게 마취제를 투약하였다.

Me han ofendido tus palabras porque me acusas de algo que no es cierto.

↔ 너는 확실하지 않은 것을 이유로 나를 비난하기 때문에 네 말은 나를 모욕했다.

Los secuestradores dicen que ejecutarán a sus rehenes si no se paga por ellos un fuerte rescate.

↔ 납치범들은 인질의 대가로 엄청난 몸값을 지불하지 않으면 인질들을 처형하겠다고 말한다.

Los que secuestraron al niño pidieron un rescate por su liberación.

↔ 어린이를 납치한 자들은 그 어린이를 풀어주는 대가로 몸값을 요구했다.

Las personas honradas no aceptan sobornos.

↔ 정직한 사람들은 뇌물을 받지 않는다.

La tortura de personas o animales debe desaparecer del mundo.

↔ 사람이나 동물의 고문은 지구상에서 사라져야 한다.

Torturaron al prisionero aunque está prohibido por la ley.

↔ 비록 법에 의하여 금지되어 있지만 그들은 죄수를 고문하였다.

El soldado fue encarcelado por haber cometido traición a su patria.

↔ 그 군인은 조국을 배신했다는 이유로 투옥되었다.

부록

어휘 [한국어-스페인어] 사전

[ㄱ]

가격 (el) precio
가까운 cercano
가까이 cerca
가는 delgado
가능(조건)시제 (el) condicional
가능(조건)완료 (el) condicional perfecto
가다랑어 (el) bonito
가두다 encerrar
가득 찬 lleno, completo
가로채다 interceptar
가루비누 (el) jabón en polvo
가르마 (la) raya
가르치다 dar una lección, enseñar
가리비목(目)의 물고기 (el) mero
가리키다 indicar
가발 (la) peluca
가방 (el) bolso, (la) bolsa
가벼운 ligero
가상공간 (el) espacio virtual
가상대학 (la) universidad virtual
가상터미널 (la) terminal virtual
가수(歌手) (el/la) cantante
가스빠초 (el) gazpacho
가슴 (el) pecho
가슴살 (la) pechuga
가시 (la) espina
가열되다 calentar(se)
가요(歌謠) (la) canción
가운 (la) bata
가위 (las) tijeras
가을 (el) otoño
가이드 (el/la) guía
가입자 (el/la) abonado(a), (el/la) subscriptor(a)
가입하다 abonarse
가자미 (넙치무리) (el) lenguado, (la) platija, (el) rodaballo
가재 (la) cigala
가정(家庭) (el) hogar
가족 (la) familia
가죽 (la) piel, (el) cuero
가지 (la) berenjena
가축 (el) animal domesticado(doméstico)
가택수색 (el) registro domiciliario
가해자 (el/la) agresor(a), (el/la) perpetrador(a)
각 (el) ángulo

각서 (외교상의) (el) memorándum
간장 (la) salsa de soja
간장(肝臟) (el) hígado
간접보어(목적어) (el) complemento indirecto
간질 (la) epilepsia
간척 (la) desecación
간통 (el) adulterio
간통하다 adulterar
간판 (el) letrero
간헐적인 intermitente
간호사 (el/la) enfermero(a)
갈리시아어 (el) gallego
갈매기 (la) gaviota
갈비 (la) chuleta
갈비뼈 (las) costillas
갈아타다 transbordarse, cambiar
갈증 (la) sed
감각 (el) sentido
감격하다 emocionarse
감금 (la) reclusión
감기 (el) catarro, (el) resfriado, (el) resfrío
감기 걸린 constipado, resfriado
감다 (눈을) cerrar
감독 (el/la) director(a)
감방 (la) celda
감상하다 apreciar
감시하다 vigilar
감옥 (la) cárcel, (la) penitenciaría
감자 (la) papa, (la) patata
감자튀김 (las) patatas fritas
감탄사 (la) interjección
감형 (la) conmutación de pena
감화원 (el) reformatorio, (la) casa de corrección, (el) correccional
갑(岬) (el) cabo, (el) promontorio
갑상선종 (las) paperas
갑자기 de golpe
갑판 (la) cubierta
값싼 barato
갓난아기 (el/la) nene(a)
강 (el) río
강간 (la) violación sexual
강간범 (el/la) violador(a)
강낭콩 (las) habichuelas, (las) judías, (los) frijoles, (los) porotos
강도 (el) bandido
강도(질) (el) latrocinio
강변 (la) ribera
강설(량) (la) nevada
강수(우)량 (la) precipitación
강아지 (el/la) cachorro(a)
강어귀 (la) ensenada, (la) ría
강연 (la) conferencia
강의실 (el) aula [f.], (la) clase
강제노동 (los) trabajos forzados
강한 fuerte
같은 igual
같이 식사하는 사람 (el/la) comensal
개 (el) perro
개구리 (la) rana
개미 (la) hormiga
개버딘 (la) gabardina

개사철쑥 (el) estragón
개설하다 abrir
개성 (la) personalidad
개수통 (el) fregadero, (la) pila, (la) pileta
개인 (el) individuo
개인용품 (los) efectos personales
개인의 particular
개찰구 (el) portillo de andén
개천 (la) rivera
개최하다 celebrar
개학 (la) apertura de curso
객관적인 objetivo
객실 (la) cabina
객실 (앞쪽의) (la) cabina delantera
갤러리 (la) galería
갱 (el) gángster
갱신 (la) renovación
갱신하다 renovar
거닐다 recorrer
거대한 gigante
거들(코르셋) (la) faja
거르다 cernir, colar
거리 (la) calle
거리(距離) (la) distancia
거리의 입구 (la) bocacalle
거미 (la) araña
거부권 (el) derecho de veto
거북이 (la) tortuga
거스름돈 (el) suelto, (el) cambio
거실 (la) sala de estar
거울 (el) espejo
거위 (el) ganso
거의 익지 않은 casi crudo
거장 (el/la) maestro(a)
거주자 (el/la) residente
거품 (la) espuma
걱정 (la) preocupación
건강 (la) salud
건너가다 atravesar
건네주다 entregar
건물 (el) edificio
건전지 (la) pila
건전한 sano
건조 (la) sequía
건조한 seco
건축가 (el/la) arquitecto(a)
건포도 (las) pasas
걷다 andar (스페인), caminar (남미)
걸다 colgar
걸레 (el) trapo
걸어가다 ir a pie
걸어갈 수 있는 (환자) ambulatorio(a)
걸작 (la) gran obra, (la) obra maestra
검 (el) estoque, (la) espada
검사 (el/la) fiscal
검사하다 examinar, verificar
검색 (la) búsqueda
검색엔진 (el) buscador, (el) motor de búsqueda
검색키 (la) tecla de búsqueda
검시(檢屍) (la) autopsia, (la) necropsia

검지 (el) dedo índice
검(집)표하다 recoger
검표원 (el/la) revisor(a)
겉옷 (la) gabardina
게 (el) cangrejo
게르마늄 (el) germanio
게시판 (el) tablero indicador
게이트 (la) puerta
게이트웨이 (la) pasarela
게임 (el) partido, (el) campeonato, (el) juego
겨드랑이 (el) sobaco
겨울 (el) invierno
겨자 (la) mostaza
견본 (la) muestra
견인차 (la) grúa, (el) coche remolque
견인하다 remolcar
결과 (los) resultados
결석 (la) ausencia
결승선 (la) línea de meta
결승점 (la) meta
결장(結腸) (el) colon
결정하다 decidir, tomar una decisión
결핵(폐결핵) (la) tuberculosis
결혼 (el) casamiento, (el) matrimonio
결혼하다 casarse
겸손한 humilde
경계 (el) límite
경관(警官) (el) agente de policía
경기 (el) campeonato, (el) juego, (el) partido
경기의 한 구분 (el) tiempo
경기자 (el/la) atleta, (el/la) jugador(a)
경기장 (el) campo de deportes, (la) cancha
경기하다 jugar
경도(經度) (el) meridiano
경력 (la) carrera
경로 (la) ruta
경마장 (el) hipódromo
경석(輕石) (la) piedra pómez, (la) pómez
경영 (la) administración
경옥 (el) jade
경우 (el) caso
경유(經由) (la) vía
경적 (el) claxon, (la) bocina
경적을 울리다 sonar la bocina
경제(학) (la) economía
경제법 (las) leyes económicas
경찰 (la) policía
경찰관 (el) agente de policía, (el) policía, (el) comisario
경찰국 (la) policía de la capital, (la) policía metropolitana
경찰서 (la) comisaría, (la) estación de policía, (la) jefatura
경찰의사 (el/la) médico(a) forense
경향 (la) tendencia
경험 (la) experiencia

계곡 (el) valle
계기판 (el) tablero
계단 (la) escalera
계란 (el) huevo
계란 프라이 (los) huevos fritos
계란가게 (la) huevería
계란부침 (los) huevos revueltos
계량(기) (la) medida
계보 (la) genealogía
계산대 (la) caja
계산서 (la) cuenta
계산하다 calcular
계속해서 continuamente
계약 (el) contrato
계약금 (el) pago inicial, (el) pronto, (el) pie
계엄령 (la) ley marcial
계피 (la) canela
계획 (el) plan
고개 (el) puerto
고객 (el) cliente
고고학 (la) arqueología
고구마 (el) camote, (la) batata
고국 (la) patria
고귀한 noble
고급의 de lujo
고기 (la) carne
고기를 썰다 trinchar
고기완자 (las) albóndigas
고기요리 (la) carne
고능토 (el) caolín
고대 (la) edad antigua
고도(高度) (la) altitud, (la) altura
고등어 (la) caballa
고등재판소 (el) Tribunal Superior
고등학교 과정 (el) bachillerato superior
고래 (la) ballena
고려하다 considerar
고립주의 (el) aislacionismo
고립주의자 (el/la) aislacionista
고무 (la) goma
고무제품 (el) caucho
고문 (la) tortura
고발하다 denunciar
고백 (la) confesión
고백하다 confesar
고생물학 (la) paleontología
고소(장) (la) acusación
고소하다 acusar
고속도로 (la) autopista
고속도로 통행료 (el) peaje, (la) cuota
고수머리 (el) pelo rizado, (los) rizos
고수풀 (미나리과) (el) cilantro
고슴도치 (el) erizo
고양이 (el) gato
고요한 tranquilo
고요한 (날씨 등이) calmo
고용 (el) empleo
고용인 (el/la) empleado(a)
고용주 (el/la) empleador(a)
고원(高原) (la) altiplanicie, (la) meseta

고인(故人) (el/la) difunto(a)
고장 (la) avería, (la) descompostura
고장나다 averiarse, estropearse
고장난 descompuesto, estropeado, fuera de servicio
고전음악 (la) música clásica
고전주의 (el) clasicismo
고지(高地) (la) eminencia
고집하다 insistir
고체 (el) sólido
고추 (el) ají, (el) chile
고추열매 (la) guindilla
고통 (la) pena, (el) dolor
고향 (la) tierra natal
곡류 (el) cereal
곡선 (la) curva
곡식 (los) granos
곤충 (el) insecto
곧은 recto
골대 (la) portería, (la) puerta
골동품 (las) antigüedades
골라인 (la) línea de meta
골반 (la) pelvis
골절 (la) fractura
골절되다 fracturarse
골짜기 (el) valle, (el) puerto
골키퍼 (el) guardameta, (el) portero
골프 (el) golf
곰 (el) oso
곱슬머리 (el) pelo rizado, (los) rizos
곱슬머리의 crespo
곱하기 (la) multiplicación
공 (el) balón, (la) pelota
공간 (el) espacio
공격 (el) ataque
공공의 público
공급 (la) oferta
공급하다 suministrar
공기 (el) aire
공동의 común
공립학교 (la) escuela nacional
공범 (la) codelincuencia, (la) complicidad
공범자 (el/la) codelincuente, (el/la) cómplice
공부 (el) estudio
공부하다 estudiar
공사(公使) (la) legación, (el) ministro
공산주의 (el) comunismo
공산주의자 (el/la) comunista
공소 (la) apelación
공소인 (el) apelante
공소피고 (el) apelado
공식(公式) (la) fórmula
공식적인 oficial
공업 (la) industria
공업지역 (la) zona industrial
공연 (la) función
공원 (el) parque
공을 던지다 tirar
공을 서브하다 servir
공을 차다 tirar
공의(公醫) (el/la) médico(a) forense

공장 (la) fábrica
공주 (la) princesa
공중납치 (el) secuestro aéreo
공중전화 (el) teléfono público
공중전화박스 (la) cabina telefónica
공중화장실 (el) sevicio público
공포 (el) terror
공학(工學) (la) ingeniería
공항 (el) aeropuerto
공항세 (el) impuesto de aeropuerto
공해(公害) (la) contaminación
공화국 (la) república
곶 (el) cabo, (el) promontorio
과거 (el) pasado
과거분사 (el) participio pasado
과거완료 (el) pretérito pluscuamperfecto
과격론자 (el/la) radical
과격주의 (el) radicalismo
과부 (la) viuda
과수원 (la) huerta
과실(過失) (la) falta, (la) culpa
과실나무 (el) árbol frutal
과열되다 calentarse demasiado
과일 (la) fruta
과일상점 (la) frutería
과일샐러드 (la) ensalada de frutas
과정 (el) curso
과테말라 Guatemala
과테말라의 guatemalteco(a)
과학 (la) ciencia
과학자 (el/la) científico(a)
관개 (la) irrigación (América), (el) riego
관객 (el/la) espectador(a)
관계 (la) relación
관계대명사 (el) pronombre relativo
관광 (el) turismo
관광객 (el/la) turista
관광안내책자 (el) folleto turístico
관대한 generoso
관람석 (la) tribuna
관리 (el) cargo, (el) control
관리자 (el/la) administrador(a)
관사 (el) artículo
관성(慣性) (la) inercia
관세법 (el) derecho de aduana
관습 (la) costumbre
관악기 (el) instrumento de viento
관자놀이 (las) sienes
관절염 (la) artritis
관중 (el) público
광고 (la) propaganda, (la) publicidad
광대뼈 (el) pómulo
광맥 (la) filón, (la) veta, (el) yacimiento
광부 (el) minero
광산 (la) mina
광석 (el) mineral
광장 (la) plaza
광주리 (el) capacho, (la) canasta
교과과정 (el) plan de curso
교과서 (el) libro de texto

교권반대자 (el/la) anticlerical
교권반대주의 (el) anticlericalismo
교도관 (el) supervisor de cárcel
교도소 (el) reformatorio
교사 (el/la) maestro(a)
교살 (la) estrangulación
교살하다 ahorcar, estrangular
교수 (el/la) profesor(a)
교수대(絞首臺) (la) horca
교실 (la) sala de clase, (el) aula [f.]
교외 (las) afueras
교외열차 (el) tren de cercanía
교육 (la) educación, (la) enseñanza
교육부 (el) Ministerio de Educación
교육학 (la) pedagogía
교장 (el/la) director(a) de la escuela
교차로 (el) cruce
교체하다 cambiar
교통 (el) tránsito, (la) circulación
교통(량) (el) tráfico
교통사고 (el) accidente de tráfico
교통신호등 (el) semáforo
교통정체(마비) (el) embotellamiento
교향악 (la) sinfonía
교환 (el) intercambio
교환수 (el/la) operador(a), (el/la) telefonista
교황 (el) Papa
교회 (la) iglesia
교훈 (el) precepto
구(球) (la) esfera
구겨지지 않는 천 (la) tela inarrugable
구관조 (el) mirlo
구급차 (la) ambulancia
구내 전화 (la) extensión
구두 (los) zapatos
구두끈 (el) cordón
구두를 신다 calzar(se)
구두약 (el) betún
구두의 밑창 (la) suela
구둣주걱 (el) calzador
구레나룻 (las) patillas
구름 (la) nube
구름이 많은 nublado
구릉 (la) colina, (la) loma
구리 (el) cobre
구매자 (el) comprador
구멍 (el) hueco
구명보트 (la) lancha salvavidas
구명재킷 (el) chaleco salvavidas
구석 (el) rincón
구석기시대 (la) edad paleolítica
구술시험 (el) examen oral
구약성서 (el) Antiguo Testamento
구역(區域) (la) cuadra (남미), (la) manzana (스페인)
구운 a la parrilla, a la plancha
구운 고기 (la) carne asada
구원 (el) socorro
구월(九月) (el) septiembre
구조원 (el/la) salvavidas, (el/la) vigilante
구좌 (la) cuenta

구즈베리의 열매 (la) grosel(la)
구치(拘置) (la) detención
국가(國歌) (el) himno nacional
국가(國家) (la) nación
국가번호 (el) prefijo del país, (el) número del país
국가의 nacional
국경 (la) frontera
국공립학교 (la) escuela oficial
국교단절 (el) rompimiento de las relaciones
국내선 (la) línea nacional
국내의 nacional
국내전화 (la) llamada doméstica
국도(國道) (la) carretera nacional
국무성 (el) Ministerio de Estado
국무총리 (el/la) primer(a) ministro(a)
국민 (el) pueblo
국민투표 (el) plebiscito, (el) referéndum
국방성 (el) Ministerio de Defensa
국수 (los) fideos
국왕 (el) rey
국외 (el) extranjero
국외추방 (el) exilio
국적 (la) nacionalidad
국제선 (la) línea internacional
국제적인 internacional
국제전화 (la) llamada internacional
국제표준화기구 (la) organización internacional de normalización
국회 (el) congreso, (el) parlamento, (las) Cortes
국회의원 (el/la) diputado(a), (el/la) congresista, (el/la) parlamentario(a)
군(郡) (el) municipio
군국주의 (el) militarismo
군국주의자 (el/la) militarista
군대 (el) ejército, (la) tropa
군부위원회 (la) junta militar
군인 (el) soldado, (el) militar
군주 (el) monarca, (el) soberano
군주(제)주의 (el) monarquismo
군주(제)주의자 (el/la) monárquico(a)
군주국 (el) estado soberano
군주국가 (la) monarquía
굴 (la) ostra
굵은 grueso
굽 (el) tacón
굽다 asar
굽이 낮은 de tacón bajo
굽이 높은 de tacón alto
궁전 (el) palacio
권력 (el) poder
권리 (el) derecho
권총 (la) pistola
궤도 (la) órbita, (la) trayectoria, (la) vía
궤양(潰瘍) (las) úlceras
귀 (la) oreja
귀고리 (los) pendientes
귀뚜라미 (el) grillo
귓불 (el) lóbulo

귀염둥이 (el) benjamín
귀중품보관함 (la) caja fuerte
규석 (el) sílex
규소 (el) silicio
규약 (el) estatuto
규율 (el) precepto
규정 (la) prescripción
규칙 (la) regla
규칙위반 (la) violación de las reglas
귤 (la) naranja mandarina
그늘 (la) sombra
그램 (el) gramo
그레이비 그릇 (la) salera
그레이프프루트 (la) toronja
그릇 (el) envase
그릇 건조대 (el) escurridero
그리다 pintar
그리스 Grecia
그리스어 (el) griego
그리스의 (사람) griego(a)
그리스(기름칠)작업 (el) engrase
그림 (el) cuadro, (la) pintura
그림물감 (los) colores
그저께 anteayer
극작 (el) drama, (el) teatro
극작가 (el/la) dramaturgo(a)
극장 (el) teatro
극장의 막 (el) telón
극장의 좌석 (la) butaca
근교 (las) cercanías
근대 (식물) (la) acelga
근대(近代) (la) edad moderna
근육 (el) músculo
근처에 cerca
글로브박스 (la) cajuelita, (la) guantera
금 (el) oro
금년 este año
금메달 (la) medalla de oro
금발의 rubio
금성(金星) (el) Venus
금속 (el) metal
금속판 (la) lámina
금연석 (la) sección de no fumar
금요일 (el) viernes
급진주의자 (el/la) radical
급행 (el) tren rápido(expreso)
기결수 (el/la) condenado(a)
기계 (la) máquina
기계기사 (el/la) mecánico(a)
기권 (el) abandono
기념물 (el) monumento
기념품 (los) recuerdos
기다리다 esperar
기도 (la) oración, (el) rezo
기도하다 rezar
기둥 (el) palo
기름 (el) aceite
기름병 (la) aceitera
기름에 튀기다 freír
기름에 튀긴 계란 (los) huevos estrellados
기린 (la) jirafa
기말시험 (el) examen final

기본 (la) base
기본 인권 (los) derechos humanos
기상학 (la) meteorología
기소하다 procesar, acusar
기숙사 (el) colegio mayor, (el) dormitorio
기숙생 (el/la) interno(a)
기술 (la) técnica
기슭 (la) orilla
기악 (la) música instrumental
기압 (la) presión barométrica, (la) presión de aire
기어 (la) velocidad
기어의 중립위치 (el) punto muerto
기업가 (el/la) empresario(a)
기온 (la) temperatura
기자 (el/la) periodista
기장 (el) comandante
기재하다 llenar
기적 (el) milagro
기차 (el) tren
기차에서 내리다 bajar(se) del tren
기차역 (la) estación de ferrocarril
기체 (el) gas
기침 (la) tos
기침하다 toser
기타 (la) guitarra
기타연주자 (el/la) guitarrista
기하학적 geométrico
기호 (el) signo
기혼자(녀) (el/la) casado(a)
기회 (la) oportunidad
기후 (el) clima
긴 largo
긴급상황 (la) emergencia
긴장 (la) tensión
길 (la) vía
길을 잃은 perdido
길이 (la) longitud
깁다 zurcir
깁스를 대다 enyesar
깃 (옷) (el) cuello
깊은 profundo
깊이 (la) profundidad
까딸루냐 Cataluña
까딸루냐어 (el) catalán
까마귀 (el) cuervo
까치 (la) urraca
깡통 (el) bote
깡통따개 (el) abrelatas
깨물다 morder
깨지기 쉬운 frágil
꺼내다 extraer, sacar
껍질을 벗기다 pelar
꼬꼬댁 (el) quiquiriquí
꼬리 (el) rabo
꽃 (la) flor
꽃가게 (la) florería
꽃가루 (el) polen
꽃상추 (la) achicoria, (la) endibia, (la) escarola
꽃양배추 (la) coliflor
꽃잎 (el) pétalo
꿀 (la) miel

꿩 (el) faisán
꿰매다 coger(tomar) puntos, zurcir
끊다 cortar
끌 (el) cincel
끌어안다 abrazar
끓은 hervido
끓이다 hervir
끝나다 terminar

[ㄴ]

나가다 salir
나누기 (la) división
나누다 dividir, partir
나라 (el) país, (el) estado, (la) nación
나르다 llevar
나무 (el) árbol
나무딸기 (la) frambuesa
나비 (la) mariposa
나쁜 malo
나이프 (el) cuchillo
나일론 (el) nilón
나트륨 (el) sodio
낙제 (el) cate
낙제된 desaprobado, suspendido, suspenso
낙제하다 ser suspendido(a), catear
낙지 (el) pulpo
낙타 (el) camello
낚시하다 pescar
난기류 (la) turbulencia
난방 (la) calefacción
난산 (el) parto difícil, (el) parto laborioso
난산하다 tener un parto laborioso(difícil)
난소 (el) ovario
난초(蘭草) (la) orquídea
난폭하게 밀다 empujar
날개 (el) ala [f.]
날것의 crudo
날다 volar
날씨 (el) tiempo
날씨가 개다 despejarse
날씨가 험한 agitado
남(南) (el) mediodía, (el) sur
남극 (el) Antártico, (el) polo sur
남극권 (el) círculo polar antártico
남다 quedarse, permanecer
남동(南東) (el) sudeste, (el) sureste
남동생 (el) hermano menor
남반구(南半球) (el) hemisferio austral
남서(南西) (el) suroeste
남십자성 (la) Cruz del Sur
남아메리카 América del Sur
남아메리카의 (사람) suramericano(a)
남자 (el) hombre
남지나해 (el) Mar de la China Meridional
남쪽 (el) sur
남편 (el) esposo, (el) marido
남한 Corea del Sur
남회귀선 (el) trópico de Capricornio

납 (el) plomo
납을 첨가한 con plomo
납작한 냄비 (la) cacerola
납치 (el) secuestro
납치하다 secuestrar
낭만적인 romántico
낭만주의 (el) romanticismo
낭종(囊腫) (el) quiste
낭포(囊胞) (el) quiste
낮은 bajo
낮잠 (la) siesta
낳다 dar a luz
내각 (el) consejo de ministros, (el) gabinete
내과의사 (el) internista
내년 (el) año próximo
내려가다 bajar(se)
내려받다 descargar
내리다 bajar(se)
내무부 (el) Ministerio del Interior
내선(內線) (la) extensión
내선통화 (la) llamada de extensión
내의(內衣) (la) ropa interior
내일 mañana
내장(內臟) (el) intestino
내정간섭주의 (el) intervencionismo
내정간섭주의자 (el/la) intervencionista
냄비 (la) olla
냄비(요리) (la) cazuela, (la) cacerola
냄새 (el) olor
냅킨 (la) servilleta
냉동실 (el) congelador
냉동의 congelado
냉수 (el) agua fría [f.]
냉장고 (el) frigorífico, (la) nevera, (el) refrigerador
너무 익힌 demasiado cocido(hecho)
넓은 ancho, extenso, amplio
넓적다리 (닭) (el) muslo
넣다 meter
네덜란드 Holanda
네덜란드의 (사람) holandés(a)
네온 (el) neón
네트 (la) red
네트볼 (el) net
네트워크컴퓨터 (el) ordenador de red
네티즌 (el) cibernauta, (el) internauta
네티켓 (la) ciberetiqueta, (la) etiqueta de la red, (la) rediqueta
넥타이 (la) corbata
넷서핑 (la) navegación por la red
노년기 (la) vejez
노동부 (el) Ministerio de Trabajo
노래 (la) canción
노래하다 cantar
노른자위 (la) yema de huevo
노새 (el) mulo
노인 (el/la) viejo(a)
노트 (el) cuaderno
노트필기 (el) apunte

녹음하다 grabar
녹이다 derretir
녹차 (el) té verde
논쟁 (la) discusión
논쟁하다 discutir
놀다 jugar
놀라다 asustarse
농구 (el) baloncesto, (el) básquetbol
농부 (el/la) agricultor(a)
농산부 (el) Ministerio de Agricultura
농어 (el) robalo, (la) lubina
농어무리 (la) percha
농업 (la) agricultura
농장 (la) granja, (la) finca.
농학(農學) (la) agronomía
높은 alto
높이 (el) alto, (la) altura, (la) altitud
높이뛰기 (el) salto de altura
놓치다 perder
뇌 (el) cerebro, (el) seso
뇌물 (el) soborno
뇌우(雷雨) (la) tronada
누나 (la) hermana mayor
누더기 (el) trapo
누드 (el) desnudo
누출되다 gotear
눈(目) (los) ojos
눈(雪) (la) nieve
눈곱 (la) legaña, (la) pitaña
눈꺼풀 (el) párpado
눈동자 (la) pupila
눈물 (la) lágrima
눈보라 (la) nevasca
눈썹 (la) ceja
눈이 오다 nevar
눕다 acostarse
뉴스 (la) noticia
뉴욕 Nueva York
늑대 (el) lobo
능동태 (la) voz activa
능력 (la) capacidad
능욕 (el) ultraje, (el) estupro
늦은 tarde
늪 (la) albufera, (la) laguna
늪지 (해변, 강변의) (la) marisma
니카라과 Nicaragua
니카라과의 (사람) nicaragüense
니켈 (el) níquel

[ㄷ]

다듬다 recortar
다람쥐 (la) ardilla
다루다 tratar
다리(橋梁) (el) puente
다리(足) (la) pierna
다리를 거는 행위 (la) zancadilla
다리미 (la) plancha
다림질 (el) planchado
다림질판 (la) tabla de plancha
다림질하다 planchar
다발 (el) atado
다수당(파) (la) mayoría
다스 (la) docena
다시 de nuevo

다시 시작하다 reiniciar
다양한 diverso
다운로드 descargar
다음의 próximo
다이빙 (la) zambullidura
다이아몬드 (el) diamante
다이얼을 다시 돌리다 remarcar
다이얼을 돌리다 discar, marcar
다크서클 (las) ojeras
닦다 lavar, fregar, pulir
단거리경주 (la) carrera de velocidad
단과 대학의 학장 (el/la) decano(a)
단과대학 (la) facultad
단기(장기)로 a corto(largo) plazo
단말기 (la) terminal
단식경기 (테니스) (los) singles
단어 (la) palabra
단위 (la) unidad
단음계 (la) escala menor
단점(短點) (el) defecto
단체 (el) grupo
단추 (el) botón
단추(지퍼) 덮개 (la) bragueta
단층 (la) falla
단편소설 (el) cuento
단편소설작가 (el/la) cuentista
닫다 cerrar
달 (la) luna
달걀거품기구 (el) batidor de huevos
달러 (el) dólar
달리다 (말이) galopar
달리다 correr
달착륙 (el) alunizaje
달콤한 dulce
달팽이 (el) caracol
닭(고기) (el) pollo
담(痰) (la) flema
담낭 (la) vejiga de la bilis
담배 (el) cigarrillo, (el) tabaco
담배피우다 fumar
담소하다 platicar
담요 (la) frazada, (la) frisa, (la) manta, (la) cobija
답변하다 contestar
당나귀 (el) asno, (el) burro
당뇨병 (la) diabetes
당좌예금구좌 (la) cuenta corriente
대가(大家) (el/la) maestro(a)
대구 (el) bacalao, (la) merluza, (el) romero
대기권 (la) atmósfera
대기권외 (la) exósfera
대기자명단 (la) lista de espera
대기층 (la) capa atmosférica
대나무 (el) bambú
대도시 (el) metrópoli
대로 (la) avenida
대륙 (el) continente
대륙붕 (la) plataforma continental
대리석 (el) mármol
대리인 (el/la) agente
대립의 contrario
대명사 (el) pronombre
대모(代母) (la) madrina

대못 (la) estaca
대변(大便) (el) excremento, (la) caca, (las) heces
대변인 (el) portavoz
대부(代父) (el) padrino
대부(貸付) (el) préstamo
대사 (el) embajador
대사관 (la) embajada
대사관 사무소 (la) cancillería de la embajada
대사관 서기관 (el) secretario de la embajada
대서양 (el) Atlántico
대성당 (la) catedral
대양 (el) océano
대웅좌 (la) Osa Mayor
대주교 (el) arzobispo
대차 대조표 (la) hoja de balance
대추야자 열매 (el) dátil
대통령 (el/la) presidente
대통령령(令) (el) decreto presidencial
대표부사무소 (la) delegación
대학 (la) universidad
대학예비과정 (el) bachillerato preuniversitario
대학원 (la) escuela de posgrado
대합실 (la) sala de espera
대합조개 (las) almejas
대행자 (el/la) agente
대화 (la) conversación
대화자 (el) interlocutor
댐 (el) embalse, (la) presa, (la) represa
댐의 물 (la) presada
더 멀리 más allá
더 앞(뒤)에 más allá
더러운 sucio
더블룸 (el) cuarto doble, (la) habitación doble
더블침대 (la) cama de matrimonio
더빙하다 doblar
더운 caluroso
더위 (el) calor
더티플레이 (el) juego sucio
더하기 (la) suma, (la) adición
던지기 (el) tiro
던지다 (공을) tirar
덜 익힌 poco asado
덧니 (los) dientes torcido
덮다 tapar
데님 (el) algodón asargado
데모 (la) manifestación
데스크탑 컴퓨터 (el/la) computador(a) de escritorio
데시그램 (el) decigramo
데시리터 (el) decilitro
데시미터 (el) decímetro
데이터 (los) datos
데이터그램 (el) datagrama
도달하다 alcanzar
도둑 (el/la) ladrón(a)
도둑질 (el) latrocinio, (el) robo
도랑 (용수용) (la) acequia

도로 (la) carretera
도로교통법 (el) código de circulación, (la) ley de Tráfico de Carreteras
도마뱀 (el) lagarto
도망치다 escapar
도매업자 (el/la) mayorista
도미 (el) besugo, (el) pargo
도미니카공화국 Repúlica Dominicana
도미니카공화국의 dominicano(a)
도버해협(영국해협) (el) Canal de la Mancha
도서관 (la) biblioteca
도시 (la) ciudad
도자기 (la) porcelana
도착 (la) llegada
도착시간 (la) hora de llegada
도착하다 llegar
도쿄 Tokio
독감 (la) gripe
독방 (la) celda
독서 (la) lectura
독수리 (el) águila [f.]
독일 Alemania
독일어 (el) alemán
독일의 (사람) alemán(a)
독재의 autocrático
독재자 (el/la) dictador(a)
독재정치 (la) dictadura
돈 (el) dinero
돌고래 (el) delfín
돌(리)다 virar
돌려주다 devolver
돌아오다 regresar
돕다 ayudar
동(東) (el) este, (el) oriente
동굴 (la) caverna, (la) cueva
동기화 (la) sincronización
동료 (el/la) compañero(a), (el/la) socio(a)
동맥 (la) arteria
동맹 (la) alianza
동메달 (la) medalla de cobre
동물 (el) animal
동반구(東半球) (el) hemisferio oriental
동사(動詞) (el) verbo
동서(同壻) (el/la) cuñado(a)
동업자 (el/la) socio(a)
동의(動議) (la) moción
동의안을 내다 presentar una moción
동전 (la) moneda (metálica)
동전 넣는 구멍 (la) ranura
동전지갑 (el) monedero
동점 (el) empate
동지(冬至) (el) solsticio de invierno
동쪽 (el) este
동토(凍土) (la) tundra
돼지 (el) cerdo, (el) puerco
돼지고기 (la) carne de cerdo
돼지기름 (la) manteca
두개골 (el) casco
두꺼비 (el) sapo
두드러기 (la) urticaria

두통 (el) dolor de cabeza
둥지를 만들다 anidar
뒤를 잇다 seguir [siga]
뒤쪽의 객실 (la) cabina trasera
뒷부분 por detrás
드라이 (el) secado
드라이기 (el) secador
드라이버 (el) conductor
드라이크리닝 (el) lavado en seco, (la) limpieza en seco
드라이크리닝하다 lavar en seco
드래그 (el) arrastre
드레스 (el) vestido
득점하다 hacer(meter) un gol, marcar
듣다 oír, escuchar
들것 (la) camilla, (las) parihuelas, (las) angarillas
들국화 (la) margarita
들어가다 caber
등 (la) espalda
등기우편 (el) correo certificado
등대 (el) faro
등록 (la) matrícula
등록카드 (la) tarjeta de recepción
등록표 (la) ficha
등록하다 inscribirse, matricularse
등반 (la) escalada
등산 (el) alpinismo, (la) escalada
등산가 (el/la) alpinista, (el/la) montañero(a)
등심 (el) solomillo
디렉토리 (el) directorio
디스켓 (el) disquete
디스코텍 (la) discoteca
디스크 (el) disco
디스플레이 (el) visualizador
디자이너 (el/la) diseñador(a)
디저트 (la) sobremesa, (el) postre
디지털데이터통신망 (el) intercambio de datos digitales
디지털도서관 (la) biblioteca digital, (la) ciberbiblioteca
딸 (la) hija
딸기 (la) fresa, (la) frutilla
땀 (el) sudor
땀을 흘리다 sudar
땅콩 (el) cacahuete, (el) cacahuate, (el) maní
땋은 머리 (la) trenza
떡갈나무 (el) roble
뚜껑 (la) tapa
뜨거운 caliente, caluroso

[ㄹ]

라듐 (el) radio
라디에이터 (el) radiador
라디오 (la) radio
라벨 (la) etiqueta
라이벌 (el) rival
라이터 (el) encendedor, (el) mechero
라임 열매 (el) lima
라켓 (la) raqueta
라틴어 (el) latín

램프 (la) lámpara
러브 (테니스) (el) cero, (la) nada
러시아 Rusia
러시아어 (el) ruso
러시아워 (la) hora punta, (la) hora pico, (la) hora de mayor afluencia
러시아의 (사람) ruso(a)
럭비 (el) rugby
런던 Londres
럼주 (el) ron
레구아 (5.5727 km) (la) legua
레모네이드 (la) limonada
레몬 (el) limón
레몬홍차 (el) té con limón
레스토랑 (el) restaurante
레슬링 (la) lucha libre
레인코트 (el) encauchado, (el) impermeable, (la) gabardina
로렐배 (el) aguacate, (la) palta
로마 Roma
로맨스영화 (la) película romántica
로우빔 (las) luces bajas, (las) luces de cruce
로즈메리의 잎 (el) romero
로켓 (el) cohete
로켓발사 (el) lanzamiento del cohete
로터리 (la) glorieta
롤러 (el) rulo
루마니아 Rumania
루마니아어 (el) rumano
루마니아의 (사람) rumano(a)
루비 (el) rubí
룰 (la) regla
르네상스 (el) Renacimiento
리그 (la) liga
리마 Lima
리마콩 (las) habas de lima
리사이틀 (el) recital
리셉션 (la) recepción
리셋 (la) reiniciación
리스본 Lisboa
리오데자네이로 Río de Janeiro
리터 (el) litro
리턴 키 (la) tecla de retorno
릴레이경주 (la) carrera de relevos
링크 (el) enlace

[ㅁ]

마개 (el) tapón
마그네슘 (el) magnesio
마그마 (la) magma
마늘 (el) ajo
마늘수프 (la) sopa de ajo
마드리드 Madrid
마따도르 (el) matador
마라톤 (el) maratón
마르크스주의자 (el/la) marxista
마르크시즘 (el) marxismo
마름모 (el) rombo
마스크 (la) máscara
마시다 beber
마실 수 있는 물 (el) agua potable

[f.]
마약 (la) droga, (el) narcótico
마약중독 (el) narcotismo
마요네즈 (la) mahonesa, (la) mayonesa
마요라나 (la) mejorana
마을 (el) pueblo, (la) aldea
마이크 (el) micrófono
마일 (1,852 미터) (la) milla
마중나가다 recoger
마지막의 último
마찰 (la) fricción
마찰저항 (la) resistencia en fricción
마취 (la) anestesia
마취의사 (el/la) anestesista
마케팅 (el) marketing, (el) mercadeo
마호메트교 (el) mahometismo
마호메트교도 (el/la) mahometano(a), (el/la) musulmán(a)
막 (el) acto
막간 (el) intermedio
막내딸 (la) hija menor
막내아들 (el) hijo menor, (el) benjamín
막대 (el) bastón, (el) palo
막이 내리다 caerse
막이 오르다 levantarse
막힌 atascado
만(灣) (el) golfo, (la) bahía
만나다 encontrarse
만들다 hacer
만원의 completo
만유인력 (la) gravitación universal
만화영화 (los) dibujos animados
많은 mucho
말(馬) (el) caballo
말리기 (el) secado
말리다 secarse
말벌 (la) avispa
말하다 hablar, decir
맑게 갠 despejado, soleado
맛 (el) sabor
맛있는 delicioso
망간 (el) manganeso
망고 (el) mango
망명 (el) exilio
망원경 (el) telescopio
망치 (el) martillo
망토 (la) capa
맞다 quedarle bien(a alquien)
맡기다 depositar
매 (el) halcón
매니큐어 (el) esmalte, (la) manicura
매다 abrocharse
매력 (la) atracción
매미 (la) cigarra
매수 (el) soborno
매수범 (el/la) sobornador(a)
매수하다 sobornar
매일 todos los días
매진된 agotado
매춘 (la) prostitución
매춘부 (la) prostituta, (la) ramera,

(la) puta
매트리스 (el) colchón
매표구 (la) taquilla, (la) ventanilla, (la) boletería
매표원 (el/la) taquillero(a)
맥박 (el) pulso
맥주 (la) cerveza
맥줏집 (la) cervecería
맨 앞줄 (la) delantera
맹장 (el) apéndice
맹장염 (la) apendicitis
머리 (la) cabeza
머리 빗다 peinarse
머리감기 (el) lavado de pelo
머리손질 (el) peinado
머리카락 (el) pelo, (el) cabello
머리핀 (la) horquilla
먹다 comer
먼 lejano
먼지 (el) polvo
먼지를 털다 limpiar el polvo
멀리 lejos
멀리뛰기 (el) salto de longitud
멀미 (el) mareo
멀티미디어 (la) multimedia
멀티캐스트 (la) multidifusión
멍멍 (el) guau guau
메뉴 (el) menú, (la) carta, (la) minuta
메모리 (la) memoria
메시지 (el) mensaje (남미), (el) recado (스페인)
메인코스 (el) plato principal
메일링리스트 (la) lista de correo, (la) lista de distribución
메일박스 (el) buzón de correo electrónico
메일서버 (el) servidor de correo
메추라기 (la) codorniz
멕시코 México
멕시코의 (사람) mexicano(a)
멜로디 (la) melodía
멜론 (el) melón
멜빵 (los) tirantes
멧돼지 (el) jabalí
며느리 (la) nuera
면 (el) algodón
면도 (el) afeitado
면도기 (la) afeitadora, (la) máquina de afeitar
면도칼 (la) navaja
면도크림 (el) jabón de afeitar
면도하다 afeitar(se)
면류 (los) fideos
면세의 exento de impuesto
면세품 (los) artículos sin impuesto
면수프 (la) sopa de fideos
면적 (la) extensión
면제 (el) indulto
멸치(절임) (las) anchoas
멸치류 (los) boquerones
명령법 (el) modo imperativo
명령하다 mandar, prescribir
명사 (el) nombre

명승지 (el) lugar de interés
모공 (el) poro
모기 (el) mosquito
모니터 (el) monitor
모닥불 (la) fogata, (la) hoguera
모델 (el) modelo
모뎀 (el) módem
모래 (la) arena
모래언덕 (el) médano, (la) duna
모레 pasado mañana
모로코 Marrueco
모로코의 (사람) marroquí
모방하다 imitar
모범 (el) modelo
모세혈관 (el) vaso capilar
모스크바 Moscú
모욕 (la) injuria
모욕하다 insultar, ofender, injuriar
모음(母音) (la) vocal
모임 (la) reunión
모자 (el) sombrero
모직물 (la) lana
모터보트 (la) barca a motor
모텔 (el) motel
모퉁이 (la) esquina
모포 (la) frazada, (la) frisa, (la) manta
목 (el) cuello
목걸이 (el) collar
목격자 (el/la) testigo de vista
목구멍 (la) garganta
목발 (la) muleta
목사 (el) pastor
목성(木星) (el) Júpiter
목요일 (el) jueves
목욕 (el) baño
목욕가운 (la) bata de baño
목욕모자 (la) gorra de baño
목욕수건 (la) toalla de baño
목욕하다 bañarse
목장 (el) prado, (la) pradera
목장지 (la) dehesa
목적지 (el) destino
목젖 (la) úvula
몰리브덴 (el) molibdeno
몰수 (la) confiscación
몰수하다 confiscar
몸값 (el) rescate
무 (채소) (el) nabo, (el) rábano
무(無) (la) nada
무거운 pesado
무게 (el) peso
무게를 재다 pesar
무기화학 (la) química inorgánica
무대 (la) escena
무대에 올리다 entrar en escena
무대정면의 낮은 관람석 (la) platea
무더운 bochornoso
무료입장 (la) entrada libre
무릎 (la) rodilla
무색의 incoloro
무서운 horrible
무선의 inalámbrico
무연의 sin plomo

무연휘발유 (la) gasolina sin plomo
무지개 (el) arco iris
무탄산수 (el) agua sin gas
무통분만 (el) parto sin dolor
무화과 열매 (el) higo
무화과나무 (la) higuera
묵다 hospedarse
묶다 atar, abrocharse, amarrar
묶어 늘어뜨린 머리 (la) cola de caballo
묶음 (el) atado
문 (la) puerta
문구점 (la) papelería
문자 (la) letra
문자메시지 (el) mensaje de texto
문장 (la) oración
문제 (el) problema
문학 (la) literatura, (las) letras
문헌학 (la) filología
문화 (la) cultura
물 (el) agua [f.]
물개 (la) foca
물고기 (el) pez
물다 morder
물리학 (la) física
물리학자 (el/la) físico(a)
물방울무늬 (la) bolita
물방울무늬의 con lunares
물방울이 떨어지다 gotear
물위에 뜨다 flotar
물질 (la) materia
뮤지컬 (la) obra musical
미각 (el) gusto
미국 Estados Unidos (de América)
미국의 (사람) estadounidense
미래 (el) futuro
미망인 (la) viuda
미사 (la) misa
미성년 (los) menores
미수범죄 (el) delito frustrado, (la) tentativa
미술 (las) bellas artes
미술관 (el) museo de bellas artes
미용사 (el/la) peluquero(a)
미용실 (la) peluquería
미장이 (el) albañil
미지수 (la) incógnita
미터 (el) metro
미터법 (el) sistema métrico
미터측량 (el) metraje
미트볼 (las) albóndigas
미풍 (la) brisa
미혼의 soltero
미혼자 (el/la) soltero(a)
믹서 (la) batidora
민법 (el) código civil, (el) derecho civil(cesáreo)
민사소송 (el) pleito civil
민어 (el) romero
민어과의 식용어 (la) corbina
민족자결 (la) autodeterminación de los pueblos
민족주의 (el) racismo
민주주의 (la) democracia

민주주의자 (el/la) demócrata
믿다 creer
밀 (el) trigo
밀리그램 (el) miligramo
밀리리터 (el) mililitro
밀리미터 (el) milímetro
밀수 (el) contrabando
밀수범 (el/la) contrabandista
밀크커피 (el) café con leche
밀크쉐이크 (el) batido, (la) granizada

[ㅂ]

바 (el) bar
바구니 (la) cesta, (el) capacho
바꾸다 cambiar, conmutar
바나나 (el) guineo, (el) plátano, (la) banana
바느질하다 coser
바늘 (la) aguja
바닐라 (la) vainilla
바다 (el) mar
바다가재 (la) langosta
바다의 marítimo
바다의 조수 (la) marea
바닥 (el) suelo
바닷게 (la) jaiba
바람 (el) viento
바비큐 (la) barbacoa
바쁜 ocupado
바스켓 (el) cesto
바스켓 (농구의) (la) canasta
바스크어 (el) vasco
바위 (la) roca
바이올린 (el) violín
바이올린연주자 (el/la) violinista
바지 (el) traje pantalón, (los) pantalones
바코드 (el) código de barra
바퀴 (la) llanta, (la) rueda
바퀴벌레 (la) cucaracha
바통 (la) posta, (el) bastón
박람회 (la) feria
박물관 (el) museo
박사 (el/la) doctor(a)
박사학위 (el) doctorado
박사학위를 받다 doctorarse
박수갈채 하다 aplaudir
박자(拍子) (el) compás
박쥐 (el) murciélago
박하 (la) menta
밖 afuera
반경 (el) radio
반납하다 devolver
반대편의 opuesto
반도 (la) península
반란 (la) sublevación
반바지 (los) calzones
반석류 열매 (la) guayaba
반송(返送) (el) reenvío
반숙 계란 (los) huevos pasados por agua
반역 (la) traición
반작용 (la) reacción

반주(단) (el) acompañamiento
반주자 (el/la) acompañador(a)
반지 (el) anillo
반짝이는 brillante
반창고 (el) esparadrapo
반칙 (la) falta, (el) foul
받다 recibir
받아들이다 aceptar
받침 접시 (el) platillo
발 (el) pie
발가락 (los) dedos del pie
발견 (el) descubrimiento
발뒤꿈치 (el) talón
발레 (el) ballet
발로 차다 darle una patada
발목 (el) tobillo
발병(發病) (el) ataque
발송인(자) (el/la) remitente
발신음 (la) señal
발의(發議) (la) moción
발톱 (las) uñas de los dedos del pie
발톱미용 (la) pedicura
밟는 브레이크 (el) freno de pie
밤 (la) noche
밤나무 (el) castaño
밤에 por la noche
밧줄 (la) cuerda
방 (la) habitación, (el) cuarto
방(榜) (el) edicto
방갈로 (la) cabina
방광 (la) vejiga
방귀 (el) pedo
방귀뀌다 peerse, ventosear(se)
방목지 (la) dehesa
방문하다 visitar
방법 (la) manera, (el) modo
방사 (la) radiación
방사능 (la) energía radiante
방아 (el) molino
방어 (la) defensa
방언 (el) dialecto
방을 비우다 abandonar
방정식 (la) ecuación
방파제 (el) rompeolas
방학 (las) vacaciones
방향 (la) dirección
방향을 바꾸다 virar
방향지시등 (el) intermitente
방화 (el) incendio intencional
방화범 (el/la) incendiario(a)
방화벽 (el) cortafuego
방화하다 incendiar
밭 (el) campo de cultivo
배 (el) vientre, (la) barriga
배 (과일) (la) pera
배 (선박) (el) barco
배경 (el) fondo
배구 (el) voleibol, (el) balonvolea
배꼽 (el) ombligo
배낭 (la) mochila
배달증명(등기) 우편 (el) correo certificado(recomendado)
배달하다 repartir

배드민턴 (el) bádminton
배반 (la) traición
배색 (la) coloración
배서(이서)하다 endosar
배설물 (las) heces
배수(구) (el) desagüe
배식 접시 (la) fuente
배심원 (el/la) jurado(a)
배영 (la) espalda
배우(남) (el) actor
배우(여) (la) actriz
배우다 aprender
배우자 (el/la) consorte, (el/la) cónyuge
배우자를 잃다 enviudar
배터리 (la) batería
배트 (el) bate
백금 (el) platino
백내장 (las) cataratas
백리향(百里香) (el) tomillo
백스페이스 키 (la) tecla de retroceso
백점토 (la) arcilla blanca
백조 (el) cisne
백포도주 (el) vino blanco
백합 (la) azucena
백화점 (el) almacén
밴드 (la) tirita
뱀 (la) serpiente
뱀장어 (la) anguila
버너 (el) hornillo
버섯 (el) champiñón, (el) hongo, (la) seta
버스 (el) autobús
버찌 (la) cereza, (la) guinda
버터 (la) mantequilla
버터접시 (el) mantequero, (la) mantequillera
버튼 (el) botón
버튼식의 de(a) botones
번개 (los) rayos, (los) relámpagos
번역 (la) traducción
번역가 (el/la) traductor(a)
번호 (el) número
번호판 (la) matrícula, (la) placa
벌 (la) abeja
벌금 (la) multa
벌레 (el) bicho
벌판 (el) campo
범람하다 inundarse
범선 (el) velero
범인 (el/la) autor(a), (el/la) cometedor(a), (el/la) perpetrador(a)
범죄 (el) delito
범죄를 저지르다 perpetrar
범죄자 (el/la) delincuente
범퍼 (el) parachoques
범하다 cometer
법 (la) ley
법(률)학 (la) jurisprudencia
법령 (el) edicto, (la) ordenanza
법률학자 (el) jurisprudente
법무부 (el) Ministerio de Justicia

법원 (el) tribunal
법전 (el) código
법정 (el) tribunal
법정 연령의 mayor de edad
법학 (el) derecho
벗다 quitarse
베개 (la) almohada
베갯잇 (la) funda
베네수엘라 Venezuela
베네수엘라의 venezolano(a)
베다 cortar
베를린 Berlín
베링해 (el) Mar de Bering
베이커리 (la) pastelería
베이컨 (el) tocino
베이킹파우더 (el) polvo de hornear
벨트 (el) cinturón
벼랑 (el) precipicio, (el) barranco
벼룩 (la) pulga
벽난로 (la) chimenea
변기 (el) inodoro, (el) retrete
변론 (la) alegación
변비 (el) estreñimiento
변비를 일으키다 estreñir
변비에 걸린 estreñido
변사 (la) occisión
변사자 (el/la) occiso(a)
변속기어 (la) palanca
변속하다 cambiar de velocidad
변호사 (el/la) abogado(a)
별 (la) estrella
별거 (la) separación
별거하다 separarse
병따개 (el) abrebotellas, (el) destapador
병원 (el) hospital
보관하다 depositar
보까디요 (el) bocadillo
보내다 enviar, mandar
보닛 (el) bonete, (el) capó
보다 ver, mirar, visualizar
보도 (la) acera
보석 (la) joya
보석(保釋) (la) absolución bajo la fianza
보석금(保釋金) (la) fianza carcelera
보수주의 (el) conservatismo, (el) conservadurismo
보수주의자 (el/la) conservador(a)
보안 (la) seguridad
보안 검사 (el) control de seguridad
보온병 (el) termo
보증 (la) garantía
보증금 (el) depósito
보크사이트 (la) bauxita
보통(저축) 예금 (la) cuenta de ahorros
보통열차 (el) tren ómnibus
보트 (la) barca, (la) lancha
보트경주 (la) regata
보험 (el) seguro
보험에 들다 asegurar
보험증권 (la) póliza (de seguro)
보험회사 (la) compañía de seguros

보호국 (el) estado protegido, (el) protectorado
보호령 (el) protectorado
보호하다 proteger
복권 (la) lotería
복도 (el) pasillo
복부 (el) abdomen
복부의 abdominal
복사 (la) fotocopia
복사하다 copiar
복숭아 (el) durazno, (el) melocotón
복싱 (el) boxeo, (el) boxing
복역하다 cumplir condena
복원 (la) recuperación
복원하다 recuperar
복잡골절 (la) fractura complicada
본보기 (el) ejemplo
본회의 (la) sesión plenaria
볼 (el) balón, (la) pelota
볼 (골프) (la) bola
볼 (얼굴) (la) mejilla
볼리비아 Bolivia
볼리비아의 (사람) boliviano(a)
볼링 (el) boliche, (los) bolos
볼펜 (el) bolígrafo
봄 (la) primavera
봉건제도 (el) feudalismo
봉사 (el) servicio
봉사하다 servir
봉쇄 (el) bloqueo
봉투 (el) saco
부가형 (la) pena accesoria
부과하다 imponer
부근 (las) cercanías
부두 (el) dique, (el) muelle
부러지다 romper
부모 (los) padres
부목(副木)을 대다 entablillar
부부 (el) matrimonio
부사(副詞) (el) adverbio
부상 (la) herida
부서지다 romperse
부엉이 (el) buho
부엌 (la) cocina
부에노스아이레스 Buenos Aires
부인(夫人) (la) señora
부재중 통화 (las) llamadas perdidas
부재증명 (la) coartada
부정과거 (el) pretérito indefinido
부정관사 (el) artículo indefinido
부채 (el) abanico
부채(負債) (los) pasivos
부처 Buda
부추 (el) puerro
부츠 (las) botas
부탄가스 (el) gas butano
부팅하다 iniciar el funcionamiento
부풀어 오른 hinchado
부피 (el) volumen
부활절 (la) Pascua de Resurrección
북 (악기) (el) tambor
북(北) (el) norte, (el) septentrión
북경 Pekín
북극 (el) Ártico, (el) polo norte

북극곰 (el) oso polar
북극권 (el) círculo polar ártico
북동(北東) (el) nordeste, (el) noreste
북마크 (el) marcapáginas
북반구(北半球) (el) hemisferio boreal
북서(北西) (el) noroeste
북아메리카 América del Norte
북아메리카의 norteamericano(a)
북쪽 (el) norte
북한 Corea del Norte
북회귀선 (el) trópico de Cáncer
분(分) (el) minuto
분동(分銅) (la) pesa, (el) contrapeso
분리주의 (el) separatismo
분리주의자 (el/la) separatista
분만(分娩) (el) parto
분만실 (la) sala de parto
분만촉진제 (el) oxitócico
분모 (el) denominador
분석 (el) análisis
분수 (la) fracción, (el) número fraccionario, (el) quebrado
분수령 (la) divisoria de las aguas
분실물 (los) objetos perdidos
분실물센터 (la) oficina de objetos perdidos
분자 (el) numerador
분자 (la) molécula
분할 불입금 (la) cuota
분할 지불로 a plazos
분할로 지불하다 pagar a plazos
분화(噴火) (la) erupción
분화구(噴火口) (el) cráter
불 (el) fuego
불가침조약 (el) principio de no agresión
불교 (el) budismo
불교도 (el/la) budista
불량배 (el) bribón, (el) canalla
불소 (el) flúor
불쌍한 pobre
불안정한 inestable
불완료과거 (el) pretérito imperfecto
불을 켜다 encender, poner la luz
불이 켜진 iluminado
불편한 incómodo
불합격 desaprobado
불합격하다 salir mal
붓 (el) pincel
붕대 (el) vendaje, (la) venda
붕대를 감다 vendar
뷔페 (el) buffet
브라우저 (el) explorador, (el) navegador
브라질 Brasil
브라질의 (사람) brasileño(a)
브래지어 (el) sostén
브러시 (el) cepillo
브레이크 (el) freno
브레이크를 걸다 frenar
브레이크액 (el) líquido de frenos
브로콜리 (el) brocolí
블라우스 (la) blusa

블라인드 (las) persianas
블랙커피 (el) café solo
블록 (la) manzana
블루진 (los) blue jeans
비 (la) lluvia
비가 많이 오는 lluvioso
비가 오다 llover
비교하다 comparar
비극 (la) tragedia
비누 (el) jabón
비누받침 (la) jabonera
비단 (la) seda
비둘기 (la) paloma, (el) pichón
비디오 (el) vídeo
비밀 (el) secreto
비밀경찰 (la) policía secreta
비밀번호 (la) contraseña, (la) palabra de acceso
비상상태 (la) emergencia
비상출구 (la) salida de emergencia
비서 (el/la) secretario(a)
비소 (el) arsénico
비스킷 (la) galleta
비싼 caro
비알콜음료 (la) bebida no alcohólica
비용 (el) costo
비우다 vaciar
비자 (el) visado, (la) visa
비준 (la) sanción
비준교환 (el) canje de ratificaciones
비중 (el) peso específico, (la) densidad
비질하다 escobar
비취 (el) jade
비치샌들 (las) sandalias playeras
비키니 (el) bikini
비타민 (la) vitamina
비탈길 (la) pendiente
비프스테이크 (el) bistec
비행 (el) vuelo
비행기 (el) avión
비행기로 en avión
비행기를 갈아타다 cambiar de avión
비행시간 (el) tiempo de vuelo
비행하다 volar
빈 (도시) Viena
빈 vacío
빌리다 alquilar
빗 (el) peine, (la) peina
빗다 peinarse
빗자루 (la) escoba
빙수 (el) granizado
빙하 (el) glaciar, (el) helero
빙하시대 (la) época glacial
빛 (la) luz
빠른 rápido
빨다 chupar
빨다 (세탁) lavar
빵 (el) pan, (el) panecillo
빵가게 (la) panadería
빵굽는 납작한 냄비 (la) tortera
빵을 굽다 hornear
빼기 (la) resta, (la) substracción
빼다 quitar

빼앗다 interceptar
뺨 (las) mejillas
뻐꾸기 (el) cuco
뻬소 (el) peso
뼈 (el) hueso
뿌리 (la) raíz
삐다 torcer

[ㅅ]

사격 (el) tiro
사고 (el) accidente
사과 (la) manzana
사과주 (la) sidra
사교(邪教) (la) herejía
사구(砂丘) (el) médano, (la) duna
사기 (la) estafa, (el) fraude
사기범 (el/la) estafador(a)
사기치다 estafar
사냥 (la) caza
사냥꾼 (el/la) cazador(a)
사냥하다 cazar
사다 comprar
사다리꼴 (el) trapecio
사람 (el) hombre
사랑 (el) amor
사랑니 (las) muelas del juicio
사랑하다 querer
사르수엘라 (la) zarzuela
사립학교 (la) escuela privada
사막 (el) desierto
사망 (la) muerte
사면(赦免) (la) absolución, (el) indulto
사면(斜面) (la) vertiente
사무실 (la) oficina
사무직원 (el/la) oficinista
사바나(콜롬비아의 초원) (la) sabana
사법경찰 (la) policía judicial
사법권 (la) jurisdicción
사서(司書) (el/la) bibliotecario(a)
사서함 (el) apartado postal
사슴 (el) ciervo
사실 (la) verdad
사실주의 (el) realismo
사암(砂巖) (la) piedra arenisca
사업 (el) negocio
사용자식별 (la) identificación del usuario
사용하다 usar
사용할 수 있는 disponible
사원 (el) templo
사월(四月) (el) abril
사위 (el) yerno
사이버공간 (el) espacio virtual
사이버캐시 (la) moneda electrónica
사이즈 (el) número, (la) talla, (la) medida
사이클경기 (el) ciclismo
사이트 (el) sitio
사인 (la) firma
사인(死因) (la) causa de la muerte
사인하다 firmar
사장 (el/la) jefe(a)
사적인 particular

사전 (el) diccionario
사제 (el) sacerdote
사주 (el) banco de arena
사증 (el) visado, (la) visa
사진 (la) foto
사진찍다 sacar(tomar) la foto
사촌 (el/la) primo(a)
사타구니 (el) muslo
사탕무 (el) betabel, (la) betarraga, (la) remolacha
사파이어 (el) zafiro
사프란 (el) azafrán
사형 (la) pena capital, (la) pena de muerte, (la) pena de vida
사형 집행인 (el) verdugo
사환 (el) mozo, (el) botones, (el) maletero
사회과학 (las) Ciencias Sociales
사회주의 (el) socialismo
사회주의자 (el/la) socialista
사회학 (la) sociología
삭제 키 (la) tecla de borrar
삭제하다 borrar
산(山) (la) montaña
산(酸) (el) ácido
산계(山系) (la) cordillera, (la) sierra
산고(産苦) (los) dolores de parto
산고(産故) 중이다 estar de parto
산과(의학) (la) obstetricia, (la) tocología
산과의사 (el/la) obstétrico(a)
산괴(山塊) (el) macizo
산기슭 (la) ladera, (la) falda
산맥 (la) cordillera, (la) sierra
산모 (la) mujer en sobreparto, (la) mujer parturienta
산문 (la) prosa
산부(産婦) (la) mujer en sobreparto, (la) mujer parturienta
산부인과 (la) ginecología
산부인과 병원 (el) hospital(casa) de maternidad
산부인과 의사 (el/la) ginecólogo(a)
산성(酸性) (la) acidez
산소 (el) oxígeno
산소마스크 (la) máscara de oxígeno
산소텐트 (la) tienda de oxígeno
산재해 있는 disperso
산책 (el) paseo
산책하다 pasear, dar un paseo
산토끼 (la) liebre
산통 (los) dolores de parto
산협(山峽) (el) desfiladero, (la) garganta, (la) quebrada
산호 (el) coral
산호초 (el) arrecife coralino
살구 (el) albaricoque, (el) damasco, (la) ciruela
살구나무 (el) albaricoquero
살모사 (la) víbora
살인(죄) (el) homicidio
살인자 (el/la) homicida
살짝 튀기다 saltear
살짝 튀긴 salteado

살해 (la) occisión
삶다 guisar
삶은 hervido
삶은 계란 (los) huevos duros, (los) huevos escalfados
삼각주 (la) delta
삼각형 (el) triángulo
삼나무 (el) cedro
삼단뛰기 (el) triple salto
삼월(三月) (el) marzo
삼촌 (el) tío
삿갓조개 (los) percebes
상 (el) premio
상가(商街) (la) calle comercial
상그리아 (la) sangría
상단침대 (la) cama de arriba
상대편 (el) adversario
상류(上流) (el) curso alto
상무관 (el) agregado comercial
상법(商法) (el) código de comercio
상부 (la) superposición
상사 (el/la) jefe(a)
상승하다 subir
상어 (el) tiburón
상영시간 (la) duración
상영하다 poner
상원 (el) senado, (la) cámara alta
상원의원 (el/la) senador(a)
상인(商人) (el/la) comerciante
상자 (la) caja
상징주의 (el) simbolismo
상처 (la) herida
상추 (la) lechuga
상쾌함 (el) fresco
상하양원 (las) Cortes
상하양원제의 bicameral
상해(傷害) (la) lesión
새 (el) pájaro, (las) aves
새끼돼지요리 (el) cochinillo
새끼손가락 (el) dedo meñique
새로운 nuevo
새벽 (la) madrugada
새우 (los) camarones, (las) gambas
색 (el) color
색소폰 (el) saxofón
색조 (la) coloración, (el) colorido
샌드위치 (el) sándwich
샌들 (la) zapatilla, (las) sandalias
샐러드 (la) ensalada
샐러드그릇 (la) ensaladera
샐러리 (el) apio
샘플 (la) muestra
샛별 (el) lucero
생강 (el) jengibre, (la) ginebra
생년월일 (la) fecha de nacimiento
생맥주 (la) cerveza de barril, (la) cerveza pura
생머리 (el) pelo liso
생물학 (la) biología
생물학자 (el/la) biólogo(a)
생산 (la) producción
생산자 (el/la) productor(a)
생산품 (el) producto
생산하다 producir

생선 (el) pescado
생선가게 (la) pescadería
생선수프 (la) sopa de pescado
생수 (el) agua mineral [f.]
생일 (el) cumpleaños
샤베트 (el) sorbete
샤워 (la) ducha
샤워하다 ducharse
샤프펜슬 (el) lapicero
샴페인 (el) champán
샴푸 (el) champú
서(西) (el) oeste, (el) occidente
서랍 (el) cajón
서랍식 장롱 (la) cómoda
서류 (el) documento
서류가방 (el) maletín, (la) cartera
서리 (la) escarcha
서명 (la) firma
서명하다 firmar
서반구(西半球) (el) hemisferio occidental
서버 (el) servidor
서부영화 (la) película de oeste
서브넷마스크 (la) máscara de subred
서비스 (el) servicio
서사시 (el) poema épico
서울 Seúl
서점 (la) librería
서정시 (el) poema lírico
서쪽 (el) oeste
서치 (la) búsqueda
서치엔진 (el) motor de búsqueda
서프보드 (la) tabla hawaiiana
석고 (el) yeso
석류 (el) granado
석류석(石榴石) (el) granate
석방 (la) absolución
석사 (el/la) licenciado(a)
석사학위 (la) licenciatura
석사학위를 받다 licenciarse
석쇠구이 (la) carne a la parrilla
석순(石筍) (la) estalagmita
석영 (el) cuarzo
석유 (el) petróleo
석탄 (el) carbón
석화작용 (la) petrificación
석회암 (la) [roca] caliza
선 (la) línea
선거 (la) elección
선거권 (el) derecho al voto
선거하다 elegir
선고하다 sentenciar
선교사 (el) misionero
선글라스 (las) gafas de sol, (los) anteojos de sol
선로 (la) vía
선물 (el) regalo
선물하다 regalar
선박 (el) barco
선불금 (el) anticipo
선사(先史) (la) prehistoria
선생님 (el/la) profesor(a), (el/la) maestro(a)

선서 (el) juramento
선서구술(진술)서 (el) afidávit, (la) declaración jurada
선선한 fresco
선수 (el/la) jugador(a)
선실 (la) cabina, (el) camarote
선언하다 declarar
선원 (el) marinero
선율 (la) melodía
선장 (el) capitán
선창(船艙) (el) muelle, (el) dique
선크림 (la) bronceadora protectora
선탠로션 (la) bronceadora
설교 (el) sermón
설사 (la) diarrea
설익은 poco cocido
설탕 (el) azúcar
설탕 그릇 (el) azucarero
섬 (la) isla
섭씨의 centígrado
섭정(攝政) (el) regente
성(姓) (el) apellido
성(性) (el) género
성가(聖歌) (el) himno
성게 (el) erizo de mar
성경(성서) (la) Biblia
성냥 (el) fósforo, (la) cerilla
성년의 mayor de edad
성단 (el) altar
성당 (la) catedral
성병 (la) enfermedad venérea
성악 (la) música vocal
성운 (las) nebulosas
성인 (el/la) adulto(a)
성적 (la) calificación, (la) nota
성전 (el) santuario
성좌 (la) constelación
성주간 (la) Semana Santa
성직자 (el) pastor
성층권(成層圈) (la) estratosfera
성탄절 (la) Navidad
세계 (el) mundo
세관 (la) aduana
세관신고(서) (la) declaración de aduana
세관원 (el/la) aduanero(a)
세금 (el) impuesto
세금이 붙는 (과세대상) gravable
세례 (el) bautizo
세례를 주다 bautizar
세면대 (el) lavabo, (el) lavamanos
세미나 (el) seminario
세일즈맨 (el/la) vendedor(a)
세제 (el) polvo de lavar
세탁 (el) lavado
세탁기 (la) lavadora, (el) lavarropas
세탁소 (la) lavandería, (la) tintorería
세탁하다 lavar, limpiar
세트 (el) set
센티리터 (el) centilitro
센티미터 (el) centímetro
셀(cell)방식의 celular
셔츠 (la) camisa
소 (la) vaca

소개 (la) presentación
소금 (la) sal
소금통 (el) salero
소나기 (el) aguacero, (el) chaparrón, (el) chubasco
소나무 (el) pino
소녀 (la) chica, (la) muchacha
소년 (el) chico, (el) muchacho
소다수 (la) gaseosa, (la) soda
소독하다 desinfectar
소득 (las) rentas
소란한 turbulento
소매 (la) manga
소매업자 (el/la) detallista, (el/la) minorista
소매치기 (el/la) carterista, (el/la) ratero(a)
소묘 (el) bosquejo
소변 (la) orina
소설 (la) novela
소설가 (el/la) novelista
소송 (el) pleito, (el) proceso
소송법 (el) derecho procesal
소송하다 (el) procesar
소수(小數) (el) número decimal
소수(素數) (el) número primo
소수당(파) (la) minoría
소스 (la) salsa
소시지 (la) salchicha
소시지가게 (la) charcutería
소아마비 (la) poliomielitis
소웅좌 (la) Osa Menor
소유물 (la) propiedad
소음기 (el) silenciador
소장(小腸) (los) intestinos
소지품 검사를 하다 cachear
소지품검사 (el) cacheo
소파 (el) sofá
소포 (el) paquete postal
소풍 (la) excursión
소프트디스크 (el) disco blando
소프트웨어 (el) software
소화불량 (la) indigestión
속국 (el) estado tributario(vasallo)
속눈썹 (las) pestañas
속달로 보내다 enviar por expreso
속달우편 (el) correo urgente
속달편지 (la) carta urgente
속도계 (el) velocímetro
속력 (la) velocidad
속바지 (los) calzoncillos
속셔츠 (la) camiseta
속옷 (la) ropa interior
손 (la) mano
손가락 (el) dedo
손녀 (la) nieta
손님 (el/la) cliente
손목(관절) (la) muñeca
손목시계 (el) reloj de pulsera
손바닥 (la) palma
손수건 (el) pañuelo
손자 (el) nieto
손잡이 (el) mango
손전등 (la) linterna (eléctrica)

손톱 (la) uña
손톱 미용 (el) esmalte
솔 (el) cepillo
솔기가 풀어진 descosido
솔방울 (el) piñón
송곳니 (el) canino, (el) colmillo
송신기 (el) transmisor
송아지 (el/la) novillo(a)
송아지고기 (la) ternera
송어 (la) trucha
쇠고기 (la) carne de vaca
쇼 (el) espectáculo
쇼윈도 (el) escaparate
수(數) (el) número
수건 (el) paño, (la) toalla
수건걸이 (el) toallero
수공예업자 (el/la) artesano(a)
수구(水球) (el) polo acuático
수녀 (la) monja
수도(가스)관 (la) cañería
수도(首都) (la) capital
수도꼭지 (el) grifo
수도사 (el) fraile
수도수리공 (el/la) fontanero(a)
수도원 (el) convento, (el) monasterio
수동태 (la) voz pasiva
수두(水痘) (las) viruelas
수량 (el) caudal
수련의(醫) (el/la) médico(a) residente
수리 (las) reparaciones
수리공장 (el) taller de reparación
수리하다 reparar
수면제 (las) pastillas para dormir
수박 (la) sandía
수비 (la) defensa
수사(搜査) (la) búsqueda, (la) pesquisa
수사학(修辭學) (la) retórica
수상 (el/la) primer(a) ministro(a)
수상스키 (el) esquí acuático
수상스키를 하다 esquiar en el agua, hacer el esquí acuático
수색 (la) pesquisa, (la) búsqueda
수선하다 remendar
수선화 (el) narciso
수성(水星) (el) Mercurio
수성암(水成巖) (la) roca sedimentaria
수세미 (el) estropajo
수소 (el) hidrógeno
수수료 (la) comisión
수술 (la) operación
수술대 (la) mesa de operaciones
수술실 (el) quirófano, (la) sala de operaciones
수술하다 operar
수신모드 (el) modo de recepción
수신자 (el/la) destinatario(a)
수업료 (los) derechos de matrícula
수염 (la) barba
수영 (la) natación
수영복 (el) bañador, (el) traje de

baño
수영장 (la) alberca, (la) piscina
수영하다 nadar
수요일 (el) miércoles
수위 (el) conserje
수은 (el) mercurio
수의사 (el/la) veterinario(a)
수의학 (la) veterinaria
수익이 있는 rentable
수인(囚人) (el/la) presidiario(a)
수입(收入) (el) ingreso, (las) rentas
수입(輸入) (la) importación
수정(水晶) (el) cristal de roca
수정안(修正案) (la) enmienda
수정하다 corregir, enmendar
수족관 (el) acuario
수채화 (la) acuarela
수채화가 (el/la) acuarelista
수출 (la) exportación
수취(收取) (el) cobro
수취인 (el/la) receptor(a)
수탉 (el) gallo
수표 (el) cheque
수표를 현금으로 바꾸다 cobrar un cheque
수표장 (el) talonario, (la) chequera
수프 (la) sopa
수프 그릇 (la) sopera
수필 (el) ensayo
수필가 (el/la) ensayista
수하물 (el) equipaje
수하물 물표 (el) talón
수하물보관소 (la) consigna
수학 (la) matemática
수형자 (el/la) condenado(a)
수화기 (el) auricular
수화기를 들다 descolgar
수확 (la) cosecha
숙고(심의)하다 deliberar
숙녀화 (los) zapatos de señora
숙모 (la) tía
숙박소 (la) fonda
숙박하다 hospedarse
숙부 (el) tío
순간 (el) momento
순대 (la) morcilla
순례 (la) peregrinación
순산 (el) parto feliz
순산하다 tener un parto feliz
순서 (el) orden
순찰 (la) patrulla
순찰차 (el) coche patrulla de policía
순환계 (el) sistema circulatoria
순회하다 recorrer
숟가락 (la) cuchara
술 (la) bebida alcohólica
술어(술부) (el) predicado
술잔 (la) copa
숫자 (la) cifra
숯불구이한 a la brasa
숲 (el) bosque
슈미즈 (el) camisón de noche
슈트 (el) traje
슈퍼마켓 (el) supermercado

부록

스릴영화 (la) película de suspenso
스웨이드 (la) gamuza
스웨터 (el) jersey, (el) suéter
스위스 Suiza
스위스의 suizo(a)
스위치 (el) interruptor, (la) llave
스카프 (la) bufanda
스캐너 (el) explorador
스케치 (el) boceto, (el) bosquejo
스코어보드 (el) cuadro indicador, (el) tablero indicador
스쿠버 다이빙을 하다 bucear
스크린 (la) pantalla
스키 (el) esquí
스키 리프트 (el) telesilla, (el) telesquí
스키를 타다 esquiar
스키어 (el/la) esquiador(a)
스키장 (la) estación de esquí
스킨다이빙 (la) pesca submarina
스타 (la) estrella
스타디움 (el) estadio
스타킹 (las) medias
스타터 (el) arranque
스테레오음악 (la) música estereofónica
스테이크 (el) biftec, (el) bistec
스텝(중앙아시아의 초원) (la) estepa
스토브 (la) estufa
스튜 요리 (el) estofado, (el) guisado
스파게티 (los) espaguetis, (los) tallarines
스파이크화 (las) zapatillas de puntas
스파크 플러그 (la) bujía
스팸메일 (el) correo basura
스펀지 (la) esponja
스페인 España
스페인어 (el) español
스페인의 (사람) español(a)
스포츠 (el) deporte
스포츠맨 (el/la) deportista
스푼 (수프용) (la) cuchara
스피드 (la) velocidad
슬로프 (la) pista
슬리퍼 (las) chanclas, (las) zapatillas
슬립 (속옷) (la) combinación
습격 (el) asalto
습곡 (la) plegamiento
습기 (la) humedad
습기있는 húmedo
승객 (el/la) pasajero(a)
승낙 (el) consentimiento
승려 (el/la) monje(a)
승마 (la) equitación
승무원 (el/la) aeromozo(a), (la) tripulación, (el/la) asistente(a) de vuelo
승무원(여) (la) azafata
승선 (el) embarque
승선하다 embarcar
승인하다 aprobar
승차권 (el) billete

승차하다 subir
시(市) (la) ciudad
시(時) (el) poema, (el) verso
시가(時價) (el) precio
시각(視覺) (la) vista
시간 (la) hora
시간당 por hora
시간이 걸리다 tardar
시간표 (el) horario
시금치 (las) espinacas
시나리오작가 (el/la) cinematurgo(a)
시내관광 (el) turismo urbano
시내버스 (el) autobús ciudadano
시내중심가 (el) centro de ciudad
시내통화 (la) llamada urbana(local)
시대 (la) época
시도하다 intentar
시럽 (el) almíbar, (el) jarabe, (el) sirope
시아버지 (el) suegro
시약(試藥) (el) reactivo
시어머니 (la) suegra
시외통화 (la) llamada interurbana
시원함 (el) fresco
시월(十月) (el) octubre
시위 (la) manifestación
시인(詩人) (el/la) poeta
시작하다 empezar
시장 (el) mercado
시제 (el) tiempo
시차 (la) diferencia de horas
시청 (el) ayuntamiento
시체 (el) difunto
시체해부 (la) autopsia, (la) necropsia
시트 (la) sábana
시합 (el) partido
시행 (la) vigencia
시험 (el) examen
시험관 (el) tubo de ensayo
시효 (la) prescripción
식기 (el) cubierto
식기세척기 (el) lavavajillas
식당 (el) comedor
식당차 (el) coche comedor
식료품 (los) comestibles, (el) abarrote
식료품점 (el) abarrote, (la) despensa, (la) pulpería, (el) colmado
식물 (la) planta
식물원 (el) jardín botánico
식민지 (la) colonia
식빵 (el) bollo
식사 (la) comida
식사준비를 하다 poner la mesa
식사하다 comer
식욕 (el) apetito
식초 (el) vinagre
식탁보 (el) mantel
식탁에서 일어나다 levantarse de la mesa
식탁을 치우다 quitar la mesa
식탁커버 (el) mantel

신(神) (el) dios
신경 (el) nervio
신경계 (el) sistema nervioso
신고 (la) declaración
신고하다 declarar, denunciar
신다 ponerse
신랑 (el) novio
신문 (el) periódico
신문기자 (el/la) periodista
신발의 굽 (el) tacón
신부(神父) (el) cura, (el) padre
신부(新婦) (la) novia
신사 (el) señor, (el) caballero
신석기시대 (la) edad neolítica
신선한 fresco
신앙 (la) fe
신약성서 (el) Nuevo Testamento
신용카드 (la) tarjeta de crédito
신임장 (la) carta credencial
신임투표 (el) voto de confianza
신자(신도) (el/la) creyente
신장(腎臟) (los) riñones
신청하다 solicitar
신체 (el) cuerpo
신학(神學) (la) teología
신호 (la) señal
신호등 (el) semáforo
신화 (la) mitología
실내음악 (la) música de cámara
실내장식가 (el/la) decorador(a)
실수 (el) error, (el) fallo
실수하다 fallar
실크 (la) seda
실험실 (el) laboratorio
심리소설 (la) novela psicológica
심리학 (la) psicología
심리학자 (el/la) psicólogo(a)
심문 (la) interrogación, (el) interrogatorio
심문하다 interrogar
심장 (el) corazón
심장마비 (el) ataque al corazón
심장병 (la) enfermedad cardíaca
심전도 (el) electrocardiograma
심판 (el) árbitro
심포니 (la) sinfonía
십각형 (el) decágono
십이월(十二月) (el) diciembre
십일월(十一月) (el) noviembre
십자가 (la) cruz, (el) crucifijo
싱글룸 (el) cuarto individual, (el) cuarto sencillo
싱크대 (el) fregadero, (la) pila, (la) pileta, (el) lavadero
싼 barato
쌀 (el) arroz
쌍 (la) pareja
쌍둥이 (los/las) gemelos(as)
썰물파도 (la) resaca
쓰다 escribir
쓰레기 (la) basura
쓰레기통 (el) basurero, (el) cubo de basura
쓸개 (la) vejiga de la bilis

씨 (la) semilla
씨디롬 (el) CD Rom
씻는 일 (el) lavado
씻다 fregar, lavar, lavar(se)

[ㅇ]

아가씨 (la) señorita
아그레망 (el) agrément
아기 (el) bebé
아내 (la) esposa, (la) mujer
아노락 (스포츠용 재킷) (el) anorak
아니스 (el) anís
아들 (el) hijo
아라비아숫자 (el) número arábigo
아랍어 (el) árabe
아르 (100 평방미터) (el) área [f.]
아르헨티나 Argentina
아르헨티나의 argentino(a)
아몬드나무 (el) almendro
아버지 (el) padre
아스파라가스 (los) espárragos
아스피린 (la) aspirina
아시아 Asia
아시아의 (사람) asiático(a)
아연 (el) cinc
아이스크림 (el) helado
아이스티 (el) té helado
아이스하키 (el) hockey sobre hielo
아이콘 (el) icono
아침 (la) mañana
아침식사 (el) desayuno
아침식사를 하다 desayunar

아코디언 (el) acordeón
아틀리에 (el) taller
아파트 (el) piso
아페리티프 (el) aperitivo
아프리카 África
아프리카의 (사람) africano(a)
악대 (la) banda
악마 (el) diablo
악센트 (el) acento
악어 (el) cocodrilo
안감(대기) (el) forro
안개 (la) neblina, (la) niebla
안경 (las) gafas
안경점 (la) óptica
안내소 (la) información
안내원 (el/la) guía
안내인 (극장 안의) (el/la) acomodador(a)
안내책자 (el) folleto, (la) guía
안드로메다 성좌 (la) Andrómeda
안뜰 (el) patio
안락의자 (la) butaca
안전 (la) seguridad
안전벨트 (el) cinturón de seguridad
안정(安靜) (el) reposo
안테나 (la) antena
안티몬 (el) antimonio
앉아있는 sentado
알레르기 (la) alergia
알렉산드라이트 (la) alejandrita
알루미늄 (el) alumnio
알리바이 (la) coartada

알약 (la) pastilla, (el) comprimido, (la) píldora
알을 품다 empollar
알칼리 (el) álcali
알칼리성 (la) alcalinidad
알콜 (el) alcohol
알콜음료 (la) bebida alcohólica
암(癌) (el) cáncer
암말 (la) yegua
암모니아 (el) amoníaco
암벽등반 (la) escalada en rocas
암살 (el) asesinato
암살자 (el) asesino
암살하다 asesinar
암소 (la) vaca
암초 (el) arrecife, (los) escollos
암탉 (la) gallina
압력 (la) presión
압류 (la) toma
압수(품) (la) incautación
앞니 (los) dientes incisivos
앞머리 (el) flequillo
앞바다 (el) golfo
앞에 있는 delantero
앞유리 (자동차) (el) parabrisas
애완동물 (la) mascota
애인 (el/la) novio(a)
액세서리 (los) accesorios
액셀러레이터 (el) acelerador
액션영화 (la) película de acción
액자 (el) marco
액체 (el) líquido
앰뷸런스 (la) ambulancia
앵무새 (el) loro, (el) papagayo
야간열차 (el) tren nocturno
야구 (el) béisbol
야당 (la) oposición
야생동물 (el) animal silvetre
야생딸기 (la) fresa silvestre
야생엉겅퀴 (la) alcachofa, (la) cotufa
야영장 (el) camping
야옹 (el) miau
야옹하다 maullar
야채 (el) vegetal, (la) legumbre, (la) verdura
야채수프 (la) sopa de verdura
약 (la) medicina
약국 (la) farmacia
약사 (el/la) farmacéutico(a)
약속 (la) cita
약지 (el) dedo anular
약탈 (el) robo
약품상자 (el) botiquín
약학 (la) farmacología
약혼자 (el/la) prometido(a)
약혼하다 prometerse
얇게 썬 조각 (la) loncha, (la) lonja, (la) rebanada, (la) tajada
얇게 저며 익힌 냉육(冷肉) (los) fiambres
얇은 delgado
양(羊) (la) oveja, (el) cordero
양고기 (la) carne de cordero

양녀(養女) (la) hija adoptiva
양말 (los) calcetines
양모(羊毛) (la) lana
양모(養母) (la) madre adoptiva
양배추 (la) col morada, (la) col, (el) repollo
양보하다 ceder
양복 (el) traje
양부(養父) (el) padre adoptivo
양산 (la) sombrilla
양식 용지 (el) formulario
양자(養子) (el) hijo adoptivo
양자(陽子) (el) protón
양지바른 soleado
양초 (la) vela
양파 (la) cebolla
얕은 poco profundo
어금니 (el) canino, (el) colmillo, (los) molares, (las) muelas
어깨 (el) hombro
어린아이 (el/la) párvulo(a)
어린이 (el/la) niño(a)
어머니 (la) madre
어문학 (la) filología
어음의 만기일 (la) fecha de vencimiento
어제 ayer
어휘 (el) vocabulario
억양 (la) entonación
언니 (la) hermana mayor
언덕 (el) precipicio, (el) barranco, (el) cerro, (la) colina, (la) loma
언론의 자유 (la) libertad de prensa
언어학 (la) lingüística
언어학자 (el/la) lingüista
얼굴 (la) cara, (el) rostro
얼룩 (la) mancha
얼룩말 (la) cebra
얼마 cuánto
엄지 (el) dedo pulgar
엄지발가락 (el) dedo pulgar del pie
엄지손톱 (la) uña del pulgar
업데이트 (la) actualización
업로드 cargar, subir
업무 (los) servicios
엉겅퀴 (el) tríbulo
엉덩이 (el) culo, (la) cadera, (las) nalgas
에너지 (la) energía
에메랄드 (la) esmeralda
에세이 (el) ensayo
에스프레스 커피 (el) café exprés
에어매트리스 (el) colchón neumático
에어컨 (el) aire acondicionado
에칭 (la) aguafuerte
에콰도르 Ecuador
에콰도르의 (사람) ecuatoriano(a)
에피소드 (el) episodio
엑스레이 (la) radiografía, (los) rayos equis
엑스레이 사진을 찍다 radiografiar
엑스선 (el) rayo X
엔드 키(End key) (la) tecla de fin
엔진오일 (el) aceite de motor

엔진조정 (la) afinación
엘리베이터 (el) ascensor
엘살바도르 El Salvador
엘살바도르의 (사람) salvadoreño(a)
여과기 (el) colador, (el) papel de filtro
여과하다 colar, cernir
여관 (el) hostal
여권 (el) pasaporte
여권심사 (el) control de pasaporte
여동생 (la) hermana menor
여름 (el) verano
여름을 보내다 veranear
여사(女史) (la) señora
여승(女僧) (la) monja
여승무원 (la) azafata
여왕 (la) reina
여우 (el/la) zorro(a)
여자 (la) mujer
여행가방 (la) maleta
여행사 (la) agencia de viajes
여행용 손가방 (la) valija
여행일정표 (el) itinerario
여행자 (el/la) excursionista
여행자 수표 (el) cheque de viaje(ro)
여행하다 viajar
여호와 Jehová
역 (la) estación
역도 (el) levantamiento de peso
역류(逆流) (la) contracorriente
역사(학) (la) historia
역사가 (el/la) historiador(a)
역할 (el) papel
역할을 하다 hacer el papel
연결 (la) conexión
연극 (el) teatro, (el) drama
연대기(年代記) (la) crónica
연료탱크 (el) depósito
연료통 (el) tanque, (el) tapacubo
연못 (la) laguna
연방(聯邦) (la) mancomunidad, (la) unión
연변(沿邊) (la) orilla
연어 (el) salmón
연인 (el/la) amante
연주(演奏) (la) interpretación
연표(年表) (la) cronología
연필깎는 칼 (el) cortaplumas
연합국 (el) aliado
열(熱) (la) fiebre
열강 (la) potencia
열다 abrir
열대 (la) zona tórrida(tropical)
열쇠 (la) llave
열쇠고리 (el) llavero
열파(熱波) (la) ola de calor
염색 (el) tinte
염색하다 teñir
염소 (la) cabra, (el) cabrito
염소(鹽素) (el) cloro
염주 (el) rosario
염통 (el) corazón
엽서 (la) tarjeta postal
영국 Inglaterra

영국의 (사람) inglés(a)
영사 (el) cónsul
영사관 (el) consulado
영수증 (el) comprobante, (el) recibo
영어 (el) inglés
영토 (los) dominios, (el) territorio
영토보전 (la) integridad territorial
영화 (la) película, (el) cine
영화 시나리오 (el) guion de cine
영화감독 (el/la) director(a) de cine
영화관 (el) cine
영화배우(남) (el) actor
영화배우(여) (la) actriz
영화에 출연하다 actuar en una película
옆 (el) lado
옆구리 (el) costado
예금 (el) depósito
예금하다 depositar
예배 (el) culto
예배당 (la) capilla
예비부품 (los) repuestos
예비타이어 (el) neumático de repuesto
예비학교 (la) preparatoria
예상치 못한 inesperado
예술 (el) arte
예술가 (el/la) artista
예술학 (las) bellas artes
예약 (la) reserva, (la) reservación
예약된 reservado
예약하다 reservar
예약확인 (la) confirmación
예후(豫後) (la) prognosis
옐로페이지 (las) páginas amarillas
오각형 (el) pentágono
오늘 hoy
오디 (桑實) (la) mora
오레가노 (향신료) (el) orégano
오렌지 (la) naranja, (la) china
오렌지에이드 (la) naranjada
오렌지주스 (el) jugo(zumo) de naranja
오류검출 (la) detección de error
오르간 (el) órgano
오른쪽 (la) derecha
오른쪽으로 a la derecha
오리 (el) pato
오리온성좌 (el) Orión
오믈렛 (la) tortilla española
오버레이 (la) superposición
오버코트 (el) abrigo
오븐 (el) horno
오븐에 구운 al horno, asado
오빠 (el) hermano mayor
오선(五線) (el) pentágrama
오스트리아 Austria
오스트리아의 (사람) austriaco(a)
오아시스 (el) oasis
오월(五月) (el) mayo
오이 (el) pepino
오일 (el) aceite
오전 (la) mañana
오전에 por la mañana

오존 (el) ozono
오줌 (la) orina, (el) pipí (쉬)
오징어 (el) calamar, (el) chipirón
오징어튀김 (los) calamares fritos
오케스트라 (la) orquesta
오케스트라 지휘자 (el) director de orquesta
오토매틱 차 (el) coche automático
오팔 (el) ópalo
오페라 (la) ópera
오프라인 fuera de línea, desconectado
오한 (los) escalofríos
오후 (la) tarde
오후에 por la tarde
옥리(獄吏) (el/la) carcelero(a)
옥수수 (el) choclo, (el) elote, (el) maíz
온대 (la) zona templada
온도 (la) temperatura
온두라스 Honduras
온두라스의 (사람) hondureño(a)
온라인 conectado, en línea
온수(溫水) (el) agua caliente [f.]
온스 (la) onza
온파(난파) (la) ola de calor
올라가다 subir
올리다 subir
올리브 (la) aceituna
올리브기름 (el) aceite (de oliva)
올림픽 (la) olimpiada
올챙이 (el) renacuajo
옷 (la) ropa
옷걸이 (el) armador, (el) gancho, (la) percha, (el) colgador
옷장 (el) armario
와이퍼 (el) limpiaparabrisas
와인 (el) vino
완구점 (la) juguetería
완두콩 (las) alberjas, (las) lentejas, (los) chícharos, (los) guisantes
완전범죄 (el) delito consumado
완충국(緩衝國) (el) estado tapón
왕 (el) rey
왕국 (el) reino
왕궁 (el) palacio real
왕복의 de ida y vuelta(regreso)
왕복표 (el) billete de ida y vuelta
왕자 (el) príncipe
외과의사 (el/la) cirujano(a)
외과처치 (la) intervención quirúrgica
외교관 (el/la) diplomático(a)
외교관자유통행허가증 (el) salvoconducto
외교교섭 (la) negociación diplomática
외교단 (el) cuerpo diplomático
외교정책 (la) política diplomática
외국인 (el/la) extranjero(a)
외무부 (el) Ministerio de Asuntos Exteriores, (el) Ministerio de Relaciones Exteriores
외무장관 (el/la) canciller(a)
외부 화면 (la) pantalla externa

외설(猥褻) (la) obscenidad
외투 (el) abrigo
외투보관소 (el) guardarropa, (el) vestuario
왼쪽 (la) izquierda
왼쪽으로 a la izquierda
요구르트 (el) yogur
요구하다 reclamar
요금 (la) tarifa
요금 징수소 (la) garita de peaje, (la) cabina de peaje, (la) caseta de peaje
요리 (el) plato
요리된 cocinado
요리사 (el/la) cocinero(a)
요리하다 cocinar
요오드 (el) yodo
요트 (el) velero, (el) yate
욕설 (la) injuria
욕실 (el) cuarto de baño
욕실매트 (la) alfombrilla de baño
욕조 (el) baño, (la) bañera, (la) tina
용(龍) (el) dragón
용량 (la) capacidad
용량이 …이다 caber
용서하다 perdonar
용수(用水) (el) riego
용암 (la) lava
용의자 (el) sospechoso
용적(容積) (el) volumen
우두머리 (el/la) jefe(a)
우라늄 (el) uranio
우루과이 Uruguay
우루과이의 (사람) uruguayo(a)
우물 (el) pozo
우박 (el) granizo
우박이 내리다 granizar
우비 (el) impermeable
우산 (el) paraguas
우수한 notable
우유 (la) leche
우유가게 (la) lechería
우익 (la) derecha
우익의 사람 (el/la) derechista
우주비행사 (el/la) astronauta, (el/la) cosmonauta
우주선 (la) astronave, (la) cosmonave
우체국 (la) oficina de correos, (el) correo
우체통 (el) buzón
우편물 (el) correo
우편배달부 (el/la) cartero(a)
우편번호 (el) código postal, (la) zona postal
우편엽서 (la) tarjeta postal
우편요금 (el) franqueo
우편환(換) (el) giro postal
우표 (el) sello, (la) estampilla
우표 자동판매기 (la) distribuidora automática
우화(寓話) (la) fábula
우화작가 (el/la) fabulista
우회전하다 doblar a la derecha

운동 (el) movimiento
운동선수 (el/la) deportista
운동화 (las) zapatillas
운모(雲母) (la) mica
운문(韻文) (el) verso
운반인 (el) maletero, (el) mozo
운송 (el) transporte
운율 (la) métrica
운임 (la) tarifa
운전면허증 (el) permiso de conducir
운전자 (el/la) conductor(a)
운하 (el) canal
울부짖다 aullar
울혈 (la) congestión
워드프로세싱 (el) procesamiento de textos
워터폴로 (el) polo acuático
원(圓) (el) círculo, (la) circunferencia
원격제어 (el) control remoto
원격회의 (la) teleconferencia
원고 (민사) (el) demandante, (el) actor
원광(原鑛) (la) mena
원반던지기 (el) lanzamiento de disco
원소(元素) (el) cuerpo simple, (el) elemento
원숭이 (el) mono
원자(原子) (el) átomo
원자에너지 (la) energía atómica
원작(原作) (la) versión original
원주(圓周) (el) círculo, (la) circunferencia
원형극장 (el) coliseo
월경(기간) (el) período menstrual, (la) regla
월계수의 말린 잎 (향미료) (el) laurel
월드와이드웹 (la) red mundial
월불입금 (el) pago mensual
월식 (el) eclipse lunar
월요일 (el) lunes
웨이브 (la) onda
웨이터 (el) camarero, (el) mesero
웨이트리스 (la) camarera, (la) mesera
웹마스터 (el/la) administrador(a) de web
웹브라우저 (el) navegador de web
웹서버 (el) servidor de web
웹서핑 (la) navegación web
웹에디터 (el) editor de web
웹진 webzine
위 arriba
위(胃) (el) estómago
위도(緯度) (el) paralelo
위독한 grave
위반 (la) infracción, (la) transgresión
위성 (el) satélite
위성국 (el) estado satélite
위성통신 (la) comunicación por vía satélite
위스키 (el) whiskey
위원회 (el) comité, (la) junta

위조 (la) falsificación
위조범 (el/la) falseador(a), (el/la) falsificador(a)
위험한 peligroso
윙 (축구) (el) ala [f.]
유괴 (el) rapto
유괴범 (el/la) raptor(a), (el/la) secuestrador(a)
유기화학 (la) química orgánica
유년기 (la) infancia, (la) niñez
유니폼 (el) uniforme
유도 (el) judo, (el) yudo
유럽 Europa
유럽의 europeo
유로화 (el) euro
유리 (el) cristal
유리관 (el) tubo de vidrio
유모(乳母) (la) nodriza
유방 (el) seno, (la) teta
유선(케이블)티비 (la) televisión por cable
유성 (el) planeta, (la) estrella fugaz
유역 (la) cuenca
유월(六月) (el) junio
유적 (las) ruinas
유즈넷 (el) usenet
유지하다 mantener
유치(留置) (la) detención
유치원 (la) escuela de párvulos
유카 (la) yuca
유태교 (el) judaísmo
유태인교회 (la) sinagoga
유폐(幽閉) (la) reclusión
유폐하다 recluir
유행 (la) moda
유행이다 estar de moda
유화(油畫) (la) pintura al óleo
유황 (el) azufre
유효 (la) vigencia
육각형 (el) hexágono
육교 (el) puente para peatones
육두구(肉荳蔲) (la) moscada
육류 (la) carne
육체의 físico
윤내다 pulir
윤활 (la) lubricación
은 (la) plata
은메달 (la) medalla de plata
은유 (el) metáfora
은하수(銀河水) (la) Vía Láctea, (la) Galaxia
은행 (el) banco
은행통장 (la) libreta
음계(音階) (la) escala
음료수 (el) refresco
음모(陰謀) (el) complot
음부(音符) (la) nota
음성메일 (el) correo vocal
음성학 (la) fonética
음식 (la) comida
음식을 내오다 servir
음악 (la) música
음악가 (el/la) músico(a)
음악회 (el) concierto

음운학 (la) fonología
음절 (la) sílaba
응급실 (la) sala de emergencia(urgencias)
응급치료세트 (el) botiquín
응답 (la) contestación
의고주의 (el) arcaísmo
의료실 (la) enfermería
의류 (la) prenda
의미 (el) sentido, (el) significado
의붓아버지 (el) padrastro
의붓어머니 (la) madrastra
의사 (el/la) médico(a), (el/la) doctor(a)
의원(議員) (el/la) diputado(a)
의자 (la) silla
의전과장 (el) director de protocolo
의정서 (el) protocolo
의지 (la) voluntad
의학 (la) medicina
의회 (el) parlamento, (la) corte
이(齒牙) (el) diente
이기다 ganar
이념 (la) idea
이단(異端) (la) herejía
이단자 (el/la) hereje
이동 주택 (la) caravana, (la) casa-remolque
이동 키 (la) tecla de cursor
이륙 (el) despegue
이륙하다 despegar
이를 닦다 cepillarse los dientes
이름 (el) nombre
이마 (la) frente
이모 (la) tía
이모부 (el) tío
이발 (el) corte de pelo
이발사 (el/la) peluquero(a)
이사회 (la) junta directiva
이스케이프 키 (la) tecla de escape
이슬 (el) rocío
이슬람교 (el) islamismo
이슬람교도 (el/la) islamita
이슬람사원 (la) mezquita
이슬비가 내리다 lloviznar
이야기 (el) cuento
이어폰 (el) auricular
이용가능한 disponible
이웃사람 (el/la) vecino(a)
이월(二月) (el) febrero
이유 (la) razón
이율 (el) interés, (el) tipo de interés, (la) tasa de interés
이자 (el) interés
이집트 Egipto
이집트의 (사람) egipcio(a)
이집트콩 (los) garbanzos
이코노믹클래스 (la) clase económica
이탈리아 Italia
이탈리아어 (el) italiano
이탈리아의 (사람) italiano(a)
이혼 (el) divorcio
이혼자(녀) (el/la) divorciado(a)
이혼하다 divorciarse

익지 않은 crudo
인(燐) (el) fósforo
인가(認可) (la) sanción
인공위성 (el) satélite artificial
인구 (la) población, (los) habitantes
인도 India
인도양 (el) Océano Índico
인도의 (사람) hindú(a), indio(a)
인력 (la) gravedad, (la) gravitación
인문과학 (las) Humanidades
인물화 (la) figura
인사하다 saludar
인상파 화가 (el/la) impresionista
인서트 키 (la) tecla de insertar
인쇄하다 imprimir
인종주의 (el) racismo
인종주의자 (el/la) racista
인종차별 (la) discriminación racial
인증 (la) autenticación
인증프로토콜 (el) protocolo de autenticación
인질 (los) rehenes, (el) secuestro
인출하다 retirar
인치 (la) pulgada
인터넷폰 (el) teléfono por internet
인터넷프로토콜 (el) protocolo internet
인터뷰 (la) entrevista
인형 (la) muñeca
일광욕하다 tomar el sol
일기예보 (el) pronóstico meteorológico
일단(최저속) (la) primera velocidad
일등석 (la) primera clase
일반적인 general
일방통행 (la) dirección única, (el) sentido único
일본 Japón
일본어 (el) japonés
일본의 (사람) japonés(a)
일본해 (el) Mar del Japón
일상의 cotidiano
일식(日蝕) (el) eclipse solar
일어나다 levantarse
일요일 (el) domingo
일원(제)의 unicameral
일월(一月) (el) enero
일으키다 levantar
일직선의 derecho, recto
일하다 trabajar
일화(逸話) (la) anécdota
읽다 leer
잃다 perder
임대(료) (el) alquiler
임대하다 alquilar
임산부 (la) mujer embarazada
임시의 temporal
임신한 embarazada, encinta, preñada
입 (la) boca
입구 (la) entrada
입국 (la) inmigración
입국카드 (la) tarjeta de entrada
입금하다 ingresar

입다 ponerse
입력 (la) entrada
입력 키 (la) tecla de entrada
입력하다 entrar datos
입방체 (el) cubo
입법권 (el) poder legislativo
입술 (los) labios
입원 (el) internamiento, (la) hospitalización
입원하다 hospitalizarse, internar en un hospital
입원환자 (el/la) enfermo(a) hospitalizado(a)
입자(粒子) (la) partícula
입장권 (el) boleto, (la) entrada
입장료 (la) entrada
입천장 (el) paladar
입체교차로 (el) cruce a desnivel
입체파 화가 (el/la) cubista
입헌군주국 (la) monarquía constitucional
잇몸 (las) encías
잎 (la) hoja

[ㅈ]

자 (la) regla
자고(새) (la) perdiz
자기(磁氣) (el) magnetismo
자동변속장치 (la) transmisión automática
자동사(自動詞) (el) verbo intransitivo
자동의 automático
자동차 (el) coche, (el) carro
자두 (la) ciruela
자력(磁力) (el) magnetismo
자료를 입력하다 ingresar datos
자루걸레 (el) estropajo
자르다 cortar
자막 (el) subtítulo
자매 (la) hermana
자명종 (el) despertador
자백 (la) confesión
자살 (el) suicidio
자살하다 suicidarse
자수정 (la) amatista
자연과학 (las) Ciencias Naturales
자연분만 (el) parto natural
자연주의 (el) naturalismo
자연주의파 화가 (el/la) naturalista
자유 (la) libertad
자유로운 libre
자유주의 (el) liberalismo
자유주의자 (el/la) liberal
자음(子音) (la) consonante
자전거 (la) bicicleta
자전거경기장 (el) velódromo
자정 (la) medianoche
작가 (el/la) autor(a), (el/la) escritor(a)
작곡가 (el/la) compositor(a)
작년 (el) año pasado
작동하다 funcionar
작살 (la) banderilla
작살 꽂는 사람 (el) banderillero

작용 (la) acción
작은 pequeño
작은 가방 (el) maletín
작은 방 (la) cabina
작은 숟가락 (la) cucharita
작은 테이블 (el) velador
작품 (la) obra
잔 (la) taza
잔고 (el) saldo
잔돈 (el) suelto
잔디 (el) césped
잘 생긴 guapo
잘 어울리다 hacer buen juego con
잘게 갈다 picar
잘게 다진 고기 (el) picadillo
잘게 썬 picado
잘게 썰다 picar
잘못 돌린 번호 (el) número equivocado
잠두(蠶豆) (las) habas
잠들다 dormirse
잠옷 (el) pijama
잠을 깨우다 despertar
잠자다 dormir
잠자리 (곤충) (el) caballito de diablo
잠자리를 준비하다 hacer la cama
잠자리에 들다 acostarse
잡다 coger
잡담하다 charlar, platicar
잡지 (la) revista
장(章) (el) capítulo
장갑 (los) guantes
장거리의 de largo recorrido
장관(長官) (el/la) ministro(a)
장군 (el) general
장난감 (el) juguete
장남 (el) primogénito
장녀 (la) primogénita
장대높이뛰기 (el) salto de pértiga
장력 (la) tensión
장르 (el) género
장모 (la) suegra
장미 (la) rosa
장소 (el) lugar
장식 달린 촛대 (el) candelabro
장애물경주 (la) carrera de obstáculos
장음계 (la) escala mayor
장인(丈人) (el) suegro
장점 (el) mérito
장치 (el) dispositivo
장편소설 (la) novela larga
장학금 (la) beca
장학생 (el/la) becario(a)
재다 medir
재다이얼 (la) rellamada
재단사 (el/la) sastre
재떨이 (el) cenicero
재무부 (el) ministerio de hacienda
재발행 (la) expedición de nuevo
재봉사 (el/la) sastre
재봉틀 (la) máquina de coser
재산형(財産刑) (la) pena pecuniaria
재설정 (la) reiniciación

재스민 (el) jazmín
재채기 (el) estornudo
재채기하다 estornudar
재킷 (la) chaqueta, (el) saco
재판 (el) juicio, (la) justicia
재판관 (el/la) juez(a)
재판권 (la) jurisdicción
재판소 (el) tribunal, (el) juzgado
재판하다 juzgar
재확인하다 reconfirmar
잼 (la) mermelada
쟁반 (la) bandeja
저녁식사 (la) cena
저당 (la) hipoteca
저수지 (la) embalse, (el) pantano
저수하다 embalsar
저울 (la) balanza
저울접시 (el) platillo
저자 (el/la) autor(a)
저작권자 (el) derecho de autor
저장하다 almacenar, guardar
저축하다 ahorrar
적(敵) (el) adversario
적도 (el) ecuador
적외선 (el) rayo infrarrojo
적절한 apropiado
적포도주 (el) vino tinto
전공 (la) especialidad
전공하다 especializarse
전구 (la) bombilla
전기(傳記) (la) biografía
전기(電氣) (la) electricidad
전기기사 (el/la) electricista
전기스위치 (el) interruptor
전기의자 (la) silla eléctrica
전기작가 (el/la) biógrafo(a)
전등 (la) lámpara
전람회 (la) exposición
전복 (la) oreja marina
전설 (la) leyenda
전시장 (la) exposición
전압 (el) voltaje
전용서버 (el) servidor dedicado
전원(田園) (el) campo
전자 (el) electrón
전자상거래 (el) comercio electrónico
전자출판 (la) publicación electrónica
전자화폐 (la) moneda electrónica
전쟁 (la) guerra
전쟁영화 (la) película de guerra
전제군주 (el) déspota
전채요리 (los) entremeses
전체 (el) total
전치사 (la) preposición
전화 (el) teléfono
전화 발신음 (el) tono
전화가 울리다 sonar [ue]
전화를 걸다 hacer una llamada, llamar por teléfono, telefonear
전화를 끊다 colgar [ue]
전화를 연결하다 poner con
전화번호 (el) número de teléfono
전화번호부 (la) guía telefónica
전화카드 (la) tarjeta telefónica

전화통화 (la) llamada telefónica
절(사찰) (el) templo
절단하다 cortar
절반 (la) mitad
절벽 (el) precipicio
젊은 joven
젊은이 (el/la) joven
점검하다 revisar
점수 (el) punto, (el) tanto
점심식사 (el) almuerzo
점액 (la) flema
점유 (la) toma
점토 (la) arcilla de modelar
점퍼 (la) cazadora
점화구 (el) hornillo, (la) hornilla
접골하다 acomodar, ensalmar
접는 의자 (la) silla plegable
접는 탁자 (la) mesa plegable
접두사 (el) prefijo
접미사 (el) sufijo
접속법 (el) modo subjuntivo
접속사 (la) conjunción
접수계 (el) conserje
접시 (el) plato
접시 데우는 기구 (el) calientaplatos
접시(식기)류 (la) vajilla
접영 (el) estilo mariposa
정관(定款) (el) estatuto
정관사 (el) artículo definido
정교수 (el/la) catedrático(a)
정당 (el) partido
정당방위 (la) legítima defensa propia
정령(政令) (el) decreto
정류장 (la) parada
정리하다 arreglar
정맥 (la) vena
정물 (la) naturaleza muerta
정반대의 contrario
정보통신과학 (la) informática
정부 (el) gobierno
정부의 gubernamental
정비 (la) revisión
정사각형 (el) cuadrado
정상(頂上) (la) cima, (la) cumbre
정상분만 (el) parto derecho
정수 (el) número entero
정식(定食) (el) menú del día
정신병 (la) enfermedad mental
정어리 (la) sardina
정오 (el) mediodía
정원 (el) jardín
정육점 (la) carnicería
정육점주인 (el/la) carnicero(a)
정장석(正長石) (la) ortosa
정제 (la) pastilla, (el) comprimido, (la) píldora
정족수 (el) quórum
정지하다 parar
정책입안 (la) toma de decisiones
정치 (la) política
정치가 (el/la) político(a)
정치적인 político
정형외과의 (의사) ortopédico(a)

정확한 exacto
젖꼭지 (el) pezón, (la) teta
젖니 (los) dientes de leche
제거하다 quitar
제곱(평방)미터 (el) metro cuadrado
제곱(평방)킬로미터 (el) kilómetro cuadrado
제공하다 ofrecer
제국 (el) imperio
제국주의 (el) imperialismo
제국주의자 (el/la) imperialista
제네바 Ginebra
제단 (el) altar
제도(制度) (el) régimen
제로 (el) cero
제방(堤防) (el) dique
제비 (la) golondrina
제시간에 a tiempo
제왕절개수술 (la) operación cesárea
제재 (la) sanción
젤리 (la) gelatina
조(條) (el) artículo
조각 (la) escultura
조각가 (el/la) escultor(a)
조각하다 esculpir
조개 (las) conchas
조개류 (los) mariscos
조개류 가게 (la) marisquería
조건 (la) condición
조끼 (el) chaleco
조령(條令) (la) ordenanza
조류 (las) aves
조리하다 guisar
조미료 (el) condimento
조사 (la) indagación, (la) investigación
조사하다 indagar, investigar
조상(彫像) (la) estatua
조상(祖上) (los) antepasados
조서(調書) (el) interrogatorio
조수(潮水) (la) marea
조용한 tranquilo
조작하다 manipular
조종사 (el) comandante, (el) piloto
조종실 (la) cabina del piloto
조직 (el) sistema
조카 (el/la) sobrino(a)
조항(條項) (la) cláusula
존재하다 existir
졸업 (la) graduación
졸업증서 (el) diploma
졸업하다 graduarse
좁은 estrecho
종 (la) campana
종료버튼 (la) tecla de apagado/salida
종루(鐘樓) (el) campanario
종신형 (la) cadena perpetua
종업원 (el/la) dependiente(a)
종유석(鐘乳石) (la) estalactita
종주국 (el) estado soberano
종합보험 (el) seguro completo, (el) seguro contra todo riesgo
좋은 bueno

좌석 (el) asiento
좌석(권) (la) localidad
좌석등받이 (el) respaldo del asiento
좌익 (la) izquierda
좌파의 사람 (el/la) izquierdista
좌회전하다 doblar a la izquierda
죄수(罪囚) (el/la) presidiario(a), (el/la) prisionero(a), (el/la) reo
주 단위로 por semana
주(州) (el) departamento
주교(主敎) (el) obispo
주근깨 (la) peca
주다 dar, entregar
주름살 (la) arruga
주립 학교 (la) escuela estatal
주머니 (la) bolsa
주머니칼 (la) navaja
주먹 (el) puño
주문형 비디오 (el) vídeo por demanda
주민 (la) población, (los) habitantes
주방 (la) cocina
주부 (la) ama de casa
주사(액) (la) inyección
주사기 (la) jeringuilla
주석(柱石) (el) estaño
주소 (la) dirección, (las) señas
주스 (el) zumo, (el) jugo
주식회사 (la) sociedad anónima
주어(주부) (el) sujeto
주요한 principal
주유소 (la) estación de servicio, (la) gasolinera
주의 (el) cuidado
주의하다 cuidar
주인공 (el/la) protagonista
주장(主將) (el/la) capitán(a)
주전자 (la) tetera
주제 (el) tema
주차장 (el) aparcamiento
주차하다 aparcar, estacionar, parquear
주행거리 (el) kilometraje
주행기록계 (el) cuentakilómetros
죽다 morir
죽은 사람 (el/la) muerto(a)
죽이다 matar, asesinar
준비된 listo
준비하다 preparar
줄 (la) fila
줄기 (el) tronco
줄무늬가 있는 a rayas, rayado
줄어들다 encogerse
중간 (el) medio
중간시험 (el) examen parcial
중고등학교 (el) liceo
중국 China
중국어 (el) chino
중국음식 (la) comida china
중국의 (사람) chino(a)
중단 (la) interrupción
중단시키다 interrumpir
중등학교 (la) escuela secundaria
중량 (el) peso

중력 (la) atracción, (la) gravedad, (la) gravitación
중류(中流) (el) curso medio
중립 (la) neutralidad
중립의 neutro
중상(中傷) (la) calumnia
중상(重傷) (la) herida grave(seria)
중석기시대 (la) edad mesolítica
중성(中性)의 neutro
중성자(中性子) (el) neutrón
중세 (la) edad media
중심지 (el) centro
중앙아메리카 Centroamérica
중앙아메리카의 centroamericano
중앙처리장치 (la) unidad central de procesamiento
중역회의 (la) junta directiva
중지(中指) (el) dedo cordial
중지(中止) (la) interrupción
쥐 (el) ratón, (la) rata
즉시 enseguida
즐거운 agradable
즐기다 divertirse
증(證) (la) tarjeta
증거 (el) testimonio
증명서 (el) certificado
증상 (el) síntoma
증인 (el/la) testigo
증조할머니 (la) bisabuela
증조할아버지 (el) bisabuelo
증후(症候) (el) síntoma
지갑 (la) bolsa, (la) cartera, (el) bolso, (la) billetera
지금 ahora
지나가다 pasar
지나친 demasiado
지도 (el) mapa, (el) plano
지렁이 (la) lombriz
지리학 (la) geografía
지문 (la) huella digital(dactilar)
지문원부 (la) dactilograma
지방 (la) comarca, (la) provincia
지방재판소 (el) Tribunal del Distrito
지배인 (el) gerente
지불하다 pagar
지브롤터해협 (el) Estrecho de Gibraltar
지세(地勢) (el) relieve
지속하다 durar
지식 (el) conocimiento
지역 (el) distrito, (la) región, (la) zona, (el) barrio
지역번호 (la) clave de área, (el) prefijo territorial
지연 (el) retraso
지옥 (el) infierno
지움 키 (la) tecla de corrección
지저귀다 trinar
지중해 (el) [Mar] Mediterráneo
지진 (el) terremoto
지질학 (la) geología
지질학자 (el/la) geólogo(a)
지체 (la) demora
지체되어 con retraso

지체된 de retraso
지층 (la) capa, (el) estrato
지팡이 (el) bastón
지퍼 (el) cierre, (la) cremallera
지폐 (el) billete
지하실 (el) sótano
지하철 (el) metro
지하철역 (la) estación del metro
지협 (el) istmo
지휘 (la) dirección
지휘봉 (la) batuta
지휘자 (el/la) director(a)
직각 (el) ángulo recto
직경 (el) diámetro
직모의 liso
직사각형 (el) rectángulo
직선 (la) recta
직설법 (el) modo indicativo
직업 (la) ocupación, (la) profesión
직접보어(목적어) (el) complemento directo
직행열차 (el) tren directo
진 (酒) (la) ginebra
진공 (el) vacío
진공청소기 (la) aspiradora
진공청소기로 청소하다 aspirar
진눈깨비 (la) torva
진동 (la) vibración
진동하다 vibrar
진료 (la) consulta
진료실 (el) consultorio, (la) consulta del médico
진보(개혁)주의 (el) progresismo
진보(개혁)주의자 (el) progresista
진술 (la) alegación
진앙(震央) (el) epicentro, (el) hipocentro
진정제 (el) tranquilizante, (el) calmante
진주 (la) perla
진통제 (el) analgésico
질긴 duro
질문 (la) pregunta
질문하다 preguntar
질병 (la) enfermedad
질소 (el) nitrógeno
짐 (el) cargo
짐승 (la) bestia
짐을 부치다 facturar
집 (la) casa
집토끼 (el) conejo
징수 (el) cobro
짖다 ladrar
짝 (el) par
짝수 (el) número par
짠 salado
짧은 corto
잼 (la) mermelada
쪼다 picotear
찌르다 picar
찐 요리 cocido al vapor

[ㅊ]

차(茶) (el) té

부록

차가운 frío
차고(車庫) (el) garaje
차기 (공을) (el) tiro
차다 (공을) tirar
차례 (el) turno
차선(車線) (el) carril, (la) banda, (la) pista
착륙 (el) aterrizaje
착륙(지) (la) escala
착륙하다 aterrizar
찬물 (el) agua fría [f.]
찬성하다 aprobar
찬장 (el) aparador, (la) alacena
참가하다 participar, asistir
참깨 (el) ajonjolí
참다 aguantar
참새 (el) gorrión
참작하다 tomar en consideración
참치 (el) atún
창(槍) (la) lanza
창구 (la) ventanilla
창기수 (el) picador
창던지기 (el) lanzamiento de jabalina
창문 (la) ventana
창을 찌르는 사람 (el) picador
창자 (los) intestinos
찾다 buscar
채널 (el) canal
채우다 llenar
채팅 (la) charla, (el) chateo
책 (el) libro
책 밴드 (el) portalibros
책가방 (la) cartera, (la) mochila
책상 (el) pupitre
책임 (el) cargo
책임자 (el/la) responsable
책장 (el) estante, (la) librería
챔피언 (el/la) campeón(a)
처(妻) (la) esposa, (la) mujer
처방(전) (la) receta, (la) prescripción
처방하다 recetar, prescribir
처형하다 ejecutar
척추 (las) vértebras
천국 (el) paraíso
천둥 (el) trueno
천둥치다 tronar
천문관 (el) planetario
천문대 (el) observatorio
천문학 (la) astronomía
천문학자 (el/la) astrónomo(a)
천사 (el) ángel
천식 (el) asma [f.]
천연두 (las) viruelas
천연색영화 (la) película en color
천주교 (el) catolicismo
천주교도 (el/la) católico(a)
천체 (el) astro
천체물리학 (la) astrofísica
천체물리학자 (el/la) astrofísico(a)
철기시대 (la) edad de hierro
철학 (la) filosofía
철학자 (el/la) filólogo(a)

첨부 (el) anexo
첫 번째의 primero
청각 (el) oído
청강생 (el/la) oyente
청년기 (la) juventud
청진기 (el) estetoscopio
청동 (el) bronce
청동기시대 (la) edad de bronce
청소하다 barrer, limpiar
청어 (el) arenque
청진하다 auscultar
체계 (el) sistema
체벌 (el) castigo corporal
체온 (la) temperatura del cuerpo
체온계 (el) termómetro
체육관 (el) gimnasio
체제 (el) régimen
체조 (la) gimnasia
체크무늬의 a cuadros
체크하다 chequear, comprobar(se), revisar
첼로 (la) violonchelo
초과 (el) exceso
초대하다 invitar
초등학교 (la) escuela primaria
초록색(의) verde
초리쏘 (el) chorizo
초상화 (el) retrato
초상화가 (el/la) retratista
초점 (el) foco
초콜릿 (el) chocolate
촉각 (el) tacto
총살 (el) fusilamiento
총액 (el) total
총장 (el/la) rector(a)
총통 (el) caudillo
총회 (la) sesión plenaria
촬영하다 hacer fotos, filmar, rodar
최고재판소 (el) Corte Supremo, (el) Tribunal Supremo
최대의 máximo
최소의 mínimo
최신유행의 de última moda
추가비용 (el) suplemento
추로 (el) churro
추분(秋分) (el) equinoccio de otoño
추운 frío
추위 (el) frío
추장 (el) cacique
추천하다 recomendar
추한 feo
축 늘어진 (머리칼) lacio
축구 (el) fútbol
축구선수 (el) futbolista
축제 (la) fiesta
축하하다 felicitar
춘분(春分) (el) equinoccio de primavera
출구 (la) salida
출력 (la) salida
출발 (la) salida
출발시간 (la) hora de salida
출발시키다 arrancar
출발하다 partir, salir, poner en

부록

marcha, prender
출석 (la) asistencia
출연자 (el/la) intérprete
출연하다 actuar
출입금지 no pasar
출혈 (la) hemorragia
춤 (el) baile
춤추다 bailar
충고하다 aconsejar
충돌 (el) choque
충돌하다 chocar
충분한 bastante
충수(蟲垂) (el) apéndice
충수염(蟲垂炎) (la) apendicitis
충혈 (la) congestión
췌장 (las) criadillas, (las) mollejas
취소키 (la) tecla de cancelación
취소하다 anular
측량 (la) medida
층 (el) piso, (la) planta
치과의사 (el/la) dentista
치과학 (la) odontología
치마 (la) falda
치수 (la) medida
치아 (los) dientes
치안경찰 (스페인) (la) guardia civil
치약 (el) dentífrico, (la) pasta dentífrica
치외법권 (la) extraterritorialidad
치우다 quitar
치즈 (el) queso
치질 (la) hemorroide
치커리 (la) achicoria
칙령(勅令) (el) decreto real
친구 (el/la) amigo(a)
친선방문 (la) visita de buena voluntad
친절한 amable
친척 (los) parientes
친척이 되다 emparentar
칠각형 (el) heptágono
칠레 Chile
칠레의 (사람) chileno(a)
칠면조 (el) pavo
칠보세공 (el) esmalte
칠월(七月) (el) julio
칠판 (el) pizarrón, (la) pizarra
침낭 (el) saco para dormir
침대 (la) cama
침대덮개 (el) cubrecama, (la) colcha
침대차 (el) coche cama
침략 (la) agresión, (la) invasión
침식 (la) erosión
침실 (el) cuarto, (el) dormitorio, (la) alcoba
침입 (el) escalamiento
침입하다 escalar
침전층 (la) sedimentación
칩 (el) chip
칫솔 (el) cepillo de dientes

[ㅋ]

카나리아 (el) canario
카네이션 (el) clavel

카드 (la) tarjeta
카드뮴 (el) cadmio
카라카스 Caracas
카리브해 (el) Mar Caribe
카메라 (la) cámara
카스타드 (la) natilla
카스테라 (el) bizcocho, (el) bizcochuelo
카시오페아좌 (la) Casiopea
카운터 (el) mostrador
카이로 Cairo
카지노 (el) casino
카탈로그 (el) catálogo
카트 (el) carrito
카펫 (la) alfombra
칵테일 (el) cóctel
칸막이 객실 (el) compartimiento
칸타브리아해 (el) Mar Cantábrico
칼 (el) cuchillo, (el) estoque
칼 (종류) (el) arma blanca
칼라 (깃) (el) cuello
칼리파 (이슬람) (el) califa
칼슘 (el) calcio
캐나다 Canadá
캐나다의 (사람) canadiense
캐러멜 (el) caramelo
캐리커처 (la) caricatura
캐스터네츠 (las) castañuelas
캔디 (el) bombón, (el) dulce, (la) confitura
캔버스 (el) lienzo
캔버스 해변의자 (la) silla de lona
캠핑 (el) camping
캠핑하는 사람 (el/la) campista
캠핑하다 acampar
캡슐 (la) cápsula
캥거루 (el) canguro
커버 (la) tapa
커서 (el) cursor
커트하다 cortar
커튼 (la) cortina
커틀릿 (la) chuleta
커프스 (el) puño
커프스단추 (los) gemelos
커피(숍) (el) café
컨트롤 키 (la) tecla de control
컬 클립 (el) rizador
컬렉트콜 (la) llamada a cobro revertido
컴퓨터 (el) computador, (la) computadora, (el) ordenador (스페인)
컵 (el) vaso, (la) copa
케이스 (el) caso
케이크 (el) pastel, (la) torta
케첩 (el) catsup
켜다 encender
코 (la) nariz
코고는 소리 (el) ronquido
코골다 roncar
코끼리 (el) elefante
코냑 (el) cognac, coñac
코너 (la) esquina
코딱지 (el) moco endurecido

코르덴 (la) pana
코르셋 (el) corsé
코르크 마개뽑이 (el) sacacorchos
코발트 (el) cobalto
코뿔소 (el) rinoceronte
코스 (el) curso
코스타리카 Costa Rica
코스타리카의 (사람) costarricense, costarriqueño(a)
코알라 (el) koala
코치 (el/la) entrenador(a)
코카콜라 (la) cocacola
코코야자 (el) coco
코트 (경기장) (la) cancha, (el) campo
코트 (옷) (el) gabán, (el) abrigo
코피 (la) hemorragia nasal
코흘리다 moquear
콘서트 (el) concierto
콘센트 (el) enchufe
콘소메 (el) consomé
콘스타치 (옥수수 녹말) (la) maicena
콘트라베이스 (el) contrabajo
콜리플라워 (la) coliflor
콤팩트디스크 (el) disco compacto
콧구멍 (las) ventanas de la nariz
콧물 (el) moco
콧수염 (el) bigote
콩 (las) habas
콩쿠르 (el) concurso
쿠바 Cuba
쿠바의 (사람) cubano(a)
쿠키 (el) cuqui
크기 (el) tamaño, (la) dimensión
크로스컨트리 (la) carrera de a través del campo
크로스컨트리 스키 (el) esquí de fondo(nórdico)
크로켓 (la) croqueta
크로키 (el) croquis
크롬 (el) cromo
크리스마스 (la) Navidad
크리스트교 (el) cristianismo
크리스트교도 (el/la) cristiano(a)
크리켓 (el) criquet
크림 (la) crema, (la) nata
큰 grande
클라리넷 (el) clarinete
클라이막스 (el) climax
클러치 (el) embrague, (el) cloche
클러치를 조작하다 embragar
클럽 (골프) (el) palo
클로버 (el) trébol
클리닉 (la) clínica
키 (la) tecla
키보드 (el) teclado
키스 (el) beso
킬로그램 (el) kilo, (el) kilogramo
킬로리터 (el) kilolitro
킬로미터 (el) kilómetro

[ㅌ]

타다 subir, abordar
타동사 (el) verbo transitivo

부록

타악기 (el) instrumento de percusión
타월 (la) toalla, (el) paño
타이어 (el) neumático, (la) goma
타일 (la) baldosa
타자기 (la) máquina de escribir
탁구 (el) ping-pong
탁상시계 (el) reloj de mesa
탁자 (la) mesa
탄력성 있는 flexible
탄산수 (el) agua con gas [f.]
탄소 (el) carbono
탈세 (la) evasión del pago de impuestos
탈수기 (el) escurridor
탐정소설 (la) novela policíaca
탑(塔) (la) torre
탑승 (el) embarque
탑승 수속을 하다 presentarse
탑승구 (la) puerta de embarque
탑승권 (la) tarjeta de embarque
탑승대기실 (la) sala de espera
탑승하다 embarcar
태양 (el) sol
태양계 (el) sistema planetario
태어나다 nacer
태우다 quemar
태평양 (el) Pacífico
택시 (el) taxi
택시미터기 (el) taxímetro
택시운전사 (el) taxista
탱고 (el) tango
탱크 (el) tanque
터미널 (la) terminal
터키석 (la) turquesa
턱 (la) mandíbula, (el) mentón
턱수염 (la) barba
테니스 (el) tenis
테니스화 (los) zapatos de tenis
테라스 (la) terraza
테러리스트 (el/la) terrorista
테러리즘 (el) terrorismo
테러행위 (el) terrorismo
테이블 (la) mesa
테이프 (la) cinta
텐트 (la) carpa, (la) tienda de campaña
텐트를 치다 armar
텔레비전 (la) televisión
템페라화 (la) pintura al temple
템페라화가 (el/la) templista
토끼 (el) conejo
토너먼트 (el) torneo
토너카트리지 (el) cartucho de tinta
토마토 (el) tomate, (el) jitomate
토마토소스 (la) salsa de tomate
토성(土星) (el) Saturno
토스트 (la) tostada
토요일 (el) sábado
토큰 (la) ficha
토파즈 (el) topacio
토하다 vomitar
토후국(土侯國) (el) emirato
톤 (la) tonelada

통과 (el) paso
통과여객 (los) pasajeros en tránsito
통과하는 de paso
통과하다 pasar
통로 (el) pasillo
통신부 (el) Ministerio de Comunicaciones
통신원 (el/la) corresponsal
통역 (la) interpretación
통역관 (el/la) intérprete
통제 (el) control
통조림 (la) lata
통학생 (el/la) externo(a)
통행 (el) tránsito, (la) circulación
통행료 (el) peaje, (la) cuota
통화 (la) llamada
통화중 comunicando, ocupado
통화중 신호 (la) señal de ocupado
통화키 (la) tecla de marcado (confirmación)
퇴원 (la) salida del hospital
퇴원을 허가하다 dar de(el) alta
퇴원하다 salir del hospital
투수 (el/la) lanzador(a)
투약하다 administrar
투옥하다 encarcelar
투우기술 (la) tauromaquia
투우사 (el/la) torero(a)
투우장 (la) plaza de toros
투포환 (el) lanzamiento de peso
투표 (el) voto
투표하다 votar
튀어오르다 brincar
튠업 (la) afinación
트라이앵글 (el) triángulo
트렁크 (el) baúl, (la) maleta
트렁크 (자동차) (el) maletero
트윈룸 (la) habitación con dos camas
특급열차 (el) tren rápido
특별한 especial
특선음식 (la) especialidad de la casa
티스푼 (la) cucharita
티켓 (el) billete (스페인), (el) boleto (남미)
티켓자동판매기 (la) distribuidora automática
팀 (el) equipo, (el) partido
팁 (la) propina

[ㅍ]

파(波) (la) onda
파나마 Panamá
파나마의 (사람) panameño(a)
파도 (la) ola
파도가 거친 revuelto
파도가 부서지다 estallarse, reventarse
파도타기를 하다 correr(montar) las olas
파도타기보드 (la) tabla hawaiana
파라과이 Paraguay
파라과이의 (사람) paraguayo(a)

파라솔 (el) parasol
파리 (la) mosca
파리 París
파마 (el) ondulado permanente, (el) permanente
파산(破産) (la) quiebra, (la) bancarrota
파스텔화 (la) pintura al pastel
파스텔화가 (el/la) pastelista
파슬리 (el) perejil
파시스트 (el/la) fascista
파시즘 (el) fascismo
파업 (la) huelga
파운드 (0.4536 kg) (la) libra
파운드 (영국화폐) (la) libra [esterlina]
파울 (el) foul
파이 (la) tarta
파이프 (la) pipa
파인애플 (la) piña
파일 (el) archivo
파일럿 (el) piloto
파자마 (el) pijama
파종(播種) (la) siembra
파출소 (el) puesto de policía
파티 (la) fiesta
파파야(의 열매) (la) papaya
파프리카 (el) pimentón dulce
판결 (la) condena, (la) sentencia
판결하다 juzgar, sentenciar
판매 (la) venta
판매자 (el) vendedor
판사 (el) juez
판화 (el) grabado
팔 (el) brazo
팔각형 (el) octágono
팔걸이의자 (el) sillón
팔꿈치 (el) codo
팔다 vender
팔레트 (la) paleta
팔월(八月) (el) agosto
팔찌 (la) pulsera
팜파스 (la) pampa
패러디 (la) parodia
패스 (el) pase
패스워드 (la) palabra de acceso, (la) contraseña
패키지 (el) paquete
팬티 (las) bragas, (los) calzones
팬티스타킹 (los) panties
팸플릿 (el) folleto
퍼스널 컴퓨터 (el/la) computador(a) personal
펀치 (음료) (el) ponche
펑크 (el) pinchazo
페널티 (el) penalti
페니실린 (la) penicilina
페루 Perú
페루의 (사람) peruano(a)
페르시아만 (el) Golfo Pérsico
페어플레이 (el) juego limpio
페티코트 (las) enaguas
펜 (la) pluma
펜더 (el) guardafango, (la) aleta

펜싱 (la) esgrima
펭귄 (el) pingüino
편도(片道) (la) ida
편도선(扁桃腺) (las) amígdalas
편도승차권 (el) billete de ida
편도의 sencillo
편안한 cómodo
편의시설 (los) servicios
편지 (la) carta
편지봉투 (el) sobre
편집자 (el/la) redactor(a)
평론 (la) crítica
평론가 (el/la) crítico(a)
평야 (la) vega, (el) llano, (la) llanura
평영(平泳) (la) braza de pecho
평지 (la) explanada
평행사변형 (el) paralelogramo
평행선 (las) rectas paralelas
평형(平衡) (el) equilibrio
평화 (la) paz
폐 (el) pulmón
폐렴 (la) pulmonía
포도 (la) uva
포도넝쿨 (la) vid de uvas
포도주 (el) vino
포르투갈 Portugal
포르투갈어 (el) portugués
포르투갈의 (사람) portugués(a)
포맷 (el) formato
포수 (el/la) receptor(a)
포인트 (el) tanto, (el) punto
포장 (el) paquete
포장하다 envolver
포크 (el) tenedor
포탈 (el) portal
포터 (el) maletero, (el) mozo
포함된 incluido
폭 (la) anchura
폭군 (el) déspota, (el/la) tirano(a)
폭동 (la) sublevación
폭력주의자 (el/la) terrorista
폭이 넓은 amplio, ancho
폭포 (la) cascada, (la) catarata
폭풍(우) (la) tempestad, (la) tormenta
폭풍(우)의 tempestuoso
폭행 (la) violación
폭행범 (el/la) violador(a)
폴더 (la) carpeta
표 (el) billete (스페인), (el) boleto (남미)
표를 사다 sacar un billete
표면장력 (la) tensión superficial
표범 (el) leopardo
표본 (la) prueba
표시 (el) letrero
표시창 (el) indicador
표시하다 marcar
표의 반쪽 (el) talón
표현 (la) expresión
표현의 자유 (la) libertad de palabra
푸딩 (el) flan
푸른색(의) azul

푸시 empujar
푹 익힌 bien asado(cocido, hecho)
풀 (녹말의) (el) almidón
풀 (草) (la) hierba
품질 (la) calidad
품질보증 (la) garantía de calidad
풍경(화) (el) paisaje
풍경화가 (el/la) paisajista
풍기문란 (la) ofensa a la moral
풍화작용 (la) meteorización de las rocas
퓨즈 (el) fusible
퓨즈가 끊어지다 quemarse un fusible
퓨즈박스 (el) cuadro(tablero) de fusibles
프라이팬 (la) sartén
프라이한 frito
프랑스 Francia
프랑스어 (el) francés
프랑스의 (사람) francés(a)
프런트 (la) recepción
프런트 직원 (el/la) recepcionista
프레스코화 (la) pintura al fresco
프로그래머 (el/la) programador(a)
프로그램 (el) programa
프로그램 끄기 salir de un programa
프린터 (la) impresora
플라네타륨 (el) planetario
플라멩꼬 (el) flamenco
플라스크 (el) frasco
플라타너스 (el) plátano
플란 (el) flan
플란넬 제품 (la) franela
플랫폼 (el) andén
플러그 (el) enchufe
플러그를 끼다 enchufar
플로피디스크 (el) disco flexible, (el) disquete
플루트 (la) flauta
피 (la) sangre
피고 (el) procesado, (el) demandado, (el) acusado
피곤한 cansado
피곤해지다 cansarse
피구류자 (el/la) detenido(a)
피망 (los) ajíes, (los) morrones, (los) pimientos, (los) poblanos
피부 (la) piel
피아노 (el) piano
피아니스트 (el/la) pianista
피자 (la) pizza
피트 (el) pie
피해자 (la) víctima
픽션 (la) ficción
핀 (la) pinza
필기시험 (el) examen escrito
필기하다 tomar apuntes
필드 (la) cancha, (el) campo
필름 (la) película
필리핀 Filipinas
필리핀의 (사람) filipino(a)
필수과목 (la) asignatura obligatoria
필요조건 (el) requisito

필요한 necesario

[ㅎ]

하강하다 bajar
하구(河口) (el) desembocadero, (la) desembocadura
하녀 (la) camarera
하늘 (el) cielo
하늘의 12궁 (el) zodíaco
하단침대 (la) cama de abajo
하드디스크 (el) disco duro
하드웨어 (el) hardware
하루 단위로 por día
하류(下流) (el) curso bajo
하마 (el) hipopótamo
하모니카 (la) armónica
하원 (el) parlamento, (la) cámara baja, (la) cámara de diputados
하이빔 (las) luces altas(intensas), (las) luces de carretera
하이퍼텍스트 (el) hipertexto
하지(夏至) (el) solsticio de verano
하천의 fluvial
하키 (el) hockey
하품 (el) bostezo
하품하다 bostezar
하프 (악기) (el) arpa
하프슬립 (las) enaguas
학과 (el) departamento
학과목 (la) asignatura
학교 (el) colegio, (la) escuela
학급 (la) clase
학년 (el) año escolar, (el) grado
학부 (la) facultad
학부의 교수단 (el) profesorado
학비 (la) pensión educativa
학사학위 (el) bachillerato
학생 (el/la) alumno(a), (el/la) estudiante
학위 (el) título
학자 (el/la) académico(a)
한 구분(경기의) (el) tiempo
한 다발 (el) manojo
한 묶음 (el) manojo
한 바늘 (el) punto
한 벌 (el) par
한 쌍 (el) par
한국 Corea
한국어 (el) coreano
한국의 (사람) coreano(a)
한국음식 (la) comida coreana
한대(寒帶) (la) zona glacial
한파(寒波) (la) ola de frío
할머니 (la) abuela
할아버지 (el) abuelo
할인 (el) descuento
함부르크 Hamburgo
합격 (la) aprobación
합격된 aprobado
합격점 (la) nota de aprobación
합격하다 salir bien, ser aprobado
합류점 (la) confluencia
합명(합자)회사 (la) sociedad colectiva

합병 (la) anexión
합성섬유 (la) tela sintética
합성피혁 (la) piel sintética
합의 (el) acuerdo
합중국 (los) estados unidos
합창 (el) coro
항공로 (la) línea aérea
항공서간 (el) aerograma
항공우편 (el) correo aéreo
항공우편으로 por correo aéreo
항공편 por avión
항공회사 (la) compañía de aviación
항구 (el) puerto
항로(航路) (la) ruta de vuelo
항생제 (el) antibiótico
항의하다 reclamar
해(악) (el) daño
해가 지다 atardecer
해구(海溝) (la) fosa marina, (la) fosa oceánica
해로운 perjudicial, dañoso
해류(海流) (la) corriente
해먹(그물침대) (la) hamaca
해바라기 (el) girasol
해변 (la) playa
해변(용)의 playero
해빙(解氷) (el) deshielo
해석하다 interpretar
해수욕장 (el) balneario
해수욕하다 bañarse
해안 (la) ribera, (la) costa, (la) orilla
해안지방 (el) litoral
해양 (el) océano
해열제 (la) antifebrina
해왕성 (el) Neptuno
해커 (el/la) intruso(a), (el) pirata informático
해협 (el) estrecho
핵 (el) núcleo
핸드백 (el) bolso
핸드볼 (el) balonmano
핸드브레이크 (el) freno de mano
핸들 (el) volante
햄 (el) jamón
햄버거 (la) hamburguesa
햄버거가게 (la) hamburguesería
햇볕에 그을린 bronceado, tostado
햇볕에 탄 quemado
햇빛 드는 자리 (el) sol
행복한 feliz
행선지 (el) destino
행운 (la) suerte
행정명령 (el) decreto
행정법 (el) derecho administrativo
행주 (el) fregador, (el) paño de cocina, (el) secador
향수 (el) perfume
향신료 (la) especia
향하다 dar a
허들 경주 (la) carrera de vallas
허락하다 permitir
허리 (la) cintura
허파 (los) pulmones

헌법 (la) constitución
헐렁한 긴 웃옷 (la) bata
헝겊 (el) trapo
헤더 (el) encabezamiento, (la) cabecera
헤드라이트 (el) faro, (la) luz
헤드셋 (el) juego de audífonos
헤어드라이어 (la) secadora para (el) pelo
헤어로션 (la) loción de pelo
헤어스프레이 (la) laca
헤어컷 (el) corte de pelo
헥타르 (100 아르) (la) hectárea
헥토그램 (100 그램) (el) hectogramo
헥토리터 (el) hectolitro
헥토미터 (el) hectometro
혀 (la) lengua
현금 (el) dinero en efectivo, (el) efectivo
현금으로 al contado, en efectivo
현금으로 지불하다 pagar al contado
현금지급기 (el) cajero automático
현금출납부 (la) caja
현금출납원 (el/la) cajero(a)
현기증 (el) vértigo
현기증 나는 mareado
현대음악 (la) música moderna
현무암 (el) basalto
현상 (필름) (la) revelación
현악기 (el) instrumento de cuerda
현장 (el) lugar del hecho
현재분사 (el) gerundio
현재시제 (el) presente
현재완료 (el) pretérito perfecto
현행범(죄) (el) delito flagrante
혈압 (la) presión sanguínea, (la) tensión arterial
혈액 (la) sangre
혈액형 (el) grupo(tipo) sanguíneo
혐의자 (el) sospechoso
협궤의 de vía estrecha
협박자 (el/la) amenazador(a)
협약 (el) convenio
협정 (el) pacto
형 (el) hermano mayor
형량 (la) condena
형무소 (el) presidio, (la) prisión, (la) cárcel
형벌 (el) castigo, (la) pena
형법 (el) código penal, (el) derecho criminal
형사 (el) detective
형사소송 (el) pleito criminal
형용사 (el) adjetivo
형의 선고 (la) sentencia
형제 (el) hermano
형태 (la) forma
혜성 (el) cometa
호두 (las) nueces
호두나무 (el) nogal
호랑이 (el) tigre
호박 (la) calabaza, (el) zapallo
호박(琥珀) (el) ámbar
호배추 (el) repollo

호소(湖沼) (el) foso
호수 (la) albufera, (el) lago
중앙 컴퓨터 (el) ordenador principal(central)
호주 Australia
호주의 (사람) australiano(a)
호텔 (el) hotel
호화로운 de lujo
호환성 (la) compatibilidad
혼잡한 시간 (la) hora de mayor afluencia
혼합 (la) combinación
혼합 메뉴 (el) plato combinado
홀 (el) hoyo
홀수 (el) número impar
홀아비 (el) viudo
홀어미 (la) viuda
홈뱅킹 (el) telebanco, (el) banco a distancia
홈키 (la) tecla de inicio
홍당무 (la) zanahoria
홍수 (la) riada, (el) diluvio
홍수가 나다 inundar
홍역 (el) sarampión
홍차 (el) té
홍합 (el) mejillón
홍해 (el) Mar Rojo
화가(畫家) (el/la) pintor(a)
화가(畫架) (el) caballete
화강암 (el) granito
화기(火器) (el) arma de fuego
화나게 하다 enfadar
화랑(畫廊) (la) galería
화면 (la) pantalla
화물 (el) cargo
화산 (el) volcán
화산분화 (la) erupción volcánica
화살 (la) flecha
화석 (el) fósil
화석학 (la) paleontología
화성(火星) (el) Marte
화성암 (la) roca volcánica
화요일 (el) martes
화장 (el) maquillaje
화장대 (el) tocador
화장실 (el) aseo, (el) cuarto de baño
화장지 (el) papel higiénico
화장품 (los) cosméticos
화장하다 maquillar
화폐 (la) moneda
화폭 (el) lienzo
화학 (la) química
화학자 (el/la) químico(a)
화합물 (el) cuerpo compuesto
확실한 cierto, seguro
확인하다 confirmar
환각제 (el) alucinante
환경 (el) ambiente
환승 (el) transbordo
환율 (el) tipo(tasa) de cambio
환자 (el/la) paciente
환전 (el) cambio
환전소 (la) oficina(casa) de cambio

환전하다 cambiar
활강스키 (el) esquí alpino
활동적인 activo
황금세기 (el) siglo de oro
황새 (la) cigüeña
황새치 (la) pez espada
황소 (el) toro
황야 (el) páramo, (el) yermo
황옥(黃玉) (el) topacio
황제 (el) emperador
황후 (la) emperatriz
회계사 (el/la) contador(a)
회복실 (la) sala de recuperación(restablecimiento)
회복하다 recuperar
회사 (la) compañía, (la) empresa
회원 (el/la) socio(a)
회전목마 (el) tiovivo
회전식 다이얼 (el) disco
회전하다 dar una vuelta, doblar
횡단보도 (el) paso de cebra, (el) paso a peatones
횡단하다 cruzar
횡령 (la) usurpación
횡령범 (el/la) usurpador(a)
횡령하다 usurpar
횡영 (la) braza de costado
후각 (el) olfato
후미 (la) rada
후방의 trasero
후손 (los) descendientes
후식 (el) postre
후진(後進) (la) marcha atrás
후추 (열매) (la) pimienta
후춧가루 (el) pimiento
후춧가루 병 (el) pimentero
후회하다 arrepentirse
훈제한 ahumado
훔치다 robar
휘발유 (la) gasolina
휘슬 (el) silbato
휠체어 (la) silla de ruedas
휠캡 (el) tapón
휩쓸다 arrasar
휴가 (las) vacaciones
휴대용 컴퓨터 (el/la) computador(a) portátil
휴대전화 (el) teléfono celular
휴식 (el) reposo
휴식하다 descansar
흉상(胸像) (el) busto
흉선(胸腺) (las) criadillas, (las) mollejas
흉터 (la) cicatriz
흐름 (el) curso
흐린 nublado
흐린 날씨 (la) nubosidad
흑백영화 (la) película en blanco y negro
흑옥(黑玉) (el) azabache
흑해(黑海) (el) Mar Negro
흔들의자 (la) mecedora
흘러들다 (강물이) desembocar
흙받기 (el) guardafango, (la) aleta

흡연석 (la) sección de fumar
흥미있는 interesante
희극 (la) comedia
희망 (la) esperanza
희비극 (la) tragicomedia
희생자 (la) víctima
흰색(의) blanco
힘 (la) energía, (la) fuerza

스페인어 필수어휘

초　판 1쇄 발행　2006년 3월 10일
초　판 4쇄 발행　2010년 8월 10일
수정판 1쇄 발행　2012년 3월 10일
수정판 2쇄 발행　2019년 3월 11일

지은이 유연창
발행인 김인철
총괄 · 기획 가정준 Director, University Knowledge Press
편집장 신선호 Executive Knowledge Contents Creator
도서편집 박현정 Contents Creator
전자책편집 인은주 e-Contents Creator
재무관리 강현주 Managing Creator
사전 · 출판 정준희 Contents Creator
마케팅 파트장 백승이 Chief Marketing Creator
마케팅 이현진 Marketing Creator
발행처 한국외국어대학교 지식출판콘텐츠원
02450 서울특별시 동대문구 이문로 107
전화 02)2173-2493~7
FAX 02)2173-3363
홈페이지 http://press.hufs.ac.kr
전자우편 press@hufs.ac.kr
출판등록 제6-6호(1969. 4. 30)
디자인 · 편집 (주)이환디앤비 02)2254-4301
인쇄 · 제본 네오프린텍(주) 02)718-3111

ISBN 978-89-7464-394-2　13770　정가 12,000원

* 잘못된 책은 교환하여 드립니다.

HU:iNE 은 한국외국어대학교 지식출판콘텐츠원의 어학도서, 사회과학도서, 지역학 도서 Sub Brand이다. 한국외대의 영문명인 HUFS, 현명한 국제전문가 양성(International+Intelligent)의 의미를 담고 있으며, 휴인(携引)의 뜻인 '이끌다, 끌고 나가다'라는 의미처럼 출판계를 이끄는 리더로서, 혁신의 이미지를 담고 있다.